Do Socialismo Soviético ao Capitalismo Russo

Lenina Pomeranz

Do Socialismo Soviético ao Capitalismo Russo

A TRANSFORMAÇÃO SISTÊMICA DA RÚSSIA

Ateliê Editorial

Copyright © 2018 Lenina Pomeranz

Direitos reservados e protegidos pela Lei 9.610 de 19 de fevereiro de 1998.
É proibida a reprodução total ou parcial sem autorização, por escrito, da editora.

1a. ed. – 2018

2a. ed. – 2023

Dados Internacionais de Catalogação na Publicação (CIP)
(Câmara Brasileira do Livro, SP, Brasil)

Pomeranz, Lenina
  Do Socialismo Soviético ao Capitalismo Russo: A Transformação Sistêmica da Rússia / Lenina Pomeranz. – 2. ed. – Cotia, SP: Ateliê Editorial, 2023.

Bibliografia.
ISBN 978-65-5580-118-7

1. Capitalismo – Rússia   2. Política econômica   3. Política e governo   4. Rússia – História   5. Socialismo – União Soviética   6. União Soviética – História   I. Título.

23-169721   CDD-330.0947

Índices para catálogo sistemático:

1. Socialismo soviético para o capitalismo russo: Processo de transformação sistêmica: Política econômica   330.0947

Eliane de Freitas Leite – Bibliotecária – CRB 8/8415

Direitos reservados à
ATELIÊ EDITORIAL
Estrada da Aldeia de Carapicuíba, 897
06709-300 – Granja Viana – Cotia – SP
Tel.: (11) 4702-5915 | contato@atelie.com.br
facebook.com/atelieeditorial | blog.atelie.br
instagram.com/atelie_editorial | www.atelie.com.br
threads.net/@atelie_editorial

2023

Printed in Brazil
Foi feito o depósito legal

*Aos meus alunos.
Idos, presentes e futuros.*

Sumário

Apresentação – A TRANSFORMAÇÃO SISTÊMICA DA RÚSSIA   11

PARTE 1. O Sistema Soviético

Capítulo 1. PRELIMINARES HISTÓRICAS À CONSTITUIÇÃO DO SISTEMA   19
A Formação do Estado e da Sociedade Russa 19; A Modernização da Rússia Czarista 24; Os Movimentos Revolucionários na Rússia Czarista 36; A Revolução de Outubro de 1917 e Suas Antecessoras, as Revoluções de 1905 e de Fevereiro de 1917 43; A Revolução de 1905 43; A Revolução de Fevereiro de 1917 45; A Revolução de Outubro de 1917 49

Capítulo 2. FORMAÇÃO E CONFIGURAÇÃO DO SISTEMA   57
Definição dos Rumos do Desenvolvimento. O Grande Debate Sobre a Industrialização e a Gestão da Economia 74; O Embate Político. O Período de Comando Stalinista 83; A Evolução do Regime Político Após a Morte de Stalin 86

Capítulo 3. O MODO DE FUNCIONAMENTO DO SISTEMA EM SUA EVOLUÇÃO   89
O Sistema Político. Estruturas de Comando da Economia e da Sociedade 89; O Quadro Social. Estrutura Social e Sua Evolução. O Homem Soviético 91; A Estrutura Social e Sua Evolução 91; O Homem Soviético 96; A Questão das Nacionalidades 100; O Planejamento Econômico e Suas Tentativas de Aperfeiçoamento. Reformas do Sistema de Planejamento 108; O Sistema de Planejamento 108; As Reformas do Sistema de Planejamento 112

Capítulo 4. *PERESTROIKA* E *GLASNOST*: TENTATIVA DERRADEIRA DE CONSTRUÇÃO DO SOCIALISMO DE FACE HUMANA   121
A Situação da Economia Soviética no Período Pré-Perestroika 121; As Medidas Contempladas na Perestroika. Medidas de Natureza Política 128; As Medidas de Natureza Políti-

ca 131; *As Reformas* 132; *A Reforma da Economia* 133; *A Reforma Política* 140; *A Evolução da Perestroika e a Desintegração da* URSS 144

Capítulo 5. ENSAIO SUMÁRIO COMO CONTRIBUIÇÃO À AVALIAÇÃO DA EXPERIÊNCIA HISTÓRICA DE CONSTRUÇÃO DO SOCIALISMO SOVIÉTICO 153
O Quadro de Referências em que Surgiu o Sistema Socialista Soviético 153; *Condições nas Quais se Deu a Evolução do Sistema* 154; *O Stalinismo* 155; *A* Perestroika *e o Fim do Sistema* 157

Parte 2. A Transformação Sistêmica

Capítulo 1. A CONSTRUÇÃO DA NOVA RÚSSIA CAPITALISTA 163
O Referencial Político e Econômico Herdado com a Dissolução da URSS 163; *A Institucionalização do Novo Estado Russo* 165; *Os Dois Eixos da Transformação Institucional na Economia: O Programa de Estabilização e a Privatização* 173; *O Programa de Estabilização* 177; *Os Programas de Privatização* 180; *A Privatização de Massa* 182; *A Privatização por Empréstimo com Garantia de Ações* 199; *Resultados da Privatização por Empréstimo com Garantia de Ações* 204; *Resultados Gerais da Privatização* 205; *A Nova Estratificação Social* 208

Capítulo 2. A CONSOLIDAÇÃO DA NOVA RÚSSIA CAPITALISTA 215
O Segundo Mandato Presidencial de Yeltsin 216; *A Indicação de Vladimir Putin Como Herdeiro de Yeltsin* 218; *A Formação do Primeiro Governo Putin* 222; *As Mudanças Institucionais Realizadas por Putin* 223; *Nova Política Externa e Reforma Militar* 230

Capítulo 3. SÍNTESE DO PROCESSO DE TRANSFORMAÇÃO SISTÊMICA 235

BIBLIOGRAFIA 239

ÍNDICE REMISSIVO 249

Apresentação
A Transformação Sistêmica da Rússia

Este livro é o resultado das pesquisas e análises que fiz sobre o processo de transformação sistêmica da Rússia, entendendo por transformação sistêmica a passagem do país do sistema socialista[1] para o sistema capitalista, ambos com suas peculiaridades.

Essas análises tiveram início em 1989, quando me foi proposto, pelo professor Roberto Macedo, então diretor da FEA – Faculdade de Economia, Administração e Contabilidade da USP, dar início a um intercâmbio de pesquisadores entre a FEA e o ILA – Instituto da América Latina, da Academia de Ciências da URSS – União das Repúblicas Socialistas Soviéticas, acertado com o então diretor desse instituto, Doutor Victor Volsky, durante sua visita à FEA. Eram tempos de abertura, proporcionados pela *perestroika* de Mikhail Gorbatchov e os institutos especializados da Academia de Ciências da URSS buscavam estabelecer novos vínculos com pesquisadores de outros países. Por sua vez, os extraordinários acontecimentos, decorrentes da implementação da *perestroika,* constituíam objeto de observação e investigação no mundo inteiro, inclusive no Brasil. Daí a oportunidade do intercâmbio acertado, que

---

1. Há quem conteste que o sistema soviético fosse socialista. Trata-se de uma polêmica que remete a pesquisa histórica específica e foge, assim, ao escopo deste trabalho. Assume-se que o sistema soviético, com todas as ressalvas que possam levar à contestação do seu caráter socialista, representou uma das alternativas históricas concretas que se apresentaram para a construção do socialismo. E como tal será considerado neste texto.

resultou no convite do professor Macedo. Por que eu, entretanto, deveria dar início a ele? Simples, segundo o professor Macedo: eu tinha feito o meu doutoramento na URSS, conhecia de certa forma o país por ter lá vivido alguns anos durante os estudos de doutorado e sabia a língua russa – ou ele achava que eu ainda sabia, mesmo depois de vinte anos sem a praticar, pelas mesmas razões de ordem política que tornaram difíceis os contatos com aquele país. E eu poderia, portanto, na visão dele, contribuir com o entendimento do que lá estava acontecendo.

Os objetivos da *perestroika* de reconstruir o sistema, configurando-o como o de um socialismo de face humana, e de criar os caminhos para o que seria o término da Guerra Fria, com uma nova política externa para o país, constituíram estímulo suficiente para que eu empreendesse a pesquisa proposta. Foram três meses de estágio inicial, durante os quais recuperei alguma fluência da língua russa. Com ela, pude acompanhar os acontecimentos na mídia local e realizar um amplo programa de entrevistas com especialistas soviéticos. Este programa foi preparado com base nas questões de meu interesse, pela direção do ILA que, além disso, proporcionou-me o acompanhamento de uma pesquisadora para a marcação de entrevistas e as necessidades eventuais de tradução.

Na volta ao Brasil, editei um livro com contribuições de cientistas sociais sobre a realidade soviética em processo de reconstrução[2], e continuei acompanhando este processo num Núcleo de Apoio à Pesquisa da USP, o Centro de Estudos dos Países Socialistas em Transformação. A sua criação teve por objetivo primordial a divulgação das análises a esse respeito feitas por cientistas sociais dos diversos países socialistas da época, num boletim – *Sociedades em Transformação* – editado com apoio da Funag – Fundação Alexandre de Gusmão. Fiz várias viagens à URSS, inclusive após a dissolução deste país, buscando elementos que me permitissem entender *por quê* e *como* se fez a transformação sistêmica.

Afirmar que entendi seria prepotência; mas procurei fazê-lo. Dadas as próprias necessidades de acompanhar a construção de um novo sistema, tanto no plano econômico quanto no plano político, ou seja, o *como*, durante alguns anos releguei a segundo plano a análise do funcionamento do sistema soviético, o *porquê*. Vários artigos e capítulos de livros foram o resultado do referido acompanhamento e só mais recentemente dediquei-me a tentar entender o

---

2. Lenina Pomeranz, *Perestroika. Desafios da Transformação Social na URSS*, São Paulo, Edusp, 1990.

porquê. Com mais razão quando concluí que não seria possível apreender a natureza do capitalismo russo, as feições econômicas e políticas que adquiriu, sem me reportar ao seu passado socialista e até mesmo ao passado remoto que o antecedeu.

Isso explica a estrutura do livro. Quando a mostrei, ainda em projeto, a amigos pesquisadores, as suas objeções foram a amplitude do tema e as dificuldades para tratá-lo com o aprofundamento que mereceria, especialmente em relação aos períodos revolucionário e de construção do sistema soviético. Por certo tempo, estas observações me perseguiram. Resolvi, entretanto, após ponderá-las, manter essa estrutura, atentando para alguns fatores de ordem objetiva: *i.* a despeito de terem surgido inúmeras publicações de pesquisas sobre o período soviético, com base na abertura dos arquivos estatais, a temática continua em aberto, seja por sua complexidade histórico-social, seja porque é ainda muito curto o tempo histórico decorrido desde o fim da URSS. E esta é uma tarefa para os historiadores. Minha tarefa consistiu em extrair, da história conhecida, os aspectos que permitissem tentar entender o porquê e o como da transformação sistêmica; *ii.* pareceu-me necessário compartilhar com meus alunos, para cuja grande maioria os eventos relacionados com a história da transformação do sistema socialista soviético são muito pouco vistos, os conhecimentos adquiridos nas pesquisas realizadas. Para tanto o enfoque adotado foi o de apresentar um amplo painel sobre como funcionava o sistema soviético, os seus antecedentes históricos na formação do Estado russo imperial, o processo de sua extinção e os elementos que constituíram o novo sistema capitalista. Este último aspecto constitui toda a segunda parte do livro, na qual se descreve o processo que chamo de transformação sistêmica, incluindo a descrição e análise dos instrumentos utilizados para esse fim, a atuação dos diversos personagens que fizeram parte do referido processo; e os resultados a que levou. Não avancei na análise do modo de funcionamento do novo sistema depois de consolidado, ou seja, do período Putin posterior à consolidação do sistema e das questões nele presentes, como a evolução do sistema político interno e as questões de política geoestratégica enfrentadas. Entendi que já foram objeto de artigos por mim publicados, talvez não tão abrangentes como seria desejado, mas que fogem ao tema central a que me propus.

Este painel foi apresentado inicialmente na forma de aulas que ministrei ao longo de alguns anos para os alunos de graduação da Faculdade de Economia e Administração da USP e é retomado agora, com a rica contribuição das discussões com meus alunos, na forma deste livro. Na bibliografia, apresentada ao final dele, são indicadas fontes que permitem pesquisa mais aprofundada de aspectos de interesse específico para os alunos e demais leitores.

A elaboração do texto, apoiada no levantamento de informações *in loco* e na bibliografia complementar resultante de publicações continuadas de pesquisadores do tema, não foi objeto de dedicação exclusiva, tendo se realizado em meio às múltiplas atividades acadêmicas e não acadêmicas. Esta é a razão principal para sua tardia edição.

Cabe ressaltar, entretanto, que todo o meu trabalho ao longo dos anos contou com o apoio de "muita gente", das mais diversas formações, tanto na Rússia quanto no Brasil. É praticamente impossível nomear todas as pessoas para lhes agradecer individualmente por esse apoio, sem que a memória me traia. Mas alguns agradecimentos individuais são necessários. Ao professor Roberto Macedo, por ter me criado a oportunidade de pesquisar um dos acontecimentos mais importantes do século XX, o processo de transformação sistêmica que constitui objeto deste livro. Ao ex-embaixador do Brasil na Rússia em parte do período de pesquisa, Sebastião do Rego Barros, *in memorian,* pelo apoio indispensável prestado quando de minhas viagens de pesquisa à Rússia; e por ter propiciado o estabelecimento de minhas relações com a Fundação Alexandre de Gusmão, do Ministério das Relações Exteriores, que resultaram no apoio à publicação do boletim *Sociedades em Transformação*, durante sete anos, entre 1994 e 2001. À embaixadora Thereza Quintella, pelo apoio inestimável que sempre me proporcionou, enquanto embaixadora do Brasil em Moscou e, posteriormente, até hoje, como minha grande amiga. Ao professor Jacques Marcovitch, à testa do Instituto de Estudos Avançados da USP e coordenador de sua área de Assuntos Internacionais, de cujo apoio sempre gozei e com quem organizei a vinda ao Brasil, do economista Abel Aganbegian, então assessor econômico de Mikhail Gorbatchov na condução da *perestroika*. A Gilberto Dupas, *in memorian,* grande incentivador do meu trabalho de pesquisa e responsável pela divulgação de alguns de seus resultados no decorrer dos anos, inicialmente no Instituto de Estudos Avançados da USP e, posteriormente, no Gacint – Grupo de Análise da Conjuntura Internacional, da USP. Ao economista Ivan Sergueivitch Korolev, então um dos diretores do Imemo – Instituto de Economia Mundial e das Relações Internacionais, da Academia de Ciências da URSS, meu ponto de apoio importantíssimo para os contatos de especialistas a consultar durante minhas viagens de pesquisa a Moscou.

Ao cientista político latino-americanista Victor Volsky, *in memorian*, diretor executivo do ILA, que colocou o instituto à minha disposição durante os três meses de minha viagem inicial à URSS, inclusive na pessoa de Elena Kapustian, então uma jovem cientista política conhecedora da língua espanhola, por ter o Chile como tema de pesquisa. Elena organizou todas as minhas entrevistas e me acompanhou em todas elas, ajudando-me na tradução do russo, quando surgiam algumas dificuldades de entendimento. A convivência com ela e sua família gerou uma fraterna amizade, mantida até hoje; o agradecimento a ela cabe, assim, não só pelo apoio prestado a mim, mas pela amizade que temos. Com a morte de Victor Volsky, assumiu a direção do ILA o professor Vladimir M. Davydov, a quem agradeço pela continuação do apoio do instituto durante as minhas recorrentes viagens de pesquisa a Moscou. Ao estatístico Boris M. Bolotin, *in memoriam,* associado à diretoria de Ivan S. Korolev, no Imemo, pelas longas conversações sobre a nova realidade social russa e pela imensa amizade que se estabeleceu entre nós. Ao economista Leonid Gregoriev, do Institut Energetiki i Finansov, pelo apoio na organização de minhas entrevistas e ao economista Aleksander Bym, que não somente me introduziu a especialistas russos da economia e das finanças, como se dispôs a vir ao Brasil, para um curso rápido de extensão promovido pelo Centro de Estudos dos Países Socialistas em Transformação. Finalmente, ao cientista político latino--americanista Kiva Maidanek, *in memorian,* muito amigo do Brasil e a quem devo inúmeras análises dos acontecimentos na URSS durante a *perestroika,* e, posteriormente, na nova Rússia capitalista.

Não poderiam faltar, ainda, os agradecimentos aos meus amigos Alfredo Costa Filho, Luiz Afonso Simoens, José Conrado Vieira, Jorge Miglioli, Victor Aratangy e Flávio Saes, aos quais submeti a minuta deste livro, por suas críticas e sugestões que me foram de grande valia. Agradeço ainda o inestimável apoio para edição digital do texto a Edilson de Souza, assessor de informática e amigo desde sempre.

É necessário ressaltar que, de todo modo, cabe exclusivamente a mim a responsabilidade por quaisquer imprecisões e/ou faltas que persistirem.

PARTE I

O Sistema Soviético

Capítulo 1
Preliminares Históricas à Constituição do Sistema

A Formação do Estado e da Sociedade Russa[1]

As condições geográficas particulares da Rússia, expressas pela inexistência de barreiras naturais, uma vasta e imutável planície, constituíram um traço decisivo para propiciar a expansão territorial do povo russo e determinar, por muitos séculos, a sua sujeição a recorrentes invasões de bárbaros nômades.

Estes dois elementos da história russa foram muito diferentes da experiência europeia. Enquanto na Europa os invasores bárbaros, depois de terem pilhado por alguns anos o território invadido, por diferentes motivos ou partiam ou nele se instalavam, tornando-se membros dele como os demais lá instalados anteriormente, na Rússia as invasões tornaram-se parte permanente de sua vida na maior parte de sua história. E teve que lutar contra elas praticamente só[2].

A colonização do país também foi muito diferente. O esforço do povo russo nesta direção foi prejudicado pela imensidão do seu território e a pobreza dos seus recursos, levando-o a constante migração para novas terras, inicialmente para o Norte e o Leste e, posteriormente, para o Sul e o Oeste. A migração tornou-se o fato central da história russa[3], proporcionando-lhe uma

---
1. Este capítulo tem como fonte primária: Tibor Szamuely, *The Russian Tradition*, London, Fontana, 1974.
2. *Idem*, p. 15.
3. V. Kliuchevsky, *Kurs russkoi istorii* (Curso Sobre a História Russa), Moscou, 1937, em: Tibor Szamuely, *op. cit.*, p. 16.

experiência nacional, uma mentalidade e uma forma de vida completamente diferentes das do Ocidente.

O primeiro Estado russo foi estabelecido no século IX, em Kiev, atual Ucrânia. Tendo de enfrentar as invasões nômades e a colonização ao mesmo tempo, Kiev esteve em permanente guerra desde sua fundação. Esta situação tendeu a piorar pela crescente pressão das invasões e a população começou a se mover para partes do país menos vulneráveis, levando-a no fim do século XII a se instalar definitivamente no Nordeste do país. Dadas as difíceis condições de exploração da terra nesta região, Rus (como era chamada a Rússia) tornou-se um país de milhares de pequenas comunidades camponesas isoladas, trabalhando de forma primitiva; quando os recursos do solo se esgotavam, elas se moviam para outro lugar, ao longo dos rios.

Este foi o período da história russa em que Rus se desintegrou em torno de uma dúzia de entidades territoriais separadas[4], constituindo Estados completamente independentes, perpetuamente em guerra uns com os outros. Até meados do século XII, não existia a ideia de unidade nacional, nem mesmo com a senioridade do grão-duque de Kiev, inicialmente, e do grão-duque de Vladimir, posteriormente.

Esta situação mudou em 1237, com a invasão mongol, que instalou o seu jugo após derrotar a resistência russa. Os mongóis (tártaros como eram chamados) estabeleceram a unidade nacional, fundaram um Estado nacional russo unificado e trouxeram para a Rússia um conceito de sociedade e um sistema político e administrativo. Diferentemente de outras hordas asiáticas, os mongóis tinham não só uma soberba organização militar, mas também um Estado e um conjunto de ideias sociopolíticas. O império mongol era um Estado apoiado em uma ideologia – a de um Império em construção. Seu objetivo era o estabelecimento, por meio de guerras, de um sistema universal pacífico e de uma ordem social mundial baseada na justiça e na igualdade. O preço a pagar pela segurança da humanidade seria a prestação de permanente serviço por todos ao Estado, o que estabeleceria uma forma de viver em harmonia e igualdade social.

O conceito mongol de sociedade baseava-se na submissão total de todos ao poder absoluto e ilimitado do Khan (título atribuído aos soberanos mon-

---

4. Teoricamente, estes territórios eram apanágios dos príncipes da Casa de Rurik, ou seja, membros de uma mesma família. Mas, em realidade, eram Estados completamente independentes (Tibor Szamuely, *op. cit.*, p. 18).

góis); cada membro da sociedade tinha uma posição social vitalícia definida por ele, pagando com a vida se tentasse mudá-la. Além disso, o Khan era o único dono de toda a terra em seus domínios, estabelecendo o princípio de que toda ela teria que ser dedicada aos interesses do Estado, ou seja, de toda a comunidade.

Nas relações com seus súditos, os mongóis atuavam indiretamente, delegando o exercício de certas funções de Estado a príncipes de confiança, aos quais premiavam patentes. Neste processo, os favores do Khan constituíram, para o principado de Moscou, o primeiro passo para a assunção ao poder.

Moscou tinha uma posição geográfica favorável: situava-se no centro geográfico do Nordeste da Rússia e estava entre os rios Volga e Oka, com acesso comparativamente fácil a todas as partes do país. E os seus príncipes eram ambiciosos, sem princípios, tortuosos, ávidos, miseráveis e cautelosos até à covardia, mas ao mesmo tempo perseverantes, astutos, frugais, devotados e patrióticos, qualidades únicas entre os descendentes principescos[5].

Ivan I possuía todas estas qualidades e foi o verdadeiro fundador da dinastia Rurik (1325-1341). Ele criou a sua fortuna, assim como a dos seus descendentes e do Estado nacional russo, através de uma política de total subserviência aos mongóis, sendo por isso substancialmente premiado. Comandando, a pedido do Khan, uma expedição punitiva contra o príncipe de Tver, que se tinha sublevado contra o jugo mongol, ele acabou com a sublevação e recebeu como prêmio o título de grão-duque de Vladimir.

Depois disso, o chefe da Igreja russa mudou-se para Moscou, conferindo com esta atitude uma aura espiritual de unidade nacional ao grão-duque. Ivan I e seus sucessores persuadiram os tártaros a entregar-lhes, em retorno aos seus serviços, o direito exclusivo de recolher impostos em nome da horda e de deter a suprema autoridade judicial sobre todos os príncipes russos. Estas prerrogativas tornaram-se poderosos instrumentos para os objetivos do grão-duque, de unificar os principados russos sob o seu comando.

Os grão-duques de Moscou conseguiram manter um longo período de paz e estabilidade, usando todos os meios não guerreiros ao seu dispor; tratando obsequiosamente os Khans, construindo o Tesouro através de cuidadosa economia e artifícios financeiros e adquirindo sempre novas terras, através de todos os métodos possíveis. Quando a situação se tornou propícia, em 1380,

---

5. Tibor Szamuely, *op. cit.*, p. 22.

eles foram até capazes de liderar um exército contra os mongóis; mas voltaram à situação anterior, quando as circunstâncias favoráveis deixaram de existir.

Os grão-duques mantiveram relações com os mongóis de toma lá, dá cá, participando das intrigas entre os competidores pelo poder mongol. Em 1392, o Khan da Horda de Ouro premiou Moscou por seu apoio contra Timur, presenteando-o com quatro principados, incluindo Nizhny Novgorod, um dos maiores.

O Muskovy que emergiu dos fragmentos da antiga Rus, com a quebra do império mongol, não tinha qualquer semelhança com a sociedade livre de Kiev. Os princípios mongóis básicos, de submissão total ao Estado, de prestação permanente, compulsória e universal de serviços estatais, aplicados a todos os indivíduos e classes sociais, permearam gradualmente a estrutura social moscovita. O mesmo aconteceu com a atitude em relação à propriedade, quando o príncipe se tornou o supremo dono da terra, através de herança recebida do Khan.

O seu sistema administrativo era marcadamente superior ao sistema da Europa feudal em dois aspectos: o militar e o financeiro. No primeiro caso, da organização militar, os russos estabeleceram um exército unificado e centralizado, baseado em conscrição universal, e derivaram dos mongóis a estrutura do exército, sua estratégia e tática. No caso das finanças, os russos adotaram o princípio mongol da taxação universal, suplementando-o com tradicionais métodos orientais como o confisco. Para a adoção da taxação universal, foi instituído o censo periódico da população, começado com os Khans e continuado pelo Estado moscovita.

A infiltração dos conceitos e práticas mongóis na sociedade russa constituiu um processo longo e gradual, que se realizou sem ser percebido e sem qualquer objetivo consciente; mas como um subproduto da luta desesperada do povo russo pela sobrevivência nacional. Esta luta foi conduzida basicamente por meios diplomáticos e políticos, pois o poder militar dos mongóis, temido mesmo no seu declínio, não podia ser abertamente desafiado, condição essa que prevaleceu até a reunificação da Rússia. Assim, por século e meio, os sucessores de Ivan I pacientemente, em segredo ou por força, conduziram a sua política de coleta das terras russas.

No final do século XV, esta tarefa estava finalizada, com exceção das terras tomadas pela Polônia e pela Lituânia. Em 1471, Moscou anexou a República de Novgorod, uma das maiores e mais ricas; alguns anos mais tarde foi a vez de Tver e, em 1480, o grão-duque Ivan III, o Grande, proclamou o fim do jugo Mongol e a completa independência de Muscovy.

Os três séculos que se seguiram à proclamação da soberania russa foram um período de contínua luta armada, conduzida simultaneamente em três frentes, no Oeste, no Sul e no Sudeste. Nos duzentos anos que separam o fim do jugo mongol e a ascensão de Pedro, o Grande, a Rússia lutou em seis guerras com a Suécia e em doze com a Polônia e a Lituânia. No Oeste, ela permaneceu em guerras ao todo por 85 anos, sendo todas, com exceção de uma ou duas, malsucedidas ou inconclusivas. Esses fracassos foram compensados pelos sucessos nas frentes do Leste e do Centro-Oeste. No final do século XV, durante duas campanhas militares, Ivan IV, o Terrível, destruiu os canatos (território governado por um Khan) de Kazan e Astrakan, anexando seus territórios.

Mas as batalhas mais cruéis foram travadas no Sul, onde as terras férteis da estepe entre o Volga e o Dnieper tornaram-se novamente objeto dos nômades turcos e mongóis, por trás dos quais estavam o poderoso canato da Crimeia e o não menos poderoso Império Turco. O objetivo deles era obter escravos. A segurança da Rússia dependia do fechamento da fronteira e este se tornou o importante objetivo do Estado russo até o final do século XVIII.

A tarefa demandava uma contínua e implacável concentração dos recursos nacionais, humanos e materiais, num país em que esses recursos se mostravam limitados e amplamente dispersos; e que só podia ser realizada através de um sistema político e social, capaz de mobilizá-los e transformá-los em poder efetivo nacional.

Os resultados foram: a criação de um Estado onipotente, com pobre base material, e um sistema político baseado na inquestionável obediência e na ilimitada submissão dos seus súditos, no princípio de obrigações devidas por todos ao Estado, no recrutamento pelo Estado de todas as forças criativas da nação e no sacrifício dos interesses particulares às demandas do Estado.

O único expediente possível consistiu em aumentar continuamente o poder estatal, às custas da liberdade da comunidade, em contrair o campo dos interesses privados em nome dos interesses do Estado. O Estado moscovita, em nome do bem-estar comum, tomou sob seu total controle todas as energias e recursos da sociedade.

O Estado estava personificado na figura do condutor autocrático, começando por Ivan IV, o Terrível, czar de todas as Rússias. Ele combinava os símbolos de poder terrificante com autoridade real e efetiva sobre a vida e o bem-estar de cada um de seus súditos, independentemente do seu *status*. O czar era o único e exclusivo controlador e fonte de poder, detendo um monopólio irrestrito de organização em todos os níveis.

O seu poder terrificante fazia parte de deliberada política de criar, em todos os seus súditos, medo a Deus e ao czar. O principal instrumento desta sua política foi a *Oprichki*, a primeira polícia política da Rússia, que marcou um estágio significativo na consolidação do seu sistema despótico de governo. Sua reputação no Ocidente deveu-se ao fato de ter permanecido para o seu povo como o maior dos condutores do país. Ivan IV foi, no pleno sentido da palavra, o pai do seu país, o homem que derrotou o diabólico chefe supremo mongol, deu ao povo ilimitados territórios para estabelecer-se e lançou a firme fundação sobre a qual o Estado russo foi construído.

Nesse sentido, cabe acrescentar que o povo russo considerava o seu Estado nacional e seu sistema social com um sentimento de piedosa reverência e fé cega, que iam além de simples patriotismo. Este era um sentimento do qual partilhavam da mesma forma o servo camponês analfabeto e o altamente sofisticado e viajado poeta. Szamuely entende que esta atitude pode ser explicada por dois fatores: *i.* a aguda consciência de que somente um Estado rigidamente centralizado poderia assegurar a sobrevivência nacional; *ii.* o isolamento secular em relação à Europa e a ignorância e o medo do mundo externo[6].

A descrição feita até aqui do desenvolvimento do Estado russo permite identificar os seus traços característicos: a *autocracia* ou poder absoluto do czar; o *despotismo* na condução dos seus súditos, exigindo total e inquestionável obediência deles ao czar, com sacrifício dos interesses privados aos interesses do Estado; e o sentimento de *reverência* e fé no czar, igualado a Deus.

A Modernização da Rússia Czarista

A moderna história da Rússia teve início em meados do século XVII, com a adoção do *Ulozhnenie*, o código de leis russo, que institucionalizou a autocracia, segundo a *Cambridge Economic History of Europe*, em referência indicada

---

6. Este isolamento se deveu à política de defesa adotada pelo governo central, no período de institucionalização da autocracia, na qual se incluía uma rigorosa vigilância das fronteiras ocidentais do país para evitar a influência estrangeira e a proibição de viagens de russos ao exterior.

por Szamuely[7]. Entretanto, é com as reformas de Pedro, o Grande (1698-1725), que pode ser datado o início da modernização econômica da Rússia, pelo impacto que elas provocaram no posterior desenvolvimento do país, não só com a implantação de uma indústria doméstica independente, como também pelas suas consequências de ordem social e política.

São várias as características que marcam esta modernização. A mais importante delas, sem dúvida, porque cria uma tradição que se mantém até os dias de hoje, é o papel crucial desempenhado pelo Estado, como mentor e motor desse processo.

As reformas de Pedro resultaram, por um lado, da conscientização, diante das sucessivas derrotas militares e do início da prolongada guerra contra a Suécia, da necessidade de construção de um exército permanente, organizado, equipado e treinado nos moldes dos modernos exércitos europeus; por outro lado, de sua longa jornada à Europa ocidental, na companhia da Grande Embaixada de 1697-1698, quando tomou contato com a civilização ocidental e considerou urgente absorver todos os seus elementos, transplantando e adaptando sua cultura, sua tecnologia e sua eficiência industrial.

A preocupação principal estava voltada para as questões militares, mas havia a convicção de que a constituição de um exército nas condições descritas só seria possível com a criação e o desenvolvimento da indústria, com a tecnologia e a eficiência industrial europeia. Pedro criou uma esquadra naval e promoveu a base industrial necessária para atender aos seus objetivos de modernização militar. Segundo Anisimov[8], o desenvolvimento industrial do período realizou-se em ritmo jamais visto: entre os anos de 1695 e 1725, surgiram nada menos que duzentas empresas de diferentes tipos, dez vezes mais do que as existentes no final do século XVII, ao mesmo tempo em que se observou um crescimento impressionante dos escopos da produção.

Restabelecendo uma velha tradição russa, segundo a qual o país constituía patrimônio pessoal do czar, que dele podia dispor de acordo com a sua vontade soberana, o Estado passou a assumir a regulação de todos os aspectos relacionados com a produção, inclusive a definição dos bens a produzir. Desenvolvendo-se em duas direções (ativação de velhas regiões industriais e

---

7. Tibor Szamuely, *op. cit.*, p. 66.
8. E. V. Anisimov, *The Reforms of Peter The Great: Progress Through Coercion in Russia*, New York/London, M. S. Sharpe, 1993, p. 70.

criação de novas, especialmente na mineração e metalurgia), Pedro estabeleceu uma indústria doméstica independente, importando tecnologia ocidental e dando-lhe toda a sorte de suportes: monopólio de mercado, tarifas protecionistas contra a competição estrangeira, garantia de suprimento de trabalho servil; e tornando-se, praticamente, seu único comprador. O Estado administrava a indústria, diretamente, no caso da indústria pesada, ou através de agentes, os mercadores das guildas urbanas, compulsoriamente transformados em "empreendedores capitalistas"[9].

A garantia do suprimento de trabalho servil se fez através de uma série de *Ukazes* (decretos), que fundiram os camponeses e os *kholopys* (escravos pessoais) em uma única categoria de servos. Ao mesmo tempo, a ampliação do campo de operação do Estatuto da Servidão acabou por incluir os grupos sociais intermediários, gozadores de relativa independência, na categoria de servos do Estado, os quais mantinham com ele o mesmo tipo de relação dos demais servos para com seus amos. A servidão completou-se com a criação do servo fabril, cuja categoria cresceu rapidamente, com o ritmo do desenvolvimento industrial conduzido por Pedro. Estava, assim, resolvido o problema da mão de obra.

O período que se seguiu à morte de Pedro foi caracterizado por um moderado crescimento econômico, ampliando o hiato que distanciava a Rússia dos seus competidores na Europa ocidental. Após situar-se entre os grandes poderes econômicos do comércio europeu durante o reinado de Catarina II, no século XVIII, a Rússia industrial passou por uma fase de estagnação na primeira metade do século XIX, na qual era pequena a importância da indústria produtora de equipamentos[10].

Até a derrota sofrida na Guerra da Crimeia (1854-1856), a industrialização era vista pelos czares como uma ameaça à autocracia. As autoridades czaristas temiam que ela difundisse o igualitarismo e que o crescimento de cidades industriais criasse um proletariado rebelde. Mas a guerra as forçou a reconhecer o seu atraso frente aos países industrializados da Europa e que algum grau de modernização da economia era indispensável. Como resultado, o governo russo passou a promover o desenvolvimento industrial, sob o comando de

---

9. Tibor Szamuely, *op. cit.*, p. 137.
10. Roger Portal, "The Industrialization of Russia", *The Cambridge Economic History of Europe*, vol. 6, parte 2, Cambridge, Cambridge University Press, 1965, p. 802.

seu Ministro da Fazenda, Conde Witte. O foco principal da sua atuação foi um programa de construção de ferrovias, importantes não somente por sua função estratégico-militar, mas também porque elas abriam caminho para a exploração de ferro e carvão da Ucrânia e para os mercados mundiais do trigo russo[11]. A expansão ferroviária levou à construção de um sistema de ferrovias em várias etapas nas décadas seguintes, multiplicando por mais de dez vezes a sua extensão entre 1861 e 1887[12]. Em 1860, o sistema ferroviário tinha somente 1 600 quilômetros de extensão. Em 1917, 81 mil quilômetros tinham sido construídos. Além disso, houve marcado crescimento da indústria pesada; esta, estimulada ainda por tarifas protecionistas introduzidas em 1891, cresceu expressivamente e levou a produção industrial a dobrar entre essa data e 1900. Nesta década foi notável também o crescimento da produção de petróleo, que em 1900 foi a maior do mundo.

Dado o baixo nível de desenvolvimento do mercado financeiro, a atuação do Estado foi fundamental, não só para o financiamento da construção ferroviária referida, como também para o surto industrial que foi uma de suas consequências. Através do Banco Imperial, fundado em 1864, o Estado atuou como credor e garantidor no processo de atração e alocação de capital, inclusive estrangeiro, seja na forma de empréstimos governamentais, seja na forma de investimentos diretos[13]. A indústria, especialmente a pesada, foi ainda objeto de vários tipos de suporte: tarifas altamente protecionistas (a de 1891, conhecida como Tarifa de Mendeleiv, permitia livre ingresso de somente catorze produtos, de baixa demanda no país, enquanto matérias-primas e produtos manufaturados tinham tarifas elevadas), garantia de lucro, redução e isenção de impostos e compras governamentais. O resultado desta atuação foi um deslanche do desenvolvimento industrial russo no final da década dos 1880, que continuou pelas duas décadas seguintes (tabela 1), fazendo com que este período fosse considerado por historiadores como o período em que se processou a industrialização russa.

---

11. P. R. Gregory e R. C. Stuart, *Soviet Economic Structure and Performance*, 3. ed., New York, Harper, 1986, p. 21.
12. Roger Portal, *op. cit.*, p. 813.
13. No final do século, cerca de um terço da dívida estatal era externo, somando um bilhão de rublos. E, entre 1897 e 1899, os investimentos estrangeiros em empresas russas somaram 450,7 milhões de rublos (Hans Rogger, *Russia in the Age of Modernisation and Revolution: 1881-1917*, London/New York, Longman, 1983, p. 103).

Seguiu-se um período de estagnação, que perdurou entre 1900 e 1908, resultante, entre outras causas específicas aos setores industriais, da crise econômica de 1900-1903[14] e também da instabilidade política provocada pela revolução de 1905[15]. Nesta fase, houve uma mudança na estrutura industrial, expressa pela formação de cartéis e por sua crescente dependência aos bancos. Estes, com seu crescimento, constituíam em 1914, antes da guerra, um sistema de crédito bastante desenvolvido, capaz de atrair capital doméstico e internacional.

TABELA 1. RÚSSIA. DESENVOLVIMENTO DA PRODUÇÃO (MILHÕES DE PUDS)*

	1887	1890	1900
Ferro Gusa	36,1	54,8	176,8
Carvão	276,2	366,5	986,4
Ferro e Aço	35,5	48,3	163,0
Petróleo	155,0	226,0	631,1
Algodão	11,5	8,3	16,0
Açúcar	25,9	24,6	48,5

Fonte: Khromov (1950) *apud* Roger Portal, *op.cit*, p. 837. *pud*: medida russa antiga = 16,3 kg.

A retomada do crescimento industrial, a partir de 1909, teve como bases o mercado consumidor camponês, impulsionado pelo aumento da população camponesa e o incremento da sua capacidade aquisitiva; esta foi derivada não somente do aumento dos preços internacionais do trigo entre 1906 e 1912, combinados a boas colheitas no começo do século, mas também da política agrícola estatal compreendida pela reforma de Stolypin[16]; e as compras estatais.

O crescimento industrial russo entre 1860 e 1910 foi da ordem de 10,5 vezes, enquanto a produção industrial mundial cresceu seis vezes, a da Grã-Bretanha cresceu 2,5 vezes e a da Alemanha seis vezes[17].

---

14. Esta crise é tratada adiante: p. 43.
15. Esta revolução será tratada adiante: pp. 43 e ss.
16. Esta reforma é descrita adiante: pp. 35-36.
17. Alec Nove, *An Economic History of the USSR*, London, Penguin Books, 1984, p. 3 (com base em um livro de texto soviético não indicado pelo autor).

O progresso industrial da Rússia entre 1870 e 1912 colocou a Rússia em quinto lugar entre os países mais industrializados em 1912, somente atrás dos Estados Unidos, da Inglaterra, da Alemanha e da França. E o Estado russo foi o instigador desse avanço, na avaliação que fazem Gregory e Stuart[18], não obstante em algumas outras análises, idêntica importância seja atribuída ao capital estrangeiro.

A segunda característica da modernização a assinalar, muito vinculada à primeira, é a forma através da qual se realizou a atuação estatal[19].

O Estado russo foi um Estado autocrático, comandado através do poder absoluto dos czares, de forma despótica e utilizando largamente a repressão sobre os seus súditos. Pedro, o Grande, tinha clara consciência de ser autocrata, condutor divino do seu país, com poderes ilimitados sobre a vida e a propriedade, que constituíam patrimônio do czar e podiam ser utilizadas de acordo com a sua vontade soberana. Para atender às necessidades de criação de um exército permanente, ele modificou o *status* e as funções da nobreza, instituindo um serviço militar vitalício e a obrigação de cada *pomeschik*[20] de fornecer uma proporção fixa dos seus servos camponeses como recrutas. O serviço militar, além de compulsório, era estritamente regulamentado e a não obediência às regras ou o não comparecimento para o serviço eram sujeitos à execução sumária, perda de todos os direitos e confisco da propriedade.

Este rigor repressivo foi característico de todo o reinado e não se restringiu à nobreza. Em relação aos servos, foi transposta a fronteira entre a servidão e a escravidão; os camponeses perderam os poucos direitos que tinham e, finalmente, os donos de terra obtiveram o direito de vender os servos sem a terra. O seu trabalho forçado foi levado a limites extremos, causando uma dizimação de suas vidas, sem restrições.

Força, repressão, disciplina e dura punição constituíram os meios com os quais a Rússia foi modernizada. O preço pago pelo povo russo foi enorme. A construção de São Petersburgo, realizada em tempo recorde, custou um particular preço em vidas, levando a se dizer que a nova capital tinha sido construída sobre os ossos dos servos russos. Não obstante tenha introduzido costumes ocidentais na Rússia, Pedro, o Grande, considerado segundo os padrões de

---

18. R. G. Gregory e R. C. Stuart, *op. cit.*, p. 22.
19. A descrição desta característica é extraída basicamente de Tibor Szamuely, *op. cit.*, cap. 7.
20. Nobre a quem eram cedidas terras em troca do serviço militar vitalício.

seu tempo um homem humano e iluminado, criou um regime de terror que, com a temível Ordem de Preobrazhenski, sob o comando do Príncipe Romodanovsky como seu executor-chefe, tornou-se modelo para todas as futuras instituições de polícia secreta da Rússia[21]. E a glorificação do Estado despótico tornou-se o tema dominante da propaganda oficial.

Catarina II, a Grande (1762-1796)[22], considerada a mais inteligente e mais bem-educada dos dirigentes russos do século XVIII, foi uma defensora da autocracia. Em uma Instrução, ela justificou o caráter autoritário do soberano pelas dimensões do país e definiu qual liberdade poderia existir em um Estado autocrático. Segundo ela, o orgulho nacional em uma nação autocrática cria a sensação de liberdade, que conduz a grandes realizações e ao bem-estar dos seus súditos, da mesma forma que a própria liberdade. E este orgulho nacional deveria derivar de uma profunda identificação do indivíduo com a glória e a grandeza do Estado. O desenvolvimento do orgulho nacional, através dos meios disponíveis de educação e literários, tornou-se política de Estado e os escritores que não a seguiram foram reprimidos. Alexander Radishev, que publicou uma condenação dos horrores da escravidão camponesa, contradizendo o quadro enganoso de harmonia social com que o governo fazia a divulgação da imagem da sociedade russa, foi condenado às galés de trabalho forçado, Novikov passou muitos anos no calabouço e Knyazhin morreu sob tortura nas mãos da polícia secreta.

Alexandre I, neto de Catarina, assumiu o poder após o assassinato de seu pai, Paulo I, em março de 1801, em meio à instabilidade política que caracterizou a Rússia depois da morte da imperatriz; e pretendeu realizar uma completa transformação do sistema político-social do país a fim de enfrentá-la. Ao longo de alguns anos, Speransky, um dos mais próximos e mais confiáveis colaboradores do imperador, elaborou uma série de textos, contendo detalhada análise da sociedade russa e um programa de reformas. Nesta análise, ele caracterizou o sistema político social russo como claramente despótico. Mas, depois de um longo período de vacilação, o imperador desistiu da mudança, Speransky caiu em desgraça e foi exilado. E o reinado de Alexandre I foi crescentemente identificado com políticas reacionárias: uma censura mais

---

21. Tibor Szamuely, *op. cit.*, p. 124.
22. Entre Pedro I e Catarina II, o trono russo teve seis ocupantes: Catarina I (1725-1727), Pedro II (1727--1730), Anna (1730-1740), Ivan VI (1740-1741), Elizabeth (1741-1762) e Pedro III (poucos meses de 1762) (Lionel Kochan, *Storia della Russia Moderna: Dal 1500 a Oggi*, Torino, Giulio Einaudi, 1968, p. 130).

severa, um Estatuto Universitário retrógrado, um fortalecimento dos poderes policiais e a eminência de uma junta de místicos religiosos, fortemente disciplinadores.

A derrota da Revolução Decembrista[23], deflagrada no momento de instabilidade política que marcou a sua sucessão, determinou o curso repressivo da política interna russa seguida por Nicolau I (1825-1855). Um dos seus primeiros atos foi a criação de uma eficiente polícia secreta, complementada por um corpo uniformizado de policiais. O país foi coberto por uma rede integrada de espiões policiais e informantes. O medo generalizado tornou-se uma regra básica da vida, criando uma atmosfera plena de terrores, bastante retratada por escritores russos. Entretanto, as fricções e o afastamento gradativo entre a sociedade e o poder autocrático, bem como a derrota na guerra da Crimeia tornaram evidente a necessidade de liberalizar o poder, mesmo mantendo-o essencialmente intacto. Foi o que tentou fazer Alexandre II (1855-1881): além de introduzir uma série de medidas objetivando flexibilizar o sistema político e conceder a emancipação formal aos servos, ele confiou a um de seus ministros a elaboração de uma reforma do sistema político nessa direção; mas desautorizou-o a criar qualquer instituição que reduzisse o poder do czar e seus servidores de equacionar e resolver os problemas do país. As propostas apresentadas pelo ministro se tornaram conhecidas como a Constituição Lóris-Melnikov, embora não constituíssem uma constituição efetivamente, porque mantinham assegurada integralmente a autoridade do imperador. E não chegaram a ser aprovadas, pois as dúvidas que tinha Alexandre II sobre as con-

---

23. Esta revolução assim se denomina porque teve seu ápice em dezembro de 1825. Os antecedentes deste movimento têm origem no período pós-napoleônico. Nos anos 1816-1817 alguns altos oficiais, de famílias aristocráticas, formaram, em Petersburgo, uma Liga da Libertação. Esta tinha como objetivo a abolição da servidão e a instituição de um regime constitucionalista. Outras instituições similares surgiram em seguida com os mesmos objetivos. O movimento estendeu-se durante os anos de 1823-1825. Nele eram aceitos somente oficiais. O plano de atuação era previsto para 1826, época em que o czar deveria assistir a uma parada militar no Sul e que se revelava, assim, propícia ao seu assassinato. O czar, entretanto, faleceu em novembro de 1825. A sua morte foi seguida de uma crise dinástica, devido à renúncia do seu irmão mais velho ao trono; o irmão mais novo, Nicolau, deveria assumi-lo. Os decembristas decidiram, então, aproveitar o interregno para desencadear o seu movimento: a revolta deveria ter lugar no dia em que os soldados deveriam prestar juramento de fidelidade a Nicolau. Houve traição ao movimento, a moral dos conspiradores caiu. Foram presas cerca de seiscentas pessoas, cinco foram condenadas à morte e mais de cem foram exiladas na Sibéria e obrigadas a servir ao exército com simples soldados. Ver Lionel Kochan, *op. cit.*, pp. 154-162.

sequências de sua implantação em termos de maior pressão para a liberação do sistema, não foram dissipadas com a sua morte, por ato terrorista.

O reinado seguinte, de Alexandre III (1881-1894), é considerado um período de políticas reacionárias e de repressão social, durante o qual seus ministros estabeleceram severa censura à imprensa e à universidade. Alexandre aprovava a opinião de Pobedonotsev, de que "todo o segredo da ordem e da prosperidade da Rússia está no alto, na pessoa da suprema autoridade" e desaprovava todos os atos do seu pai que diminuíam a força da monarquia[24]. Conde Witte, seu Ministro das Finanças, o admirava por considerar que ele constituía a única força capaz, nas condições da Rússia, de reunir as energias e os recursos necessários à modernização do país[25].

Não menos repressivo foi o reinado seguinte, de Nicolau II, o qual, mesmo instado pela Revolução de 1905 a promulgar uma constituição, tratou de restringir sua aplicação, afirmando a sua posição de único detentor de poder decisório sobre as questões do país. E, entre as razões que explicariam a longevidade desse reinado, Rogger[26] assinala o papel desempenhado por "instrumentos relativamente eficientes de controle e repressão".

Em síntese, a Rússia foi modernizada por um Estado autocrático, que se utilizou largamente de meios despóticos para isso. Não obstante as crises políticas recorrentes, às vésperas da Revolução de Outubro de 1917, o regime político russo continuava sendo uma autocracia, ainda que mitigada por uma semiconstitucionalidade.

Cabe, finalmente, assinalar o papel que desempenharam as políticas agrárias no processo de industrialização e consequente modernização da Rússia.

Como se sabe, ao longo de praticamente todo o período czarista, predominou o regime da servidão. Segundo diferentes autores, seja por ter surgido tardiamente[27], seja porque representava um sustentáculo para a manutenção da autocracia[28], este regime foi marcado por formas odiosas, pouco diferenciando a situação do servo da do escravo.

---

24. Hans Rogger, *Russian in the Age of Modernazation and Revolution: 1881-1917*, London/New York, Longman Group, 1983, p. 15.
25. *Idem*, p. 16.
26. *Idem*, p. 23.
27. P. R. Gregory & R. C. Stuart, *op. cit.*, p. 25.
28. Tibor Szamuely, *op. cit.*, p. 58.

Durante o reinado de Pedro, o Grande, os servos foram instrumentais aos seus propósitos. Como se viu anteriormente, ele ampliou a abrangência da aplicação do Estatuto da Servidão, criando, ao lado daqueles vinculados à pessoa do seu "dono", a categoria dos servos do Estado, os quais mantinham, em relação a este, o mesmo tipo de relações que mantinham os servos individuais e seus donos; e ampliou a categoria de servos fabris, que cresceu rapidamente, como decorrência da industrialização promovida nesse período.

Durante o reinado de Catarina II, a população dos servos expandiu-se consideravelmente[29], ao mesmo tempo em que se deterioravam as condições da servidão, com a ampliação dos éditos que davam ao senhor o direito de vender os servos sem a terra, além do direito de puni-los severamente, inclusive com trabalho forçado. Paulo I, filho de Catarina, que odiava sua mãe, tratou de melhorar um pouco a situação dos camponeses, ao restringir a *barschina*, o trabalho compulsório que estes realizavam nas terras do senhor feudal, limitando-a a três dias na semana[30]. Entretanto, com sua morte e a reversão de todos os decretos por ele assinados, a situação camponesa voltou ao estado anterior e assim continuou durante os reinados seguintes.

Os levantes camponeses, que expressavam a revolta dos mesmos frente à sua terrível situação, mostraram a necessidade de amenizá-la e, finalmente, depois de algumas medidas neste sentido adotadas por Nicolau I, o czar Alexandre II, em fevereiro de 1861, levado pelos interesses de preservação da autocracia, assinou o Ato de Emancipação dos camponeses. Este Ato eliminou legalmente os direitos de servidão a que estavam sujeitos os camponeses assentados em terras dos senhores feudais, assim como os servos do Estado. Entretanto, a fórmula nele adotada preservou as condições de servidão. A liberdade dos servos deveria vir acompanhada da provisão de terras para o trabalho, na medida em que fosse preciso; deveria, ao mesmo tempo, assegurar

---

29. Em 1796, ano de ascensão de Paulo I ao trono, em uma população de 36 milhões de habitantes, o número de servos masculinos em propriedade privada era de 9.790.000 e o número de servos masculinos do Estado era de 7.276.000. Tibor Szamuely, *op. cit.*, p. 156. Este número continuou a crescer e, com base no Censo de 1857-1859, A. Gerschenkron indica a existência de uma população camponesa em regime de servidão aos *pomeschik*, às vésperas do Ato de Emancipação, de cerca de 22 milhões de pessoas, ou 53% do total da população camponesa. Os restantes 47% eram constituídos por servos estatais e servos pertencentes à família imperial. A. Gerschenkron, "Agrarian Policies and Industrialization: Russia 1861-1917", *The Cambridge Economic History of Europe*, vol. 6, parte 2, Cambridge, Cambridge University Press, 1966, p. 717.

30. Segundo A. Gerschenkron, o decreto estipulando isso nunca foi cumprido (A. Gerschenkron, *op. cit.*).

que eles continuassem pagando os impostos, dos quais dependia o Tesouro russo. Os camponeses foram então compelidos a adquirir os lotes de terra de propriedade do senhor feudal que lhes foram alocados na partilha da propriedade entre eles e os senhores feudais[31], nas condições que foram definidas num Estatuto Especial de Remissão. Este definiu as questões que delimitaram a aquisição das terras (que tipo de terras, sua extensão e em que condições os camponeses deveriam recebê-las), aplicando-as diferentemente de acordo com as diferenças regionais e com os estatutos locais que o acompanharam. E estipulou, nestes documentos, o montante de trabalho e de *quitrents* (montante de trabalho convertido em pagamento pelo uso da terra) a serem pagos pelo camponês como amortização do valor da terra a eles alocada pelo *pomeschik*. De um modo geral, o valor das amortizações era muito alto, quando comparado com o valor de mercado das terras: variando entre regiões, aquele era superior a este numa média de 34%, entre 1863 e 1872[32]. O Estado financiava 80% do valor da aquisição, repassando-o ao dono da terra na forma de bônus, com rendimento de 6% de juros anuais. Este financiamento deveria ser pago pelo camponês em um prazo de 49 anos, com juros de 6,5% ao ano. E ele não podia ser dono efetivo da terra, que continuava a ser do *pomeschik*, antes que o seu valor fosse totalmente pago. Além disso, a comunidade da aldeia (*obshina*) tornou-se responsável pelo pagamento das amortizações, tanto quanto pelos impostos, não podendo nenhum dos seus membros deixar a comunidade sem que o seu lote de terra estivesse pago; assim mesmo, com a autorização de ⅔ dos membros da mesma.

Os camponeses não se sentiram satisfeitos com as condições que lhes foram impostas para sua emancipação. Sua insatisfação se fez sentir nas manifestações imediatas à promulgação do Ato (649 tumultos nos quatro meses seguintes a ela e 499 revoltas durante o ano de 1861), e demandaram a utilização de tropas para suprimi-las[33]. Esta insatisfação expressou-se igualmente nas sucessivas revoltas e sublevações que ocorreram nos anos seguintes até os primeiros anos do século xx, entre elas as notórias ocorridas em 1905-1906. Entre as causas da insatisfação estavam a declaração de que toda a terra continuava a pertencer aos senhores feudais e a cláusula transitória que estabelecia

---

31. Mais de 50% das terras de propriedade dos senhores feudais continuaram a pertencer-lhes (P. R. Gregory e R. C. Stuart, *op. cit.*, p. 26).
32. A. Gerschenkron, *op. cit.*, p. 738.
33. Lionel Kochan, *op. cit.*, p. 187.

a prevalência da situação anterior à reforma por dois anos, ou seja, que o camponês deveria continuar trabalhando para o senhor feudal durante este período. Mas a causa mais importante e duradoura estava no fato de os lotes de terra alocados aos camponeses serem inferiores aos necessários para o cumprimento de suas obrigações. Esta situação era agravada nas comunidades de aldeia pela redução *per capita* dos lotes à medida que crescia a sua população. Segundo estimativas, até 1878 menos de 50% dos ex-servos receberam parcela adequada de terra; os demais viviam abaixo do limite de subsistência. A população rural, entrementes, passou de cinquenta a setenta milhões de habitantes, entre 1860 e 1897[34]. O governo procurou amenizar os problemas dos camponeses, inicialmente através da abolição de alguns impostos e da redução do volume de atrasos de pagamentos de impostos e das remissões. Posteriormente, devido às proporções revolucionárias assumidas pelas manifestações de descontentamento, o governo adotou medidas mais amplas: eliminação da responsabilidade coletiva pelo pagamento das remissões (1903), redução de 50% das dívidas referentes a estes pagamentos (1906) e cancelamento posterior das mesmas (1907); além disso, concedeu aumento dos empréstimos concedidos aos camponeses sem terra ou com pouca disponibilidade de terra para 90% e 100% do valor da terra a ser adquirida, com isso querendo minimizar as invasões das terras dos senhorios. Mas o mais importante, para eventual solução dos distúrbios, sob o ponto de vista do primeiro-ministro Stolypin, era estabelecer uma nova ordem socioeconômica para os camponeses, com medidas tendentes à dissolução da *obshina* e ao desenvolvimento do individualismo econômico. Num Ato, editado em novembro de 1906 como decreto emergencial, o camponês obteve o direito de sair da *obshina*, devendo, neste caso, receber como propriedade uma porção de terra correspondente à sua participação na remissão coletiva das terras. Em 1910, as disposições do Ato foram aperfeiçoadas e aprovadas pela Duma. A eliminação da *obshina*, entretanto, não se revelou rápida: entre novembro de 1906 e maio de 1915, somaram cerca de 22% do total de chefes de família das vilas comunitárias os que se separaram da *obshina* e se tornaram proprietários individuais de terras[35].

---

34. *Idem*, pp. 187-188.
35. A. Gerschenkron, *op. cit.*, pp. 795-796. Ver também R. G. Suny, *The Soviet Experiment*, Oxford, Oxford University Press, 1998. De acordo com este autor, entre um quarto e um terço das famílias camponesas deixaram a *obshina* e formaram propriedades agrícolas fechadas (*idem*, p. 26).

Assim, embora os Atos editados por Stolypin tenham constituído um instrumento eficaz para a considerável redução do papel da *obshina* na estrutura econômica do país, os seus resultados, sob o ponto de vista do desenvolvimento industrial, devem ser considerados incidentais.

Em relação a isto, duas ordens de consideração devem ser feitas.

Uma primeira, é a de que o alcance da sua política foi pequeno no período considerado. Deste modo, além das turbulências políticas, como resultado do descontentamento do grosso da população camponesa que continuava a viver em níveis de subsistência, estes próprios níveis marcaram o padrão das relações entre a agricultura e o desenvolvimento industrial na Rússia. Este padrão foi completamente distinto do padrão ocidental, no qual a reforma agrária constituiu pré-requisito para o desenvolvimento da indústria. Na Rússia, a oferta de bens para as cidades baseou-se amplamente em pressões sobre a renda dos agricultores; e a indústria russa não dependeu de uma demanda crescente por bens industriais por parte de uma agricultura próspera; dependeu da demanda por bens de investimento, basicamente apoiada no Estado.

A segunda ordem de considerações refere-se ao fato de o interesse maior da política formulada estar orientado mais para objetivos políticos do que econômicos. Entretanto, segundo Gerschenkron, isto não reduz o significado dela para o subsequente desenvolvimento industrial do país. Segundo ele, durante os anos de 1906 a 1914, o crescimento industrial pôde ser retomado e realizado à elevada taxa de 6% ao ano, o que pareceria não ser possível sem uma simultânea modernização da agricultura[36].

Os Movimentos Revolucionários na Rússia Czarista

"A história do movimento revolucionário russo é a história da *intelligentsia russa*. As duas são inseparáveis. A Revolução Russa foi o produto da *intelligentsia* e a revolução era a *raison d'être* da *intelligentsia*". Assim começa Szamuely sua análise sobre a tradição revolucionária russa[37]. E é este papel da *intelligentsia* que explica, de certa forma, porque basicamente toda a literatura sobre a Revolução Russa dedique a ela considerável atenção.

---

36. A. Gerschenkron, *op. cit.*, p. 800.
37. Tibor Szamuely, *op. cit.*, p. 189.

A *intelligentsia* russa era constituída por homens e mulheres de diferentes classes sociais, que se distinguiam das classes como tais pela educação e por seu distanciamento do Estado czarista. Em outros termos, eram pessoas cujo traço comum eram seus sentimentos de alienação social e sua dedicação à transformação da sociedade e da política russas[38]. Os seus membros eram, antes de tudo, inimigos da autocracia czarista.

Os membros da *intelligentsia* eram alienados da sociedade não porque lhes fosse impossível nela integrar-se através de sua inserção na burocracia do Estado, que constituía a real medida de uma posição social (havia um alto grau de mobilidade social na Rússia czarista), mas porque rejeitavam a ideia de servir a um sistema fundado na injustiça, na opressão e na miséria.

A primeira geração da *intelligentsia*, que surgiu nos anos 1840, era composta por nobres, que eram as únicas pessoas com condições materiais de obter educação na época. Elas foram conhecidas como "Os Homens dos 40" e, depois da publicação do livro de Turguenev, *Pais e Filhos*, como a Geração dos Pais. A composição dos "Homens dos 40" era constituída por novelistas, como o próprio Turguenev, filósofos, críticos e outros que tinham ampla diversidade de opiniões políticas e sociais, mas que tinham em comum a sua hostilidade e seu ódio à servidão.

Uma segunda geração, surgida aproximadamente uma década depois, os chamados *raznochinstsy*, tinha outra composição social. Era constituída por pessoas de diversas origens sociais, como padres, camponeses, funcionários públicos de baixa categoria funcional, oficiais do exército, artesãos e homens do comércio, as quais, devido ao seu nível de educação, não mais se enquadravam nas suas categorias sociais de origem. Foram conhecidos como os "Homens dos 60", ou a Geração dos Filhos e constituíram o núcleo que começou a ser conhecido como a *intelligentsia*. Sua posição era crítica em relação à Geração dos Pais, no sentido de que faziam arte pela arte e levavam confortavelmente suas vidas. Os jovens radicais desses anos criticaram o elitismo da cultura russa ocidentalizada, considerando literatura e arte como produtos das sensibilidades das classes altas e, portanto, desvinculadas da grande maioria do povo. Eles conclamaram um compromisso com a ciência, a razão e a arte útil.

Os "Homens dos 60" foram seguidos pelos "Homens dos 70" e, depois, pelos "Homens dos 80", definidas as sucessivas gerações pelos conflitos que

---

38. R. G. Suny, *op. cit.*, p. 17.

se repetiram entre elas e pelas novas tendências políticas que embasaram esses conflitos. A despeito dessas diferenças, contudo, um sentimento comum foi mantido por todas as gerações: o sentimento de culpa, o messianismo que produziu a famosa "alma russa" e que se expressava pela emoção diante da injustificável escravidão, da condição da maioria de seus compatriotas cristãos, de bens humanos vendáveis por um grupo de proprietários aristocratas[39]. A liquidação da servidão tornou-se a missão coletiva da *intelligentsia*, mesmo depois da liberação dos servos em 1861, pela obrigação que sentia de reparar o sofrimento infligido ao povo pelo regime da servidão.

Mas esta liquidação teria que dar-se por meios violentos, revolucionários. Segundo Szamuely[40], a contribuição mais importante da *intelligentsia* russa para o sistema de valores morais de sua época, foi o seu culto ao revolucionarismo, a sua idealização dos atos revolucionários e seu endeusamento do lutador revolucionário como herói. A aquisição do marxismo, segundo ele, transformou-a no principal condutor da história do seu tempo. A teoria marxista tinha um nível de sofisticação superior a tudo que os seus membros tinham conhecido anteriormente. Porém, alguns dos seus elementos-chave (hostilidade em relação à burguesia, igualitarismo, apoteose da revolução e, particularmente, seu fervente messianismo) eram marcadamente consistentes com as crenças tradicionais da *intelligentsia*. E lhe deram a certeza científica do rumo por ela adotado, longamente buscada.

Convém, aqui, indicar, ainda que brevemente, em que medida as ideias defendidas pelas diferentes gerações da *intelligentsia* influenciaram o movimento revolucionário na Rússia[41].

O primeiro levante revolucionário assinalado historicamente foi o dos chamados decembristas, em dezembro de 1825. Por ter sido deflagrado por oficiais aristocráticos e sem qualquer caráter ideológico, este levante é assinalado somente por conta dos seus objetivos: a destruição da autocracia, da Rússia escravocrata e o estabelecimento de uma sociedade nova, mais justa, com a imediata libertação dos camponeses da servidão.

O seu movimento foi derrotado, quando em 14 de dezembro de 1825, em uma ação não preparada e desorganizada, eles se postaram na Praça do Senado

---

39. Tibor Szamuely, *op. cit.*, pp. 200-201.
40. *Idem*, p. 201.
41. Não se vai enfocar todos os momentos deste movimento, mas tão somente assinalar alguns principais, em torno de cujas diretrizes foi promovida a ação revolucionária.

e se recusaram a prestar juramento de fidelidade ao novo imperador Nicolau I. O castigo foi duríssimo, com os cinco líderes enforcados e os demais conspiradores condenados a diferentes períodos de trabalhos forçados ou ao exílio[42].

A geração de revolucionários que substituiu os decembristas surgiu nos anos 1830-1840 (a Geração dos Pais), dando início a novas tendências ideológicas e políticas de oposição ao dogma da ideologia oficial instituída pelo Ministro da Educação, em 1833, expressa na fórmula "ortodoxia, autocracia e caráter nacional". Em torno de 1845, os "Homens dos 40" dividiam-se em dois grupos principais: os eslavófilos e os ocidentalistas. Os eslavófilos defendiam a harmonia e o coletivismo da comuna agrícola, o princípio comunal, a ideia do esforço coletivo em benefício de todos. Eles temiam que o capitalismo ocidental, combinado com o absolutismo burocrático russo, pudesse destruir os valores tradicionais da vida russa. Os ocidentalistas acreditavam que a Rússia deveria tornar-se mais parecida com a Europa: industrial, urbana e constitucional. Os socialistas, como Herzen, combinavam elementos dos eslavófilos e dos ocidentalistas: eles pregavam uma nova ordem, baseada na comuna camponesa, mas numa fusão entre o que eles consideravam elementos igualitários da comuna com garantias de dignidade e dos direitos individuais encontrados nos países ocidentais mais avançados.

Foram os ocidentalistas que proveram a fonte ideológica e mesmo organizacional do movimento revolucionário russo dos séculos XIX e XX. Entre eles, destaca-se Belinsky, que foi quem primeiro expressou diretrizes para a literatura nacional, entre elas a do comprometimento dos escritores, da responsabilidade cívica da literatura e de seu papel social como o meio principal de instrução e ilustração: a supremacia do conteúdo sobre a forma. A importância de Belinsky está em ser considerado o primeiro socialista russo. O socialismo seria introduzido em 1840 por Petrashevsky, um nobre de estirpe menor e oficial júnior que criou e conduziu o primeiro grupo socialista, em São Petersburgo. Os seus membros se reuniam para discussões filosóficas, expunham e propagavam as ideias socialistas utópicas de Fourier. Sua maior influência consistiu na popularização do socialismo e na introdução, na Rússia, de trabalhos dos primeiros socialistas europeus. Foi Herzen, porém, a figura de comando do radicalismo russo do século XIX e é considerado um ocidentalista por excelência. Ele, entretanto, nunca renunciou à sua confiança no rumo distinto

---

42. Ver nota 23, p. 31.

do desenvolvimento russo, tendo só crescido, em sua vivência na Europa, o seu descontentamento com o estilo de vida ocidental, a civilização burguesa e o progresso capitalista europeu. Sendo ocidentalista na juventude, no exílio tornou-se mais um eslavófilo; mas era, acima de tudo, socialista. Com base nesta formação, Herzen criou a filosofia do populismo, considerada a base ideológica do movimento revolucionário do século XIX: adaptando o conceito europeu de socialismo às condições russas, ele afirmou, pela primeira vez, que a Rússia estava mais madura para o socialismo do que a industrializada Europa. A sua teoria da revolução baseava-se não em classes, mas no povo. No seu esquema, o povo russo como um todo constituía uma força revolucionária, em confronto com uma estrutura monárquico-burocrática. A grande vantagem da Rússia em relação às nações ocidentais era a posse de uma instituição tradicional única, salva do passado graças à ausência do feudalismo ou do capitalismo: a comunidade da aldeia, a *obshina*. Esta se tornou a pedra angular do populismo russo, com o seu sistema de propriedade comunal, responsabilidade coletiva e redistribuição regular da terra, além da administração eleita e da igual responsabilidade de cada trabalhador. Herzen criou as teorias sociais fundamentais do populismo. A emergência do populismo como a ideologia político-social do movimento político foi, porém, obra de Chernichevsky, o líder reconhecido da *intelligentsia* radical, inclusive por Lenin.

Chernichevsky foi crítico literário em uma revista importante dirigida pelo poeta Nekrasov, a *Sovremmenik* (*O Contemporâneo*). Em resposta a uma crítica de Turguenev, ele escreveu, na prisão, a sua novela *O que Deve Ser Feito?*, na qual ele descreve um revolucionário modelo que inspirou muitos jovens a se voltarem para a atividade revolucionária. No livro, Chernichevsky descreve os socialistas revolucionários como "novos homens", um novo tipo de homem: bondoso e forte, honesto e capaz, corajoso e ascético, destinado a constituir uma elite dedicada de líderes intelectuais e morais do povo. A sua mensagem era expressa na tese de que a Rússia poderia e deveria evitar o estágio capitalista de desenvolvimento e passar diretamente da sua condição vigente ao socialismo. Ele viu na *obshina* russa, como Herzen, a valiosa vantagem sobre o Ocidente, a possibilidade de sua rápida transição ao socialismo. Mas este não viria por si só, senão através de violenta revolução, vinda de baixo e conduzida pelos "novos homens".

A emancipação dos servos em fevereiro de 1861, por Alexandre II, inaugurou uma nova era na Rússia, a chamada época das grandes reformas. No plano político, foram introduzidas uma estrutura de autogoverno local limitado, assembleias distritais e provinciais (*zemstvos*), eleitas através de um complicado sistema de três colégios eleitorais da nobreza, moradores urbanos e camponeses, além de Dumas[43] nas cidades. Foi também introduzido um moderno sistema judiciário, com base em modelos ocidentais e realizada uma reforma militar que eliminou o sistema de conscrição seletiva para um serviço de 25 anos e o substituiu por seis anos de serviço militar universal. Outras medidas foram tomadas, como a abolição da punição corporal, a concessão de um degrau de autonomia às universidades e um relaxamento da censura. E os povos não russos do império gozaram de tratamento benigno até 1863, quando os poloneses se rebelaram e o imperador, além de suprimir o movimento, retrocedeu em sua política anterior, determinado a negar nacionalidade própria aos povos eslavos do império.

Este foi também um período de grande inquietação política. Em 1866, depois de um atentado contra a sua vida, o czar Alexandre II fez terminar a era da tolerância. Os 56 anos que separaram fevereiro de 1861 de 1917, foram marcados por uma corrida entre a modernização e a revolução, com o império russo travando uma luta mortal com o movimento revolucionário. Ironicamente, segundo Szamuely[44], foi a emancipação dos servos que deslanchou o movimento populista, pelo desapontamento causado pelos termos duros impostos aos camponeses. Os primeiros dois anos após a emancipação foram marcados por um notável grau de inquietação entre os camponeses, que culminou em levantes suprimidos por forças armadas. Como foram também suprimidos os diversos movimentos de estudantes e outros grupos conspiratórios que surgiram posteriormente. Em 1870, jovens organizaram um "movimento em direção ao povo", para ensinar aos camponeses e aprender com eles, criando o populismo como movimento político. Como fossem pequenos os resultados obtidos com a propaganda, parte deste movimento voltou-se para o terrorismo, para enfraquecer o governo e inspirar a rebelião camponesa[45].

Nas décadas seguintes, por força mesmo do desenvolvimento industrial impulsionado pelas políticas dos ministros Witte e Stolypin, surgiu o prole-

---

43. Câmaras legislativas. As Dumas, assim como os *zemstvos*, cresceram gradualmente em importância como as únicas áreas semi-independentes da vida pública, as bases criadoras do sentimento liberal e reformista (Tibor Szamuely, *op. cit.*, p. 303).
44. Tibor Szamuely, *op. cit.*, p. 306.
45. R. G. Suny, *op. cit.*, p. 19.

tariado nas cidades. E a ebulição revolucionária alcançou os trabalhadores, dando motivo para a discussão, entre os membros da *intelligentsia*, sobre a viabilidade da proposição dos populistas de que seria possível, graças à existência das comunas agrícolas, passar diretamente à construção do socialismo.

Foi neste contexto que surgiu, em 1899, o famoso livro de Lenin, *O Desenvolvimento Capitalista na Rússia*, no qual, com base em levantamento estatístico, o autor defende a tese de que a Rússia já havia atingido o estágio capitalista. Rejeita, assim, a tese populista e defende a ideia de que a revolução deveria apoiar-se na classe operária. Foi neste contexto também que, em 1898, depois de uma primeira tentativa sem sucesso de fundar um partido social-democrata, Lenin e seus seguidores começaram a publicar um jornal, o *Iskra* (*Centelha*), em torno do qual pudessem ser agregados os revolucionários. O número de círculos de trabalhadores e intelectuais socialistas de alguma forma associados à ideia social-democrata multiplicou-se nos anos seguintes[46].

Em julho-agosto de 1903, foi realizado o segundo congresso do Partido Social-Democrata dos Trabalhadores da Rússia, no qual foram discutidas: *i.* A tese dos marxistas russos ortodoxos, de que as condições existentes determinavam a necessidade da derrubada da autocracia em duas etapas, uma na qual o capitalismo e a classe operária encontrariam plenas condições de desenvolvimento material e político; e uma seguinte, na qual, com o aprofundamento da consciência proletária, seriam formadas as condições para o advento do socialismo; *ii.* As teses sobre a estruturação e o modo de funcionamento do partido. Durante a realização desse congresso, deu-se a divisão dos participantes em relação a esta segunda questão: de um lado se colocava a posição defendida por Lenin, segundo a qual o partido deveria ser constituído por militantes profissionais, em condições de enfrentar os rigores da luta clandestina, tese já anteriormente defendida por ele em 1902, no seu livro *Que Fazer?*; de outro lado se colocava a posição defendida por I. Martov, de que filiados poderiam ser todas as pessoas que concordassem com o programa do partido e desenvolvessem sua atividade política segundo as orientações da direção do partido, sem serem obrigados a participar de uma de suas organizações partidárias. A maioria (*bol'shinstvo*) votou a favor da proposta de Lenin, ficando a minoria (*men'shinstvo*) dos votos para a proposta de Martov; isto deu lugar ao surgimento, no cenário político da Rússia revolucionária, dos chamados

---

46. *Idem*, p. 22.

bolcheviques e mencheviques, respectivamente. Esta divisão se manteve posteriormente em toda a esquerda no mundo: após a Primeira Guerra Mundial, aqueles que preferiram o modelo de vanguarda de Lenin seriam conhecidos como comunistas e aqueles que preferiam um enfoque mais moderado, democrático, seriam conhecidos como social-democratas[47].

A Revolução de Outubro de 1917 e Suas Antecessoras, as Revoluções de 1905 e de Fevereiro de 1917

A Revolução de Outubro (novembro pelo nosso calendário) foi precedida por duas outras, a de 1905 e a de Fevereiro de 1917. Ambas foram derrotadas, a primeira pelo governo do czar e a segunda pelos bolcheviques.

A Revolução de 1905

A Revolução de 1905 teve como pano de fundo a crise econômica e a inquietação provocada pela crise industrial de 1901-1903, resultante da redução do crescimento industrial por volta de 1900, depois das duas décadas anteriores de forte desenvolvimento. Com a redução da construção de ferrovias, as compras governamentais foram reduzidas e as indústrias siderúrgicas, além de outras, entraram em crise: só na indústria metalúrgica na Ucrânia, noventa mil trabalhadores se tornaram desempregados, surgiu capacidade ociosa na indústria em geral, por falta de mercado; três mil empresas foram fechadas na Rússia nos primeiros anos do século XX[48]. Além disso, depois de terem se tornado o principal produto de exportação da Rússia nas últimas décadas do século XIX, os grãos sofreram queda de preços, levando a um grande descontentamento no campo. Juntaram-se, assim, as insatisfações e manifestações de protesto dos trabalhadores industriais e dos camponeses. E a eles se associaram estudantes descontentes, recrutados para o exército.

Por sua vez, contrariando parecer de seus conselheiros mais prudentes, o czar insistiu em conduzir uma política de expansão colonial, escolhendo para isto o Extremo Oriente, onde esbarrou na expansão japonesa. A guerra russo-japonesa, de 1904-1905, foi um desastre, ressaltando a fraqueza do czarismo.

---

47. *Idem*, p. 23.
48. *Idem*, p. 24.

A Rússia foi derrotada, tornando-se "o primeiro Estado europeu a ser humilhado por um poder asiático"[49].

Juntou-se a humilhação da guerra à grande inquietação social. No começo de 1905, eram mais de duzentos mil trabalhadores em greve[50]. O que mantinha ainda o sistema era a crença amplamente aceita de que o czar era o pai do seu povo e que, mesmo que os burocratas e nobres o oprimissem, o czar ouviria as suas reclamações e viria em seu apoio. A desilusão veio com o chamado Domingo Sangrento, quando uma multidão de pessoas, em marcha organizada por um dos contra-sindicatos criados pelo czar, dirigiu-se reverentemente ao Palácio de Inverno em 9 de janeiro de 1905, para pedir melhorias em sua situação. Não só não foram recebidas pelo czar, como foram metralhadas pelas tropas czaristas.

Esta reação do governo impactou o país, levando a grande agitação social entre 1905 e 1907. Além de motins nas forças armadas, como a do encouraçado Potemkin, no Mar Negro, foram deflagradas greves de trabalhadores, os quais, inspirados pelo exemplo das comunas camponesas, organizaram-se em conselhos (*soviets*) nas cidades industriais. O mais importante deles foi o da própria capital, São Petersburgo, dirigido por Leon Trotski, então um jovem marxista.

O czar, diante das manifestações, apressou as negociações de paz com o Japão, terminando a guerra no verão; e, posteriormente, com o seu Manifesto de Outubro, estabeleceu um regime constitucional limitado, garantindo direito de reunião e de palavra; pela primeira vez, partidos políticos e sindicatos tiveram permissão para funcionar legalmente. E criou um parlamento com duas casas, o Conselho de Estado e a Duma[51], as quais, no entanto, tinham poderes limitados no que tange às finanças e nulos em relação ao governo e às "leis fundamentais"[52]. Além do que, a representação na Duma pendia, pesadamente, em favor da nobreza e da classe industrial e comercial.

Embora a agitação popular continuasse ainda por ano e meio, as concessões feitas pelo czar enfraqueceram a oposição, dando a ele condições para derrotá-la brutalmente. Forças armadas esmagaram uma insurreição de traba-

---

49. *Idem*, p. 25.
50. Daniel Aarão Reis Filho, *Uma Revolução Perdida: A História do Socialismo Soviético*, São Paulo, Ed. da Fundação Perseu Abramo, 1997, p. 48.
51. Como Câmara Alta e Câmara dos Deputados, respectivamente.
52. Eric Hobsbawm, *A Era dos Impérios – 1875-1914*, São Paulo, Paz e Terra, 2006, p. 412.

lhadores em dezembro de 1905, dissolveram o conselho (*soviet*) de Petersburgo e prenderam Trotski. E unidades militares passaram a patrulhar as regiões colocadas sob lei marcial.

Em 1907, quando a agitação revolucionária tinha amainado, a maior parte da constituição foi revogada. Segundo Hobsbawm[53], não foi um retorno à autocracia, mas, na prática, o czarismo tornara a se implantar. Transformado, entretanto, pelas marcas deixadas pelo movimento revolucionário, tais como as greves de massa, o surgimento da forma soviética de organização dos trabalhadores, a luta dos camponeses pela posse da terra, entre outras, que retornaram com novo impulso durante todo o ano de 1917.

A Revolução de Fevereiro de 1917

A derrota em 1905 levou a um refluxo do movimento revolucionário. Por um lado, os partidos socialistas tiveram os seus líderes levados à prisão, à clandestinidade e ao exílio, gerando um contexto de desesperança em relação ao futuro. Neste contexto, houve um esforço de análise do processo revolucionário e de redefinição dos seus rumos e uma tentativa de unificação de forças conflitantes no interior da social-democracia. Esta última, porém, sem grande sucesso: às vésperas da Primeira Guerra Mundial, a social-democracia russa, de um ângulo internacional, era uma tendência periférica dividida e extraordinariamente turbulenta. A social-democracia russa era um pequeno partido, dividido, exilado, enfraquecido[54].

Por outro lado, o governo czarista, num esforço de restauração da ordem interna, encarregou esta tarefa ao seu primeiro-ministro Petr Stolypin, que a enfrentou em duas direções: a de uma reforma da estrutura agrária, tentando criar uma classe de pequenos proprietários e, com isso, reduzir ao mesmo tempo as invasões de terra e os perigos políticos potenciais que antevia na existência das comunas agrícolas (*obshinas*); e a de repressão brutal a insurretos, inclusive com sua execução, fechamento de jornais da oposição e perseguição a sindicatos. Stolypin foi assassinado em 1911, enquanto assistia a uma ópera, em presença do czar. Mas obteve algum resultado na sua política agrária: até 1916, entre um quarto e um terço de famílias deixaram as comunas e se estabe-

---

53. *Idem, ibidem.*
54. Daniel Aarão Reis Filho, *op. cit.*, pp. 56-57.

leceram como agricultores independentes em terras de sua propriedade[55]. Isto, além do aumento dos preços do trigo exportado entre 1906 e 1912, ajudou a criar um mercado interno, do qual já participavam os operários em número crescente, com a retomada do processo de industrialização depois de 1909.

As condições de vida da massa trabalhadora, porém, eram precárias, evidenciadas pela pobreza dos seus lares. E por consequência, a agitação social retornou à cena, enfrentada com rude repressão, como serve de exemplo o massacre perpetrado pelas tropas governamentais em abril de 1912, contra uma greve nos campos auríferos de Lena, na Sibéria: 170 pessoas foram mortas e 202 foram feridas, provocando grande repercussão, inclusive através de debates no parlamento. No primeiro semestre de 1914 o número de trabalhadores grevistas foi dez vezes maior do que o observado no ano todo de 1911 e as greves por reivindicações políticas foram superiores às registradas em 1905[56], reunindo, segundo as estatísticas, 1,5 milhões de grevistas[57].

Novamente a guerra constituiu um fator importante no desenrolar dos acontecimentos na Rússia. Ao assassinato de Franz Ferdinand, herdeiro do trono austríaco, em Sarajevo, capital da Bósnia, no verão de 1914, a Áustria deu um ultimato à Sérvia. A Rússia, cujos sentimentos em relação à Sérvia eram muito elevados, resolveu apoiar a independência dela contra a Áustria. Como a Alemanha apoiava a Áustria, a guerra tornou-se inevitável. Em julho de 1914, o imperador ordenou a mobilização militar e recusou-se a considerar as demandas da Alemanha para cessar os preparativos militares ao longo da fronteira alemã. A Alemanha, então, declarou guerra à Rússia.

Esta entrou na guerra, ao lado da Inglaterra e da França, mas em péssimas condições para suportá-la. No começo dela, a Rússia dispunha de um enorme exército, de cerca de 1,4 milhão de homens e nos dois anos e meio na guerra, conseguiu mobilizar mais de quinze milhões de homens; somente em 1914 foram mobilizados 5,1 milhões, ou 15% da população masculina, envolvendo trabalhadores qualificados e camponeses analfabetos[58]. Mas o seu equipamento militar era muito inferior ao da Alemanha, em função mesmo do nível mais baixo de seu desenvolvimento industrial.

---

55. R. G. Suny, *op. cit.*, p. 26.
56. *Idem*, p. 28.
57. Daniel Aarão Reis Filho, *op. cit.*, p. 58.
58. R. G. Suny, *op. cit.*, p. 31.

Os fracassos no *front* militar expressaram, de algum modo, a incapacidade de organizar a economia de guerra. Com a proibição do uso de bebidas alcoólicas, caiu a receita orçamentária do governo, o que foi agravado com a perda das receitas do transporte ferroviário, quando as ferrovias passaram a ser o meio de transporte das tropas. Com dificuldades de obtenção de empréstimos no exterior, o governo apelou para a emissão de moeda para financiar a guerra, causando inflação. Como o governo tabelou os preços dos grãos, como reação à inflação, os camponeses passaram a retê-los, causando problemas de abastecimento nas cidades.

A situação agravou-se com a impossibilidade de a indústria fornecer os suprimentos necessários à guerra. Por outro lado, os camponeses recrutados não se sentiam motivados por essa guerra e a inquietação começou a surgir entre os soldados. O governo resolveu suspender o parlamento e se voltou para organizações voluntárias no sentido de obter ajuda para a organização dos suprimentos para o exército. Em maio de 1915, industriais formaram comitês nesse sentido em Petrogrado[59] e convidaram os trabalhadores a fazer parte deles.

A situação atingiu um ponto crítico no verão de 1915, quando as derrotas militares foram atribuídas à má administração e à ineficiência do governo. Isto levou o Bloco Progressista do parlamento, coalizão política formada pelos três partidos líderes da Duma (o dos Cadetes, o dos Outubristas e o dos Progressistas) a reivindicar a formação de um gabinete liberal, que contasse com o apoio parlamentar. A resposta do czar foi novamente a suspensão do parlamento.

As derrotas militares e o desarranjo econômico tornavam crescente o número de pessoas contra o regime. A revolução foi desencadeada por mulheres trabalhadoras, organizadas pelos social-democratas, que se reuniram ilegalmente em algumas fábricas têxteis no distrito de Vyborg, em 23 de fevereiro (8 de março, dia internacional da mulher, no calendário socialista) de 1917. As mulheres decidiram entrar em greve e arrastar para ela trabalhadores de outros estabelecimentos fabris. À noite desse dia, havia 21 fábricas e cinquenta mil trabalhadores em greve. Decididos, os grevistas foram à empresa produtora de equipamento militar e forçaram os trabalhadores a aderir a ela, continuando com a sua empreitada até que a greve se espalhou pelos distritos de Vyborg e Petrogrado.

---

59. Com o começo da guerra, os russos resolveram mudar o nome da capital, de São Petersburgo, que soava alemão, para Petrogrado.

No segundo dia, 24 de fevereiro, estavam em greve duzentos mil trabalhadores, metade da mão de obra industrial de Petrogrado. A polícia tentou paralisar os trabalhadores, mas os cossacos se recusaram a obedecer às ordens de fazê-lo. Os partidos políticos estavam diante do que fazer. Os liberais, liderados pelo Partido Constitucional Democrático (cadetes) tentaram defender o governo, mas as massas nas ruas não queriam sancionar a preservação da dinastia Romanov. Os socialistas estavam divididos, mas ambos os partidos – o Social-Revolucionário[60] e o Social-Democrata – estavam traumatizados pela irrupção da guerra. Diante dela, os elementos mais conservadores achavam que se devia apoiá-la, assumindo a posição do "defensismo". A esquerda assumiu a chamada posição "internacionalista" que ou se opunha à guerra ou apelava para a sua derrota ("derrotistas").

Em 25 de fevereiro, trezentos mil trabalhadores desencadearam uma greve geral que atingiu toda Petrogrado. O transporte público parou de funcionar, os jornais deixaram de ser publicados e os bancos cerraram suas portas. Multidões de trabalhadores, estudantes e outros seguiram pelas ruas, sem serem molestadas por soldados. No quarto dia da revolução, o governo resolveu reprimir as manifestações, decretando, inclusive, a dissolução da Duma. Mas elas prosseguiram e seriam provavelmente suprimidas, não fosse o inesperado e imprevisto apoio do Regimento de Guardas Pavlovskii, que promoveu um motim e juntou-se à manifestação. No dia seguinte, outras guarnições também promoveram motins, perfazendo 66 mil os soldados de Petrogrado que aderiram à insurreição.

Neste mesmo dia, um grupo de influentes membros da Duma formaram ali um Comitê Provisório, enquanto em outro espaço da mesma Duma, os trabalhadores formaram o Conselho (*soviet*) dos Deputados Trabalhadores. A capital estava na mão dos insurrectos. E no dia 2 de março (15 por nosso calendário), Nicolau II abdicou. A Rússia, que tinha sido uma monarquia por milhares de anos, tornou-se uma república.

---

60. O Partido Social-Revolucionário (SR) surgiu na Rússia em fins de 1901 e princípios de 1902, como resultado da fusão de vários grupos e círculos populistas. O programa agrário dos socialistas revolucionários previa a abolição da propriedade privada da terra e a passagem desta para as comunidades, na base do usufruto igualitário dela; incluía também o desenvolvimento de todo tipo de cooperativas (*Dicionário Político*. Disponível em: *Marxists Internet Archive*: http://www.marxists.org/portugues/dicionário/verbetes/p/partido_soc_revoluc.htm).

Suny[61], ao analisar a queda da dinastia Romanov, considera que fevereiro de 1917 foi somente a causa próxima desta queda. Na realidade, a revolução foi o resultado da longa e profunda crise social que o czarismo foi incapaz de resolver. A monarquia mostrou-se incapaz de resolver a crescente contradição entre a industrialização capitalista, com suas novas classes trabalhadora e média, e a manutenção de um governo autocrático e uma antiquada hierarquia social de privilégio à nobreza, que se fecharam à sociedade em movimento.

A Revolução de Outubro de 1917

Com a volta da calma, os líderes da Duma formaram um governo, comandado pelo Príncipe Lvov e os trabalhadores constituíram Conselhos (*soviets*) para controlar a sua atividade. O *soviet* de Petrogrado foi integrado por representantes de mencheviques moderados e de social-revolucionários. Os líderes bolcheviques estavam praticamente todos em exílio no exterior.

Nos primeiros meses da revolução, os trabalhadores não estavam interessados em assumir o poder, mas sim em ter líderes que defendessem os seus direitos. Os camponeses aderiram à revolução mais tarde, definindo os seus interesses em torno da posse da terra para quem nela trabalhasse. Os camponeses mais ativos eram os soldados, que viram na revolução o instrumento para obter terra e paz.

Os bolcheviques constituíam o grupo mais radical entre os socialistas, os maiores oponentes da guerra e os considerados mais suspeitos pelo governo provisório. Quando Lenin voltou do exílio em abril, o Partido Bolchevique, assumindo as suas teses, declarou-se contra a guerra e contra o governo provisório, afirmando que só com a derrubada do mesmo se poderia chegar à paz. A revolução teria já ultrapassado a etapa burguesa e era hora da instituição de um governo socialista, de trabalhadores e camponeses.

Os partidos que formavam o governo eram o Constitucional Democrático (cadetes), liderado pelo Ministro do Exterior, Miliukov, o dos Outubristas, mais conservador, liderado pelo Ministro da Guerra, Guchkov, e o dos Progressistas, liderado pelo Ministro do Comércio e da Indústria, Konovalov. Nenhum socialista fazia parte do governo, com exceção de um membro secreto do Partido Social-Revolucionário, Aleksander F. Kerenski, Ministro da Justiça.

---

61. R. G. Suny, *op. cit.*, p. 38.

Um duplo poder[62] instituiu-se, assim, dadas as diferenças que separaram as duas instituições, governo e *soviet*. Estas diferenças ficaram patentes na discussão da política externa. Tseretelli, do *Soviet* de Petrogrado, adotou uma posição denominada "defensismo revolucionário", que consistia em manter a guerra, de maneira a defender a revolução, conduzindo ao mesmo tempo uma campanha pela paz. O *soviet* era a favor de uma "paz democrática", sem tomadas imperialistas de território ou reparações a serem pagas por uma parte ou outra. Os líderes do governo, por sua vez, queriam lutar até a vitória final e manter a aliança com os outros poderes. Esta posição levou a grandes manifestações contrárias, de trabalhadores e soldados.

A divisão entre o *soviet* e o governo provisório ficou clara: à esquerda, os bolcheviques demandavam a abolição do governo, com a transferência de todo o poder aos *soviets*; à direita, os cadetes e as forças conservadoras queriam fortalecer o governo e eliminar a influência dos *soviets*; no centro, alguns liberais, apoiados por mencheviques moderados e social-revolucionários, que dirigiam o *soviet*, queriam, antes de mais nada, preservar a unidade das alianças que fizeram a Revolução de Fevereiro e impedir a desintegração do país em classes ou etnias. Com a demissão do Ministro da Guerra, Guchkov, o *soviet* votou pela coalizão em 1º de maio. Dois dias depois Miliukov, o líder dos cadetes, renunciou ao cargo no governo e em 5 de maio foi formado novo governo de coalizão, com uma minoria de socialistas; Kerenski nele assumiu o cargo de Ministro da Guerra.

Em meados de junho, tentando contornar o crescimento e a radicalização do movimento popular com a ideia de um derradeiro esforço militar, Kerenski deslanchou uma ofensiva contra os alemães. Ela, porém, resultou em um desastre, pois o país não estava em condições materiais para levá-la avante. As demandas para suprir um exército enorme e as cidades com comida e combustível revelaram-se uma tarefa acima das capacidades organizacionais do governo. Caiu a oferta de alimentos nas cidades, levando ao aumento dos seus preços. O desemprego aumentou. O número de greves praticamente dobrou em maio, levando os industriais a fecharem os seus estabelecimentos como resposta.

62. Aarão Reis Filho rejeita a tese do duplo poder, afirmando tratar-se de interpretação da historiografia oficial soviética. Segundo ele, a Rússia, ao longo do ano de 1917, dada a radicalização do processo de auto-organização da sociedade, viveria um processo de múltiplos poderes entrecruzados, uma indisciplinada e indisciplinável Babel (Daniel Aarão Reis Filho, *op. cit.*, p. 63).

O governo não conseguiu solucionar os problemas e passou a perder popularidade. Desde o final da primavera até o outono, a distância entre o topo e a base da sociedade alargou-se e foi impossível, para os moderados, manter uma aliança de todas as classes sociais: as classes média e alta moveram-se para a direita e os trabalhadores para a esquerda. Não havia consenso sobre qual deveria ser a ordem econômica futura na Rússia.

No governo, os mencheviques eram a favor do controle estatal da economia, com regulação governamental das relações econômicas numa economia basicamente capitalista. Mas o Ministro do Comércio e da Indústria era contra qualquer regulação estatal e conclamava à rejeição do socialismo. Fora do governo, os trabalhadores viam os "ministros capitalistas" como sabotadores da revolução e os industriais viam os trabalhadores como a causa do declínio da indústria. Nos últimos dias de maio, a seção de trabalhadores do *Soviet* de Petrogrado votou a favor de uma resolução bolchevique, conclamando "todo o poder aos *soviets*". E desde os primeiros dias depois dessa resolução, os trabalhadores passaram a criar comitês de fábrica, instituindo o "controle dos trabalhadores". Estes tinham como objetivo fiscalizar a atividade das empresas e não, como se propagava, assumir a propriedade e a direção delas.

Os camponeses, por sua vez, filiados ao Partido Social-Revolucionário, no seu I Congresso expressaram-se pela nacionalização da terra, sem compensação aos seus proprietários, e sua redistribuição em bases igualitárias. O Ministro da Agricultura, Chernov, começou a preparar uma série de instrumentos legais para levar essa posição à prática, mas a resistência do governo o impediu de fazê-lo, o que levou o governo a um impasse e Chernov à demissão. A estratégia de trabalhar através do governo tinha claramente falhado. Os camponeses, então, passaram a formar comitês de poder popular e a tomar terras não cultivadas, fazendo crescer, a cada mês, o número de tomadas de terra.

No final do verão, os camponeses tinham aderido à revolução em grande número e o Estado russo não controlava mais o interior do país. A força dos bolcheviques cresceu firmemente entre os trabalhadores e, depois da fracassada ofensiva de junho, também entre os soldados. Entre meados de junho e começos de julho, houve muitas manifestações de rua. Em uma delas, com cerca de quatrocentas mil pessoas na Avenida Nevsky, os *slogans* eram "Todo o poder aos *soviets*" e "Abaixo os ministros capitalistas".

Além disso, a *Rada* (parlamento) da Ucrânia tinha declarado autonomia para o país, o que fez com que alguns membros do Partido dos Cadetes renunciassem ao governo em protesto, no dia 2 de julho. No dia seguinte, com o governo se desintegrando, um regimento militar, por sua iniciativa, tentou dissolver uma manifestação pela derrubada do governo. A reação fez-se sentir nas ruas de Petrogrado e vinte mil marinheiros da base naval de Kronstadt juntaram-se aos trabalhadores em marcha em direção à sede dos bolcheviques, onde Lenin conclamou-os a fazer uma demonstração pacífica. A multidão dirigiu-se então ao Palácio Tauride, sede do *soviet*, onde foi novamente conclamada à calma. Depois de algumas horas, tropas leais ao governo foram chamadas para dominar os manifestantes.

Alguns jornais publicaram uma falsa informação, de que Lenin seria um agente alemão e com isso o clima na cidade mudou inteiramente. Tropas neutras se uniram ao governo e os soldados pró-bolcheviques retornaram a Kronstadt. Lenin e Zinoviev tiveram que passar à ilegalidade, enquanto Trotski e outros líderes bolcheviques foram aprisionados. Quatrocentas pessoas foram mortas após os choques armados de julho.

As jornadas de julho levaram o governo à confusão. Lvov renunciou como primeiro-ministro, sendo substituído por Kerenski. Cerca de três semanas se passaram até que foi possível constituir um novo governo, com cadetes e socialistas, desta vez tentando trabalhar juntos. Os líderes do *soviet* apoiaram o governo e, por pressão dos socialistas, emitiram um programa de reformas para democratizar a Rússia. O programa levou os cadetes mais conservadores à oposição e a promoverem uma aliança de proprietários de terra, oficiais militares, Igreja, cossacos do Don e russos nacionalistas, para combater a esquerda.

Kerenski nomeou como supremo comandante do exército o general Kornilov, um oficial conhecido por suas posições contra a revolução. Com efeito, ele demandou uma série de atos do governo, que na prática eliminavam as conquistas revolucionárias: retorno à pena de morte, restauração da autoridade dos oficiais sobre as tropas, a abolição das assembleias de soldados, a introdução de censura no *front* e o desmantelamento dos regimentos tidos como revolucionários.

Kerenski vacilou no apoio ao general; este, então, decidiu enviar tropas a Petrogrado para estabelecer uma ditadura militar. Kerenski recusou-se a apoiar esta ação e anunciou que estava havendo um motim. O *soviet* reuniu-se em torno do governo, e Kerenski abriu os arsenais aos trabalhadores de Petrogrado, enquanto soldados e trabalhadores se postaram ao longo da rota de chegada à cidade, para impedir a chegada de Kornilov, que foi demitido e preso.

A revolta de Kornilov impactou a cena política russa, pois levou trabalhadores e soldados a se convencerem de que a prevenção dos bolcheviques sobre a ameaça de uma contrarrevolução fazia sentido. Em 31 de agosto, os bolcheviques obtiveram a maioria absoluta do *Soviet* de Petrogrado pela primeira vez. E em setembro, o Partido Bolchevique se tornou o partido mais popular também no *Soviet* de Moscou.

Com o agravamento da crise política, as discussões focaram as alternativas para sua solução, dividindo-se as posições em torno da formação do governo. Além da perspectiva de um governo de direita, bloqueado após a derrota de Kornilov, e da proposta de cadetes moderados e mencheviques para apoio a uma coalizão em torno de princípios democráticos, surgiram: *i*. Uma terceira posição, defendida por mencheviques de esquerda, de um governo formado por todos os partidos socialistas; e *ii*. Uma quarta posição que defendia um governo bolchevique.

Em finais de setembro a radicalização política tornou-se evidente, com a eleição de uma maioria bolchevique na Duma de Moscou, com os cadetes em segundo lugar. Os bolcheviques também obtiveram vitórias em Tomsk e Samara, a expensas dos partidos socialistas moderados. Na segunda semana de setembro os bolcheviques se tornaram majoritários também no *Soviet* de Petrogrado e Trotski foi eleito seu presidente. O centro se erodia, com a polarização do eleitorado.

Desiludido com a recusa de formação de um governo formado por mencheviques e social-revolucionários, baseado nos *soviets*, ao qual o partido bolchevique daria seu apoio, assim como a recusa dos socialistas moderados a formar um governo soviético, Lenin passou a defender a ideia de um governo exclusivamente soviético, liderado pelos bolcheviques. Convencido de que somente com insurreição armada o governo provisório seria derrubado, convenceu os dirigentes do Partido a prepará-la. O governo decidiu, em 16 de outubro, mobilizar tropas para contrapor-se à insurreição, que não era segredo depois que uma declaração de Kamenev e Zinoviev opondo-se a ela foi publicada nos jornais.

Os soldados da capital decidiram seguir as ordens do Comitê Militar Revolucionário, controlado pelos bolcheviques e seus aliados da esquerda social-revolucionária. Com a guarnição militar da capital ao seu lado, os bolcheviques ganharam a batalha antes mesmo da mobilização contrária. Kerenski ainda esboçou uma reação, tentando prender os membros do referido comitê militar e fechar alguns jornais bolcheviques. Mas a batalha foi travada, em 24 de outubro, quando Lenin fez sua aparição no Instituto Smolny, sede dos bolcheviques e do *Soviet* de Petrogrado.

Em poucas horas, a cidade estava em mãos das forças soviéticas, sob a direção dos bolcheviques. O Comitê Revolucionário Militar exigiu a rendição dos ministros do governo provisório, que estavam isolados no Palácio de Inverno. Pela manhã, marinheiros do Aurora e Guardas Vermelhos adentraram no palácio e prenderam os ministros, com exceção de Kerenski, que havia escapado antes, para reunir tropas.

Na manhã de 25 de outubro (7 de novembro) o II Congresso dos *soviets* de toda a Rússia declarou que todo o poder pertencia aos *soviets*. Foi a consecução da Revolução de Outubro.

Os historiadores dividem-se entre aqueles que explicam a Revolução de Outubro como uma conspiração ou golpe de Estado bolchevique e aqueles que enfatizam os profundos conflitos sociais que levaram os bolcheviques a uma posição dominante.

A opinião de Suny[63] é a de que certamente o desejo de Lenin pelo poder e a efetiva organização dos bolcheviques contribuíram para a sua vitória e seus apelos e políticas foram bem aceitos por trabalhadores e soldados. Mas, de todos os partidos políticos na Rússia revolucionária, os seguidores de Lenin foram os únicos que se opuseram à formação de um governo de coalizão que tentasse vincular o topo e a base da sociedade num esforço político comum. Os bolcheviques se comprometeram com a ideia de um governo de classe, conduzido pelos estratos mais baixos da sociedade e a eliminação das pessoas proprietárias do poder político. A sociedade estava polarizada, como em 1914; só que agora a polarização estava conduzindo à guerra civil, com as classes mais baixas em um lado e as médias e altas em outro. Os partidos moderados, como os mencheviques e os social-revolucionários, que tentaram conciliar os interesses dos grupos antagônicos, perderam o apoio dos grupos-chave da sociedade, trabalhadores e soldados, enquanto os bolcheviques conduziram a onda de radicalização popular ao poder.

Na opinião de Aarão Reis Filho[64], a Revolução de Outubro foi produto de um conjunto de movimentos sociais que convergiram objetivamente na defesa

---

63. R. G. Suny, *op. cit.*, pp. 53-54.
64. Daniel Aarão Reis Filho, *op. cit.*, pp. 69-80.

de seus interesses, numa situação de crise muito particular, hiperativada por derrocada militar e pela notável incapacidade dos sucessivos governos provisórios. Cabe notar que uma alternativa de governo constitucional democrático nunca chegou a se consolidar e que não é suficientemente esclarecida a resistência com que as diversas coalizões provisórias encararam as reivindicações dos movimentos sociais.

Por outro lado, ao analisar as considerações de críticos socialistas de que os métodos adotados pelos bolcheviques no decurso dos acontecimentos desde fevereiro e as alianças que se constituíram entre eles e os movimentos sociais seriam golpistas, esse autor vê ambiguidades. No processo de ascensão ao poder, os bolcheviques procuraram estabelecer com os movimentos sociais uma sintonia fina, resguardando sempre, porém, sua autonomia em relação à sociedade. Em relação à insurreição de outubro, realizada sem prévia e formal consulta democrática, se fosse simplesmente golpe, os bolcheviques não conseguiriam manter-se no poder. Conseguiram manter-se nos controles da máquina estatal, porque souberam formular decretos e leis que correspondiam fundamentalmente aos interesses dos amplos movimentos sociais. Em outras palavras, a insurreição de outubro foi um golpe vitorioso, não porque golpista, mas porque foi combinado com o atendimento a reivindicações das amplas maiorias.

Capítulo 2
Formação e Configuração do Sistema

A tomada do governo pelos bolcheviques realizou-se concomitantemente à realização do 2º Congresso dos *soviets* da Rússia, que votou pela transferência de todo o poder a eles. Com a retirada inicial dos delegados mencheviques defensistas e dos membros da direita do partido dos socialistas-revolucionários, como protesto contra o ataque ao governo provisório; e, posteriormente, com a retirada dos delegados mencheviques internacionalistas, em protesto contra a votação de todo o poder aos *soviets*, os bolcheviques formaram o novo governo, através do Conselho dos Comissários do Povo – *Sovnarkom*. O seu presidente foi o próprio Lenin. O *Sovnarkom* deveria ser subordinado ao Comitê Central Executivo Panrusso dos *soviets*, que foi eleito pelo Congresso dos *soviets* e era, por sua vez, a ele subordinado.

O quadro econômico, social e político se configurava complexo e difícil: o país estava mergulhado no caos provocado: *i.* por sua desastrada participação na Primeira Guerra Mundial, com a desorganização econômica disso decorrente; *ii.* pela organização da resistência armada contra o governo revolucionário; *iii.* pela luta política interna travada entre as forças participantes do movimento revolucionário, em torno da definição dos rumos que deveria seguir o país após a vitória da revolução e, consequentemente, em torno do poder. Em todo o país, no primeiro mês do governo, *soviets* locais estavam tomando o poder, geralmente como governos multipartidários; no plano nacional, a despeito de resistência inicial de Lenin, foram incluídos no governo seis comissários socialistas-revolucionários de esquerda e, nos quatro meses seguintes, a Rússia Soviética teve um governo socialista de dois partidos[1].

O domínio do poder pelos bolcheviques realizou-se em dois momentos: a dissolução da Assembleia Constituinte, decretada por Lenin em 5 de janeiro de 1918 e a dissolução da coalizão socialista entre os bolcheviques e os socialistas-revolucionários, com a assinatura do Tratado de Brest-Litovsk[2], em março de 1918.

A Assembleia Constituinte foi criada com o objetivo de tomar decisões sobre a forma de governo, a reforma agrária, o bem-estar social e a economia do futuro Estado russo. Ela foi constituída através de eleições, realizadas ainda em meados de novembro de 1917, nas quais saíram vitoriosos os socialistas--revolucionários, com 40% dos votos, ficando os bolcheviques em segundo lugar, com 24% dos votos. Durante a sessão da Assembleia, que se prolongou noite adentro, os bolcheviques demandaram reconhecimento do governo soviético; mas a maioria, liderada pelos socialistas-revolucionários, preferiu discutir primeiro as questões da paz e da reforma agrária, aprovando leis como se o governo soviético não existisse. O prosseguimento dos trabalhos no dia seguinte foi impedido por decreto de Lenin, dissolvendo a Assembleia.

O rompimento da coalizão entre os bolcheviques e os socialistas-revolucionários deu-se por conta das divergências de posições em relação à obtenção da paz. A saída da Rússia da guerra, sem a qual os bolcheviques, além de atenderem às aspirações dos soldados, pensavam ser impossível reordenar a economia, dependia do término das hostilidades com os alemães, que já ocupavam porção considerável da parte ocidental do Império russo. Os socialistas-revolucionários opunham-se ao estabelecimento de uma paz separada com a Alemanha, conforme propunha Lenin[3].

O novo governo precisava consolidar-se, enquanto aguardava, na concepção bolchevique, a realização da revolução internacional. Para isto, tinha que garantir o poder soviético contra os inimigos externos, envolvidos na guerra civil e contra os inimigos internos, mesmo que utilizando o terror para isso[4].

---

1. R. G. Suny, *op. cit.*, p. 59.
2. Ver adiante, pp. 62-63.
3. Ver adiante, p. 62.
4. O terror que marcou a história russa nesse período foi utilizado pelos dois lados da guerra que se travava entre o novo poder soviético e seus inimigos, caracterizando, respectivamente, os chamados terror vermelho e terror branco. Ver R. G. Suny, *op. cit.*, pp. 71-72.

E tinha, concomitantemente, que restabelecer o funcionamento da economia, levando na devida conta as aspirações dos camponeses e operários, sua base de apoio.

Para enfrentamento da primeira tarefa, o da defesa do poder soviético durante a guerra civil, foi criado, sob a direção de Trotski, em 23 de fevereiro de 1918, o Exército Vermelho. Utilizando emergencialmente militares de carreira, ex-oficiais do exército czarista, para treinamento da tropa, Trotski conseguiu desenvolver o Exército dos cerca de dez mil homens treinados, para um total de cinco milhões deles ao final da guerra civil[5]. E, para lidar com os inimigos internos, o governo criou, em substituição ao Comitê Militar Revolucionário, dissolvido pelo *Sovnarkom*, a *Cheka* – Comissão Extraordinária para Combate à Contrarrevolução e à Sabotagem. Esta não usou de sistemática violência nos primeiros oito meses de governo, inclusive porque os socialistas-revolucionários, membros da coalizão governamental eram contra o uso do terror pelo governo revolucionário.

O enfrentamento da questão econômica revelou-se mais difícil. Em primeiro lugar, porque não existia experiência histórica de uma economia socialista. Em seguida, porque os clássicos do marxismo não tinham escrito a respeito de como organizá-la, além de algumas referências no *Manifesto Comunista* ("medidas necessárias para revolucionar todo o modo de produção")[6] e na *Crítica ao Programa de Gotha* (no qual se fala de um novo critério distributivo)[7]. Em terceiro lugar, porque se tratava de restabelecer o funcionamento da economia em meio a uma guerra civil, com os seus problemas de abastecimento de comida e combustível à tropa e às cidades. O que levou o novo governo a atuar pragmaticamente, de acordo com as circunstâncias impostas pela realidade dos momentos históricos, até a consolidação do sistema econômico e político, no começo dos anos 1930.

Cronologicamente, esta consolidação, conforme sugerida por Suny[8], foi se fazendo em três etapas, até o final dos anos 1920:

---

5. E. H. Carr, *La Rivoluzione Russa da Lenin a Stalin (1917-1929)*, Torino, Giulio Einaudi, 1980, p. 14.
6. Karl Marx e Friedrich Engels, *Manifesto do Partido Comunista*, Porto Alegre, LP&M Editores, 2001, cap. 2, pp. 60-61.
7. Karl Marx, "Comentários à Margem do Programa do Partido Operário Alemão", *Manifesto do Partido Comunista*, pp. 100-108.
8. R. G. Suny, *op. cit.*, p. 62.

Primeira etapa. Outubro de 1917 a julho de 1918.

Nesta etapa, os bolcheviques, aproveitando a brecha de relativa tranquilidade anterior ao desencadeamento real da guerra civil, tentaram consolidar o poder político conquistado com a revolução. O objetivo imediato durante os primeiros meses do poder soviético não era a transição imediata a uma economia socialista, mas o de deter postos-chave na economia. Este objetivo permitiria exercer controle sobre a indústria e, assim, fazer com que esta prosseguisse em sua atividade. Com isso protegeria o novo regime da desintegração econômica e impediria que uma eventual "greve do capital" pudesse subjugar o governo.

Tratava-se, pois, de implantar uma política de "capitalismo de Estado" sob o controle dos trabalhadores, e, ao mesmo tempo, implementar o programa dos bolcheviques anterior à tomada do poder. Duas medidas foram importantes neste sentido: *i.* o Decreto sobre a Terra, datado de 8 de novembro de 1917, adotado pelo Congresso dos *soviets* e transformado em lei promulgada em fevereiro de 1918. De acordo com esta lei, a terra foi nacionalizada e seria distribuída aos camponeses segundo algumas regras. Estas, entretanto, não foram seguidas, pois os camponeses fizeram a apropriação de acordo com seus próprios arranjos, variáveis em cada aldeia. Não se tratou, assim, de uma medida de fato implementada pelas autoridades, mas de um ato elementar realizado pelos camponeses, aceito e legitimado pelos órgãos governamentais; *ii.* o Decreto sobre o Controle dos Trabalhadores, de 27 de novembro de 1917. Com este decreto o poder soviético tentou contornar a grave situação em que se encontrava a indústria, resultante tanto da revolução quanto da guerra, e assegurar a continuidade de sua produção, sob o controle dos trabalhadores. O decreto manteve a propriedade privada das empresas, mas a sua direção seria supervisionada pelos trabalhadores, através dos comitês de empresa, criados ainda durante o governo provisório (fevereiro a outubro de 1917). Os trabalhadores não assumiriam a gestão das empresas, que ficariam sob a responsabilidade dos proprietários e dos especialistas por eles contratados. Entretanto, os trabalhadores adotaram uma postura mais radical, assumindo as direções das empresas; ao que os proprietários e seus assessores técnicos resistiram, fechando-as ou simplesmente as abandonando.

No desejo de preservar a economia, na medida do possível, o governo soviético não passou a nacionalizar a indústria, com exceção das antigas empresas estatais. Com falta de pessoas e conhecimento para dirigir uma economia complexa e em desintegração, Lenin e a maioria dos bolcheviques era a favor de acordos com capitalistas, do emprego dos chamados "especialistas burgueses" e de regular as empresas privadas indiretamente através do Estado, a fim de restabelecer a economia rapidamente.

Para fazer isso, foi criado, em 15 de dezembro, o VSNKH (Conselho Superior da Economia Nacional), diretamente subordinado ao Conselho dos Comissários do Povo, presidido por Lenin, como uma espécie de gabinete econômico, com poderes para emitir ordens sobre assuntos econômicos, de cumprimento obrigatório por todos, inclusive os comissariados do povo. Conselhos regionais a ele diretamente subordinados administrariam e controlariam a economia local, em associação com os *soviets* e os conselhos de trabalhadores locais. Em maio de 1918 existiam sete conselhos zonais, 38 provinciais e 69 distritais[9].

Embora mantendo a propriedade privada na indústria, o poder soviético nacionalizou os bancos privados, no final de dezembro, depois que o Banco Central foi tomado por destacamentos armados em novembro, como reação à recusa dos seus empregados de emitir dinheiro para o Conselho dos Comissários do Povo, por eles não reconhecido. No começo de 1918 foi nacionalizada a frota mercante, seguindo-se a nacionalização de minas e empresas nos Urais e em Donbass. Em maio de 1918 o Estado assumiu o controle da indústria do açúcar e, um mês mais tarde, da indústria de petróleo de Baku. Em 28 de junho o governo soviético decretou a nacionalização de quase todas as grandes indústrias[10].

Acrescentando a nacionalização das ferrovias (já em poder do Estado sob o czarismo) em janeiro de 1918, a grande maioria (mais de dois terços) das nacionalizações foi realizada localmente, até junho de 1918. O decreto emitido pelo VSNKH proibindo nacionalizações sem sua autorização não foi obedecido, senão quando em abril do mesmo ano, a proibição foi acompanhada da ameaça de retaliação financeira. Kritsman, um jovem intelectual participante do VSNKH citado por Nove[11], refere-se ao período anterior a junho como o de "uma nacionalização proletária elementar-caótica vinda de baixo". Segundo Nove, o grande passo em direção ao comunismo de guerra deve ser datado do final de junho de 1918.

---

9. Alec Nove, *An Economic History of the* USSR, p. 42.
10. R. G. Suny, *op. cit.*, p. 63.
11. Alec Nove, *op. cit.*, p. 44.

Neste mesmo período, ou seja entre outubro de 1917 e junho de 1918, o objetivo maior da política externa do governo bolchevique foi o de retirar a Rússia da guerra e terminar as hostilidades com os alemães, que tinham ocupado parte importante do território ocidental do velho Império russo, e ganhar fôlego para aguardar a esperada revolução na Europa. Assim, o primeiro ato do governo soviético, em outubro de 1917, foi o Decreto sobre a Paz, no qual ele conclamava todos os povos e seus governos beligerantes a estabelecerem imediatamente conversações de justa e democrática paz, sem anexações territoriais ou reparações. O decreto representou uma nova forma de diplomacia, pois apelou ao mesmo tempo para os governos e para os trabalhadores conscientes de classe da Inglaterra, França e Alemanha.

A reação foi a seguinte: *i*. França e Grã-Bretanha, contrariadas com a saída da Rússia da aliança de guerra e, sendo contrárias ao novo caráter do governo russo, começaram a fazer contato com forças antibolcheviques na Rússia. Mesmo antes de esta assinar o armistício com a Alemanha, o gabinete britânico decidiu oferecer ajuda financeira aos cossacos do Don, que estavam se agrupando no sul para resistir aos bolcheviques; *ii*. A Alemanha estava interessada em um armistício no *front* Leste para fortalecer suas forças contra britânicos, franceses e americanos. E a Rússia, inicialmente não interessada numa paz separada com a Alemanha, foi levada a assiná-la isoladamente, por causa da resistência dos soldados russos em continuar lutando; *iii*. Com os aliados recusando-se a acordo com os soviéticos, estes enviaram uma delegação a Brest-Litovsk[12], onde encontraram alemães, austríacos, búlgaros e turcos para a assinatura de um tratado, redigido pelo próprio Lenin, que conclamava a uma autodeterminação das nações: todo território anexado por outro Estado desde a metade do século XIX deveria ser autorizado a expressar seu desejo de independência, através de um referendo popular.

Os referidos poderes aceitaram a proposição, mas se recusaram a admitir a autodeterminação fora dos territórios da Rússia. A Alemanha estava preparada para reconhecer somente a independência da Polônia, da Ucrânia, da Lituânia e de outros territórios bálticos, então ocupados por ela. Na verdade, o que os alemães pretendiam era criar Estados tampões entre a Rússia e a Alemanha, os quais seriam dependentes da Alemanha.

---

12. Atualmente Brest, cidade situada na Bielorrússia.

A reação dos bolcheviques foi dividida: Bukharin e Trotski recusaram os termos da negociação, enquanto Lenin foi a favor de continuar negociando. O Comitê Central do partido resolveu continuar as negociações e Trotski, retornando a Brest-Litovsk, diante das manobras alemãs, retirou-se da reunião, declarando unilateralmente o fim da guerra. Com isso, em fevereiro de 1918 o exército alemão começou a marchar para o Leste. A despeito das diferenças de opinião no partido, em 3 de março a Rússia assinou o oneroso Tratado de Brest-Litovsk, segundo o qual a Alemanha tornou-se o poder dominante na região do Báltico e na Ucrânia, a Turquia passou a ser dominante sobre a Transcaucásia e a Rússia soviética perdeu todas as áreas ocidentais do antigo Império russo.

Segunda etapa. Julho de 1918 a março de 1921. *Comunismo de Guerra.*

O inverno de 1917-1918 foi terrível. A divisão das propriedades, propiciada pela reforma agrária, teve efeitos desorganizadores sobre a oferta de alimentos. Em condições de crescente inflação e fome, os camponeses, agora proprietários, esperavam obter maior preço para os seus grãos e, como este ainda era inferior aos dos bens de consumo, eles começaram a evadir o monopsônio estatal de compra dos mesmos, dando origem ao desenvolvimento de amplo mercado negro. Reduzida a oferta oficial de grãos, em Petrogrado a ração de pão caiu no começo de 1918 para cinquenta gramas por dia para os trabalhadores. Muitos tiveram que deixar as cidades por falta de trabalho e a fome passou a ser uma questão da mais alta gravidade.

Como resposta, o comércio privado de uma série de produtos foi proibido formalmente. A situação tornou-se pior com a ampliação da guerra civil, com a maior parte da Rússia afetada diretamente por ela: ferrovias foram interrompidas, pontes foram explodidas e armazéns foram destruídos. O território sob comando dos soviéticos foi cortado das fontes essenciais de materiais e comida: as forças brancas[13], apoiadas pelos poderes estrangeiros, tinham ocupado os Urais, a Sibéria, o norte do Cáucaso e outras regiões importantes; os alemães tinham tomado posse da Ucrânia, principal fonte de suprimento de grãos; e a Polônia invadiu a Rússia em 1920. Os russos, assim, retiveram somente 10% do suprimento de carvão, 25% das fundições de ferro, menos de 50% da área de grãos e menos de 10% das fontes de açúcar do antigo Império[14].

---

13. Forças que se opunham ao governo soviético, assim referidas para se contrapor às bolcheviques, vermelhas.
14. P. R. Gregory e R. C. Stuart, *op. cit.*, p. 45.

Na medida em que era impossível ao Estado obter grãos a preços oficiais, decretou-se a sua obtenção forçada, introduzindo-se a chamada *prodrazverstka*. Ela consistiu em uma política em que cada família de camponeses recebia a ordem de entregar ao Estado os excedentes de sua produção, obtidos após subtração da quantidade necessária ao seu consumo. Na prática ela constituiu um confisco, pois os preços pagos aos camponeses eram tão baixos, que não lhes permitiam comprar nada com o seu rendimento. Contra a resistência dos camponeses, além do comissariado do abastecimento (*narkomprod*) e dos comitês dos pobres, criados em cada aldeia, com base em decreto em junho de 1918, foram utilizados destacamentos de trabalhadores e da polícia.

A *prodrazverstka*, mais a monopolização do comércio pelo Estado, a estatização das empresas referida anteriormente (não passível de comando pelo VSNKH), além do colapso do rublo, resultantes das condições criadas pela guerra civil, da desorganização econômica e do caos, levaram à chamada naturalização da economia. Com isso, a partir de março de 1919, as empresas estatais passaram a ser totalmente financiadas através do orçamento, em operações contábeis, não monetárias. O VSNKH determinava os destinos das diferentes produções das empresas, sem pagamento; e as ferrovias e a frota mercante transportavam os bens e as pessoas gratuitamente.

Os resultados desta política foram desastrosos. A população urbana reduziu-se continuamente nesses anos (1918-1921), diminuindo pela metade o número de trabalhadores: dos 2,6 milhões existentes em 1917, eles caíram para 1,2 milhões em 1920[15]. A produção em geral caiu brutalmente: 64 pontos percentuais entre 1913 e 1921; a produção bruta da indústria caiu cerca de setenta pontos percentuais, a da grande indústria caiu cerca de oitenta pontos percentuais, a produção agrícola caiu quarenta pontos percentuais, a tonelagem transportada por ferrovia caiu de 132,4 milhões em 1913 para 39,4 milhões[16]. Houve acentuado colapso no comércio exterior; este, porém, foi devido não somente à situação caótica prevalecente, mas também ao bloqueio mantido durante a guerra civil pelos poderes ocidentais, como, por exemplo, a manutenção de considerável força naval no Golfo da Finlândia, em 1919-1920, bloqueando Leningrado[17].

---

15. Alec Nove, *op. cit.*, p. 57.
16. *Idem*, p. 58.
17. *Idem*, p. 59.

No começo de 1920, os exércitos brancos foram derrotados em todos os *fronts* e os bolcheviques se viram em controle de um país completamente exaurido pela guerra; esta, infelizmente, ainda prosseguiu com a invasão polonesa em maio e o subsequente avanço russo sobre Varsóvia e posterior recuo (esta guerra terminou em outubro). Era preciso, pois, discutir as bases da reconstrução do país; os recursos estavam disponíveis, pois todos os territórios perdidos durante a guerra civil haviam sido recuperados.

Nas discussões partidárias sobre o tema, o principal foco eram as relações com os camponeses, por conseguinte, as questões relacionadas com a liberdade de comércio e o papel da pequena indústria privada. Estava se tornando evidente que o Estado não tinha capacidade para dirigir todos os setores econômicos e os processos de alocação dos materiais, do comércio e do racionamento. Além disso, a *prodrazverstka* foi ressentida pelos camponeses e o reerguimento da agricultura se tornaria impossível se não lhes fossem dados alguns incentivos e um sentido de segurança.

No começo de fevereiro foi proposta a abolição da *prodrazverstka*, com a aprovação de Lenin. A posição deste, entretanto, embora achando-a necessária, era mutável: o colapso era total; pois, então, a prioridade à reconstrução também precisava ser total. Se o mercado ilegal estava sugando recursos, corrompendo o aparelho estatal e o proletariado, ele deveria ser suprimido. O decreto de completa estatização da pequena indústria em novembro de 1920 constitui um exemplo do extremismo que marcou as medidas no final desse ano. Como era impossível aos órgãos do Estado coordenar milhares de unidades, o caos aumentou. E os métodos característicos do comunismo de guerra foram utilizados. As consequências foram o crescimento de manifestações camponesas e do banditismo nas cidades; o suprimento de comida às cidades tornou-se seriamente ameaçado. O golpe final foi a revolta dos marinheiros da base de Kronstadt, contra as suas miseráveis condições de vida, iniciada em 28 de fevereiro de 1921. O que aparentemente convenceu a liderança soviética, inicialmente Lenin, de que uma mudança era necessária.

De todo modo, houve um esforço paralelo do governo central para pensar no longo prazo. Em março de 1920, o Conselho do Trabalho e da Defesa (SRO), que substituiu o Conselho de Trabalhadores e Camponeses (criado ainda em 1918, para coletar e utilizar recursos para a guerra) juntamente com o VSNKH constituíram comitês para elaborar planos para a expansão da produção no futuro, para isso contratando os chamados "especialistas burgueses".

Com vistas a assegurar o processo de industrialização do país, foi aprovado no VIII Congresso dos *soviets*, em dezembro de 1920, um plano de eletrificação, o chamado Plano Goelro. A organização responsável por este plano fundiu-se com outros órgãos de planejamento, como a Comissão de Aprovisionamento, fundada em 1918 ainda, para encarregar-se da coordenação da alocação prioritária dos recursos. Foi esta comissão que, em seu trabalho, iniciou a elaboração dos balanços materiais, esboços parciais de insumo-produto que viriam a se tornar uma característica essencial do planejamento soviético.

Um tópico que acompanha frequentemente as discussões sobre o comunismo de guerra é o que se refere às causas de sua implantação: resposta às emergências da guerra e ao colapso ou uma tentativa para passar diretamente ao socialismo? A resposta varia entre os historiadores. Segundo Gregory e Stuart[18], Dobb e Carr consideram que o comunismo de guerra foi forçado pela guerra civil e que os argumentos defendidos pela liderança bolchevique a seu favor eram "não mais do que voos de imaginação de esquerda". Paul Craig Gregory argumenta que o comunismo de guerra foi concebido originalmente por Lenin, baseado em razões ideológicas derivadas das ideias marxistas. Mas Nove mostra[19], com argumentos extraídos dos debates realizados em reuniões da Academia Socialista, entre 1922-1924, que as opiniões eram divergentes: alguns pontos de vista assumiram que o comunismo de guerra foi imposto pelas condições da guerra civil; outros, de que ele constituía uma forma de se alcançar o socialismo.

Terceira etapa. Março de 1921 ao final dos anos 1920. A NEP – Nova Política Econômica.

Nesta etapa foi estabelecida a NEP, Nova Política Econômica do sistema. Ela representou uma volta ao capitalismo de Estado, através de ações tomadas em várias frentes[20].

Uma delas consistiu, basicamente, em março de 1921, na substituição da requisição forçada de grãos pela instituição de um imposto, inicialmente em espécie e, posteriormente em dinheiro, pagos pelos camponeses sobre a comercialização da produção não destinada ao próprio consumo. A introdução do

---

18. P. R. Gregory e R. C. Stuart, *op. cit.*, p. 44.
19. Alec Nove, *op. cit.*, pp. 69-71.
20. *Idem*, pp. 73-76.

imposto em dinheiro realizou-se depois da estabilização do rublo, empreendida durante este período.

Depois do pagamento do imposto, os camponeses eram livres para usar o resto de sua produção como preferissem, inicialmente nos mercados locais e, posteriormente, sem quaisquer restrições de mercado. O comércio, portanto, também se tornou livre. O resultado foi um grande crescimento do comércio privado: 78% de todo o comércio de varejo em 1922-1923 estava em mãos privadas[21]. Isto, não obstante o estímulo às cooperativas de comércio, que foram razoavelmente bem-sucedidas no interior do país.

Uma outra medida foi a revogação, em 17 de maio de 1921, do decreto de estatização das pequenas indústrias; e todos os cidadãos, em julho desse mesmo ano, foram autorizados a empreender produção artesanal e organizar pequenas empresas industriais (com menos de vinte empregados). O *leasing* de empresas estatais em posse do VSNKH foi regulado por decreto de julho de 1921 e continuou funcionando durante 1922, quando mais de dez mil empresas operavam nesse sistema, numa base de dois a cinco anos, com pagamento entre 10 e 15% da sua produção. Mas o partido manteve firme decisão de reter em mãos do Estado as alavancas de comando (*commanding heights*) da economia: bancos, comércio exterior e grandes empresas.

Uma terceira ação foi a decisão tomada pelo governo, em 1922, de mudar a forma de gestão das empresas estatais; como se viu, ela baseava-se em ordens emitidas pelo VSNKH às empresas subordinadas aos seus departamentos; ao mesmo tempo, os salários tinham perdido sua razão, em função de as rações e os serviços não serem pagos. O resultado foi o crescimento de uma absurda burocracia, resultante do centralismo do comando, além do desperdício e da ineficiência. Assim, decidiu-se partir para o gerenciamento descentralizado das empresas, com base em cálculo econômico (*khozraschot*). Os salários foram novamente pagos em dinheiro e a partir de julho-agosto de 1921, os serviços voltaram a ser pagos. O racionamento foi abolido. Materiais e combustível tiveram que ser comprados e o financiamento das atividades empresariais viria das vendas da produção.

Para dar às empresas a possibilidade de trabalharem sob este novo sistema, as mesmas foram estabelecidas como unidades autônomas, em alguns casos na forma de trustes controlando várias empresas, e autorizadas a ope-

---

21. *Idem*, p. 78.

rar comercialmente. O critério operacional era lucrar e evitar perdas. Mas a situação econômica era difícil e as empresas não tinham reservas de caixa. Paradoxalmente, o esforço de produção não encontrou compradores. Com isso, estabeleceu-se acirrada concorrência entre os trustes, que fez cair o preço dos produtos industriais, em relação aos preços dos bens agrícolas, embora em condições de inflação de ambos os preços estivessem em elevação[22].

Esta situação começou a inverter-se em meados de 1922, levando à chamada crise das tesouras (gráfico 1)[23]: a produção agrícola recuperou-se mais rapidamente que a produção industrial, tendo a área plantada quase alcançado os níveis de pré-guerra. Ao contrário, a indústria recuperou-se com muita dificuldade, envolvendo questões relacionadas com sua produtividade e custos, com produção, em 1923, em níveis muito abaixo do seu nível de 1913.

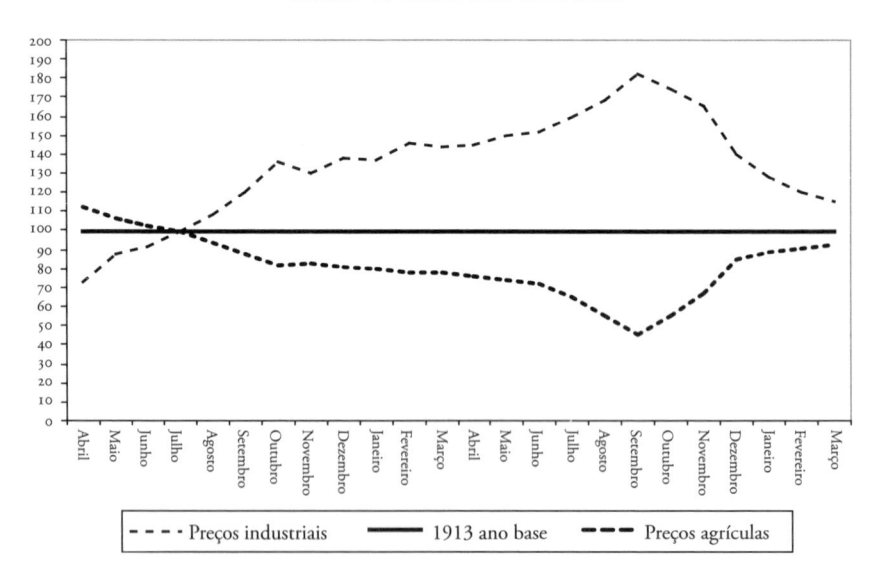

Gráfico 1. CRISE DAS TESOURAS

Fonte: M. Dobb, *El Desarrollo de la Economia Soviética Desde 1917*, Madrid, Tecnos, 1972, p. 163.

22. Idem, ibidem.
23. Este período foi o mesmo em que se estava realizando a reforma monetária referida adiante, razão pela qual as causas desse movimento dos preços nos dois setores foram atribuídas por alguns economistas, na discussão travada na ocasião, a problemas relacionados com a reforma monetária. Ver, M. Dobb, *El Desarrollo de la Economia Soviética Desde 1917*, Madrid, Tecnos, 1972, Cap. VII, parte III, pp. 161 e ss.

Como consequência, os preços industriais tornaram-se mais elevados que os agrícolas; em 1º de outubro de 1923, em termos da nova moeda estabilizada, o índice dos preços industriais, em relação à base 100 de 1913 alcançou 176; o índice dos preços agrícolas, em relação à mesma base 100 de 1913, alcançou 64[24]. Esta relação de preços era desfavorável aos camponeses, que não podiam adquirir os produtos industriais em troca dos seus produtos. A situação colocava em questão a *smishka*, a unidade operário-camponesa que constituía a base da política estatal.

Medidas foram tomadas para estabelecer uma situação de maior equilíbrio entre os dois setores, incluindo medidas para forçar os preços dos produtos industriais para baixo e para prevenir seus aumentos sem autorização superior, assim como medidas para melhorar e ampliar o sistema de cooperativas de consumo, entre outras. Ao mesmo tempo, fatores sazonais levaram a um aumento dos preços agrícolas. Com isso tudo, houve um fechamento parcial das tesouras: os preços industriais caíram e, em abril de 1924, assumindo 1913 igual a 100, o índice dos preços dos produtos agrícolas tinha se elevado a 92, para uma redução do índice de produtos industriais a 131, em termos da nova moeda estabilizada[25].

Essa nova moeda estabilizada resultou de uma reforma monetária empreendida em 1924, depois de medidas adotadas para a estabilização do rublo, a partir de começos de outubro de 1922, praticamente um ano depois de criado o Banco Estatal. Nesta data, depois de operar durante o primeiro ano com recursos estatais, na forma de depósitos em conta, foi-lhe concedida autorização para emissão de moeda, a fim de obter recursos próprios adicionais para desenvolver as suas atividades de crédito ao setor privado e para atuar nos mercados cambiais. Ela foi iniciada com a emissão de uma unidade monetária (*chervonetz*), baseada em ouro, que funcionaria até a emissão de um novo rublo baseado no padrão-ouro, o qual seria apoiado por um orçamento equilibrado e pelo monopólio do comércio e negócios em geral com o exterior. Durante o resto de 1922 e até os primeiros meses de 1924, o *chervonets* e o rublo velho (emitido pelo Tesouro) coexistiram sem a fixação legal de uma paridade entre seus valores relativos; o que levou à sua constante mudança,

---

24. Alec Nove, que constitui a fonte dos dados apresentados, indica um índice de 89, embora afirme serem os preços industriais três vezes superiores aos preços agrícolas. Preferiu-se, assim, utilizar o índice que serviu de base para a elaboração do gráfico apresentado por M. Dobb, *op. cit.*

25. Alec Nove, *op. cit.*, pp. 83-86.

com queda gradativa e forte do valor do rublo velho e a relativa estabilidade do valor do *chervonets,* tanto em relação aos preços dos bens de consumo, quanto em relação ao câmbio[26]. O que assegurava também uma demanda crescente por esta moeda, para a realização das operações mercantis da população. Neste processo, o rublo velho perdeu tanto valor durante o período mencionado, que sua emissão, justificada a título de obtenção dos ganhos derivados da senhoriagem[27], já não mais proporcionava os recursos necessários à cobertura dos déficits orçamentários. E sua acelerada queda contaminava negativamente todo o sistema de circulação monetária, levando à premente necessidade de substituir a enorme massa de papel moeda em processo de desvalorização, por uma moeda que, dispondo de um câmbio fixo em relação ao *chervonets* de valor constante, poderia ser utilizado parcialmente como ele, *chervonets*, e para sua troca. Iniciou-se, então, a elaboração da reforma monetária, cujas principais diretrizes foram explicitadas em artigos do Ministro das Finanças, entre dezembro de 1923 e janeiro de 1924. A mais importante delas consistiu no término da emissão do desvalorizado rublo velho e sua substituição por uma unidade monetária estável. Em fevereiro-março de 1924 foram elaborados os decretos, as regras e as declarações do Banco estatal, sobre os procedimentos de realização da reforma monetária[28].

Toda a operação de recuperação da estabilidade monetária foi conduzida pelo Banco Estatal, criado em outubro de 1921, e pelo Comissariado Popular das Finanças. Em 1922 foram criados outros bancos. O problema do equilíbrio fiscal foi resolvido através da criação de uma série de impostos, além da promoção de empréstimos compulsórios através de bônus colocados coercitivamente junto aos capitalistas. No ano fiscal de 1923-1924 o orçamento estava em equilíbrio e, no ano seguinte, apresentou superávit.

Dadas estas ações, como funcionava a economia soviética, sob a NEP?

Do ponto de vista administrativo, o VSNKH foi descentralizado pela concessão de autonomia às empresas em 1921-1922, embora ele ainda fosse o quartel general da indústria estatal soviética. Dos 430 trustes funcionando em 1922, 172 eram subordinados ao VSNKH diretamente ou através de seus órgãos locais; e 258 eram subordinados aos VSNKH regionais. Os trustes comandavam total-

---

26. Z. S. Katzenellembaum, *Den'gui i bankovskoe delo v Rossii 1914-1924,* Moscou/ Londres, 1925. Reeditado: Moscou, Izdatelstvo Dom Lada, 1995.
27. A senhoriagem é um ganho obtido pelo Estado nacional, por conta do monopólio de emissão da moeda.
28. Z S. Katzenellenbaum, *op. cit.*

mente as suas empresas, que não tinham autonomia financeira nem cálculo econômico separado, até pelo menos 1927, quando os diretores das mesmas adquiriram direitos e obrigações definidos, embora sem personalidade legal independente.

O funcionamento do VSNKH era definido em instrumentos legais, que discriminavam os métodos que ele deveria usar no controle da indústria e as suas funções, mudando-os recorrentemente. Um decreto de novembro de 1923 dá a ele a função de "formulação do plano de produção e do orçamento das indústrias de significado federativo (nível da União), o exame dos planos de produção e orçamentos industriais das Repúblicas da União, a formulação de um plano de produção global e do orçamento para a indústria de toda a União Soviética[29] e sua submissão, através da Gosplan, ao Conselho do Trabalho e da Defesa, para aprovação". Assim, ao lado do VSNKH, existia a Gosplan, Comissão Central de Planejamento, criada como órgão assessor do Conselho do Trabalho e da Defesa. A Gosplan foi constituída em 22 de fevereiro de 1921 para "elaborar um único plano econômico estatal geral e métodos e meios de sua implementação". As suas funções foram redefinidas em agosto de 1923, acrescentando-se à definição anterior delas, a de ajudar a preparar o orçamento, examinar questões básicas de ordem monetária, localização e padronização industrial. A sua função era basicamente coordenadora, não tendo as suas "cifras de controle" (metas) para 1925-1926 nenhum elemento de comando; elas constituíram parcialmente projeções e parcialmente guias para decisões estratégicas de investimento.

O sistema de preços estava sob o controle de um Comitê de Preços, criado junto ao Ministério das Finanças em agosto de 1921. Ele tinha autoridade para fixar preços no atacado e no varejo para os bens produzidos nas empresas estatais, assim como os preços dos bens adquiridos pelas agências governamentais de outros produtores, camponeses privados, por exemplo. Seus controles eram geralmente ignorados e foram substituídos, em 1922, pelos preços aproximativos (de orientação), que rapidamente se transformaram em preços mínimos. De toda forma, dada a existência de setores privados, os preços estavam sujeitos a flutuações. Também se tornavam mais caros ao consumidor pela atuação de intermediários, conhecidos como os *nepmen*. Estes eram eventualmente os

---

29. A URSS – União Soviética foi criada em dezembro de 1922, pela unificação das Repúblicas da Rússia, Ucrânia, Bielorússia e Transcaucásia.

únicos vendedores nas áreas rurais em 1923 e, no centro mercantil de Moscou, criado em 1922, controlavam 14% do comércio atacadista, 50% do comércio misto de atacado-varejo e 83% do comércio varejista (dos 17% restantes, 10% eram controlados pelas cooperativas e 7% pelo Estado)[30].

O comércio privado em 1922-1923 constituía 78% de todo o comércio varejista, caindo esta participação relativa até 36,9% em 1926-1927, não obstante o seu crescimento em termos absolutos. Em relação à produção industrial, a grande indústria estava preponderantemente em mãos do Estado, ficando para o setor privado somente 1,82%. O contrário acontecia com as empresas pequenas e artesanais, com o Estado participando com 2,3%, as cooperativas com 20,2% e o setor privado com 77,5%.

Na agricultura o setor predominante era o privado, com 98,3% da área plantada no final de 1927. Era constituído basicamente por unidades pequenas, que surgiram com a repartição da terra: das dezessete a dezoito milhões de unidades familiares existentes antes de 1917, elas passaram a 23 milhões em 1924 e a 25 milhões em 1927. Em 1925 cerca de 90% dos camponeses pertenciam às comunidades de aldeias, trabalhando com métodos tradicionais. Com a mudança da estrutura social no campo, pelo aumento dos camponeses pobres, que produziam mais para sua subsistência, diferentemente dos mais ricos (*kulaks*), que produziam mais para o mercado, a comercialização de grãos ficou abaixo do nível de pré-guerra, sendo controvertida a avaliação desta queda. Stalin afirmou que a queda havia sido de metade da de 1913; outros autores afirmam que Stalin subestimou o nível da comercialização dos anos finais da década de 1920 e distorceu os dados, comparando-os com o único dado relativo a 1913. De toda maneira a comercialização estava em níveis abaixo dos de pré-guerra, com as maiores perdas nas exportações.

Os trabalhadores industriais, durante a NEP, passaram a receber gradativamente seus salários em dinheiro: no primeiro trimestre de 1921 somente 6,8% dos salários eram pagos em dinheiro, o resto era pago na forma de bens e serviços; no primeiro trimestre de 1923, ainda 20% dos salários eram pagos em espécie. O salário em termos reais era, em 1922, da ordem de 9,47 rublos/mês, quando valia na mesma moeda, 25 rublos em 1913. O descontentamento era grande e deu lugar a greves e reclamações. Levando em conta os serviços e a legislação trabalhista, a comparação com 1913 torna-se mais favorável. Esta

---

30. Estes e demais dados desta seção: Alec Nove, *op. cit.*, cap. 4.

legislação assegurava ao trabalhador uma jornada de oito horas diárias (menor nos trabalhos pesados), duas semanas de férias pagas, benefícios da seguridade social (seguro doença, seguro desemprego, ajuda médica). O problema mais grave foi o desemprego, que cresceu rapidamente em 1923, com a mudança dos métodos de administração dos trustes referida anteriormente. O desemprego atingiu 1,24 milhões de pessoas em janeiro de 1924, caiu para 950 mil no ano seguinte, mas voltou a crescer para atingir a cifra de 1,6 milhões de pessoas em 1929. Este problema permaneceu sério até o final da NEP. Os sindicatos, que tinham a missão de defender os interesses dos trabalhadores, eram ao mesmo tempo fiéis ao partido e com isso ficavam em estranha posição, que só era clara e legítima nas suas relações com o empregador privado. Nas empresas estatais, o secretário do sindicato exerce um papel significativo, ao lado do gerente e do secretário do partido, constituindo um triunvirato de gerência que substituiu o comitê de controle dos trabalhadores do período do comunismo de guerra. Havia também, nas empresas, conselhos de produção como órgãos de assessoria, representantes dos empregados.

A avaliação dos resultados da NEP revelou-se controversa. Para parte dos bolcheviques, ela constituiu um retrocesso, em relação à instituição do socialismo, por eles entendida como a eliminação do capitalismo na Rússia. A NEP se apoiava no desenvolvimento dos elementos capitalistas e fortalecia o inimigo de classe do regime soviético, na figura do *kulak*, o camponês rico, em detrimento dos camponeses pobres e dos trabalhadores. E o descontentamento social seria resultado deste retrocesso, dada a especulação dominante nas relações comerciais de mercado. Do ponto de vista da recuperação econômica, os seus resultados foram positivos: além das mudanças institucionais na agricultura, no comércio e nas grandes empresas estatais, o crescimento foi rápido, embora ainda apoiado em grande medida na reativação da capacidade disponível do período anterior às duas guerras: em 1928 o índice da produção industrial indica um crescimento de 2% em relação a 1913, depois de uma queda de 80% em 1920; o índice da produção agrícola apresentou um crescimento de 18% em relação a 1913, depois de uma queda de 36% em 1920; e o índice para a atividade de transportes indica um crescimento de 6% em relação a 1913, depois de uma queda de 78% em 1920[31]. Os investimentos em 1924-1925, entretanto, segundo estimativas, não eram muito superiores às depreciações,

---

31. P. R. Gregory e R. C. Stuart, *op. cit.*, p. 56.

sendo necessário um significativo aumento deles para dar continuidade ao desenvolvimento.

Este fato, além do descontentamento social referido acima, levou a uma mudança na política econômica e a uma discussão sobre os rumos que deveria tomar a economia soviética.

No primeiro caso, deu-se início a restrições às atividades privadas. Por um lado, elas afetaram os *nepmen,* através de acusações sobre o caráter especulativo de suas atividades. Por outro lado, foram sendo crescentemente reservados materiais de oferta precária providos pelo Estado, para uso em cooperativas ou pelo Estado e restringidos a sua venda e uso privados; e foram sobrecarregadas as tarifas ferroviárias para o transporte de bens privados. Foi ainda introduzida, em 1926, uma emenda ao código penal, prevendo penas de prisão, com confisco total ou parcial da propriedade, para elevações de preço de bens consideradas mal-intencionadas, através da compra, açambarcamento ou não colocação destes bens no mercado. Foram ainda muito aumentados os impostos sobre os camponeses mais prósperos.

As causas desta mudança na política econômica, que acabaria levando ao fim da NEP, foram atribuídas basicamente a programas ambiciosos de investimento, previstos na formulação do primeiro Plano Quinquenal do país, e incompatíveis com o regime econômico vigente na NEP; e à política de preços perseguida pelo governo, também basicamente hostil às forças de mercado na indústria, no comércio e na agricultura.

O fim da NEP marcou também a necessidade de definir novos rumos ao sistema. Esta definição deu-se através de dois grandes debates e da evolução dos conflitos políticos pela detenção do poder.

Definição dos Rumos do Desenvolvimento. O Grande Debate
Sobre a Industrialização e a Gestão da Economia

A discussão sobre os rumos do desenvolvimento realizou-se em meio ao acirramento do embate político entre as várias frações do partido bolchevique e tornou-se conhecida na literatura como o grande debate sobre a industrialização.

Na análise deste debate realizado na URSS, nos anos 1924-1928, são privilegiados dois aspectos diferentes, embora complementares. Num primeiro, mais estritamente econômico, parte-se do dilema do desequilíbrio inflacionário, colocado à liderança soviética diante da necessidade de grande acumulação de capital para promoção da rápida industrialização contemplada no 1º Plano Quinquenal. Como se viu anteriormente, a recuperação da capacidade produtiva promovida pela NEP não parecia suficiente para dar prosseguimento ao processo de desenvolvimento. Este dilema se apresentava como uma questão: poderia esta acumulação de capital ocorrer sem ruinosa inflação? O segundo enfoque é mais político-estratégico e parte das diferentes posições prevalecentes em relação à NEP no seio do partido bolchevique. Conquanto admitindo que a NEP constituía uma fase necessária para a construção do socialismo, com um tempo de existência necessário para constituir a base desta construção, a questão que se punha para debate era: qual o caminho a seguir uma vez terminado esse tempo? E neste caso, com que velocidade, em que direção? Para a liderança soviética duas considerações foram relevantes: *i.* Dada a realização da revolução em um país predominantemente agrícola, como transformar totalmente a situação socioeconômica por ação deliberada de cima: a contradição entre os objetivos da revolução proletária e as aspirações dos camponeses por propriedade da terra criou o chamado "problema amaldiçoado"[32], o de assegurar a manutenção dos objetivos primários que levaram à aliança operário--camponesa para a derrubada revolucionária do czarismo; *ii.* A urgência de promover a industrialização, por questões de segurança, promoveria sacrifícios crescentes, proporcionais à taxa de crescimento desejada; com a consequência de que, uma vez dada a prioridade à indústria pesada na alocação do investimento, não haveria incentivos suficientes para os agricultores entregarem a sua produção, causando, assim, obstáculos à própria industrialização.

É importante ressaltar, para entender as diferentes posições no debate, que este se realizou em meio a intensa luta interna no partido bolchevique, na qual a conquista do poder configurou-se como instrumento para imprimir a direção ao futuro desenvolvimento do país e aos métodos para implementá-lo. Com mais razão, quando, com a doença e posterior falecimento de Lenin, criou-se a necessidade de uma nova liderança na condução do partido e do país. Stalin, como se verá adiante, desempenhou papel central nesta luta, para a qual se valeu das suas posições como Comissário para as Nacionalidades e como secretário de organização do partido, antes de ocu-

---

32. Moshe Lewin, *Russian Peasants and Soviet Power: A Study of Colectivization*, New York/London, W. W. Norton & Cy, 1975, Parte 1, cap. 6.

par a secretaria-geral, criada na primeira sessão plenária do 11º Congresso, em 3 de abril de 1922.

O debate centrou-se em duas questões: definir a prioridade setorial no processo de desenvolvimento e como financiar esse processo. A posição da esquerda, liderada no debate por Preobrazhenski, defendia a prioridade ao desenvolvimento da indústria; seu argumento foi o de que a revolução, tendo propiciado renda para o agricultor, elevou a sua demanda por produtos industriais frente a um crescimento menor da capacidade de produção industrial, causando desequilíbrio inflacionário. Com investimento industrial, o hiato entre a demanda vinda do campo e a capacidade de produção da indústria seria eliminado, e com isso seria também eliminado o efeito inflacionário. Por sua vez, a industrialização deveria privilegiar a indústria pesada, seguindo o modelo de reprodução marxista[33]. Considerando os problemas políticos envolvidos na obtenção do crédito externo necessário para financiar o maciço investimento necessário para o desenvolvimento, Preobrazhenski atribuiu ao setor externo um papel limitado na construção da capacidade industrial. Para financiar este investimento, ele propôs um sistema de "acumulação primitiva socialista", nos moldes da acumulação primitiva do capitalismo descrita por Marx. Aplicando esta análise ao caso da URSS, Preobrazhenski sugeriu que esta acumulação deveria vir do setor privado, formado basicamente pelo campesinato. Os recursos deveriam ser obtidos por um processo de troca desigual: os monopólios estatais fixariam preços baixos de aquisição dos produtos agrícolas e preços altos para os produtos manufaturados vendidos, com isso criando uma forma de poupança forçada (redução forçada do consumo) dos camponeses. A decisão do montante a ser poupado deveria ser deixada por conta do Estado, que tentaria equalizar as poupanças reais com o aumento da capacidade de produção do setor de bens de capital desejado.

---

33. De forma extremamente simplificada, pode-se definir este modelo como o que consiste em conceder prioridade à produção de bens de produção (Setor A da economia) em relação à produção de bens de consumo (Setor B da economia), como condição para a reprodução ampliada do sistema econômico. Em outros termos, a economia será expandida se a produção do setor de bens de produção exceder a reposição do capital dos dois setores. Assim, quanto maior a participação relativa do setor de bens de investimento na produção total, maior será a taxa de crescimento da economia. Ver O. Lange, *Introduction to Econometrics*, Oxford/Warszawa, Pergamon/PWN – Polish Scientific Publishers, 1962, cap. 3, "The Marxian Schemes"; e discussão sobre o entendimento deste modelo, em sua aplicação, em A. Erlich, "Stalinism and Marxian Growth Models", em R. C. Tucker (ed.), *Stalinism: Essays in Historical Interpretation*, New York/London, W. W. Norton & Cy, 1977.

A posição da direita, representada por Lev Shanin, defendia um desenvolvimento prioritário da agricultura, em um ambiente de mercado. Dado o desequilíbrio inflacionário, o governo soviético deveria adotar um horizonte de desenvolvimento de curto prazo; o investimento na indústria pesada demandaria um tempo de maturação, durante o qual a demanda seria aumentada sem a correspondente oferta de bens. Os seus argumentos eram de que: *i.* O incremento da produção, derivado de um investimento na agricultura, no curto prazo excedia o do investimento na indústria, especialmente tendo em vista o excedente populacional agrícola e a baixa intensidade de capital na produção; *ii.* Havia uma propensão maior a poupar na agricultura do que na indústria, o que permitiria elevar a poupança agregada se houvesse uma redistribuição da renda monetária a favor da agricultura. Os benefícios derivados desta alternativa de investir prioritariamente na agricultura seriam: o aumento maior da capacidade produtiva num período de tempo mais curto e a criação de uma poupança incremental maior, que poderia ser utilizada para financiar investimento adicional, sem pressionar a inflação. Além disso, maior produção agrícola, dadas as vantagens comparativas da Rússia, permitiria utilizar o comércio exterior, obtendo recursos da venda de grãos para financiar a importação de equipamentos. Com ela seria possível construir o estoque de capital da indústria, sem pressão inflacionária. Ele não subestimava a necessidade de investimento na infraestrutura para levar avante o seu modelo, especialmente transporte. E considerava que seu modelo poderia ser mudado em caso de ameaça militar contra o país.

Uma posição moderada foi defendida por Bukharin, segundo a qual o desenvolvimento entre os dois setores, o agrícola e o industrial, deveria realizar-se de forma equilibrada, devido à interdependência existente entre eles e à necessidade política de manutenção da *smishka*. Ele reconhecia a necessidade de acumulação de capital industrial, mas argumentava que ela devia fazer-se paulatinamente, em proporções gerenciáveis. O crescimento de um setor em detrimento do outro levaria a pontos de estrangulamento em um ou em outro, o que inevitavelmente levaria à detenção do desenvolvimento. Por sua vez, o máximo investimento no setor de bens de produção, sem o correspondente aumento da produção de bens de consumo, levaria não só ao aumento da "fome de bens", como também ameaçaria a recuperação da economia na NEP. Baseado nesses argumentos, Bukharin propôs uma expansão gradual simultânea dos dois setores. Ao invés de fixar os preços conforme proposto por

Preobrazhenski, o governo soviético deveria: *i.* Promover incentivos ao agricultor, para estimular a produção e a venda dos seus produtos; *ii.* Pressionar as empresas estatais a diminuir os seus custos. Ao invés de forçar a poupança, seria necessário criar um ambiente econômico estável, sem as incertezas proporcionadas pelo comunismo de guerra e pela NEP. Para resolver o problema da insuficiente capacidade produtiva, ele propôs uma série de medidas para melhor utilização da capacidade disponível, inclusive com a adoção de múltiplos turnos de trabalho, a racionalização técnica da pequena manufatura e sua transformação eventual em cooperativas de produção mais eficientes. O investimento na grande empresa deveria ser objeto de planejamento melhor e de construção mais eficiente, devendo-se prestar atenção a uma correta alocação dos fatores. A política de preços do Estado deveria estimular a redução de custos, eliminando os lucros de monopólio.

Paralelamente ao debate sobre a industrialização, realizou-se um outro, que marcou definitivamente os rumos do desenvolvimento do sistema soviético: como planejar a alocação dos recursos. Este debate travou-se entre os chamados geneticistas e teleologistas.

Os primeiros, os mais notáveis dos quais foram N. D. Kondratieff, V. A. Bazarov e V. G. Groman (os dois últimos conhecidos como "os economistas da Gosplan"), defendiam a tese de que os recursos deveriam ser alocados através dos mecanismos de mercado, ou seja, considerando a escassez relativa dos fatores e as taxas de retorno dos investimentos. Em síntese, utilizando o cálculo econômico, em condições de uma economia de mercado. Assim, o planejamento deveria ser indicativo e sua principal função seria a de projetar as tendências de mercado e auxiliar a administração central, assim como as administrações locais, na sua tomada de decisões.

Os segundos, cujos expoentes foram S. Strumilin, G. L. Pyatakov, V. V. Kuibyshev e P. A. Feldman, defendiam a tese de que um plano econômico deveria ser conscientemente formulado por engenheiros sociais e formatado pelas metas nacionais estabelecidas pelo Estado. Tal tipo de planejamento refletiria o desejo de alterar a estrutura e a dimensão da economia, maximizar o crescimento e enfatizar a estratégia de desenvolvimento, devendo superar as forças de mercado. Este e as finanças deveriam estar a serviço do plano e não o plano a serviço do mercado. O planejamento deveria começar somente depois de fixadas as metas econômicas nacionais pelas autoridades políticas. O respeito ao equilíbrio macroeconômico constituiria uma séria restrição à flexibilidade dos planejadores. Entrementes, dois acontecimentos permitem entender o resultado desse debate.

O primeiro foi a elaboração do primeiro Plano Quinquenal soviético, iniciada em meados de junho de 1927, a partir de um decreto do Conselho de Comissários do Povo. As suas metas foram elevadíssimas: o estoque de capital fixo soviético deveria dobrar em cinco anos, a fim de prover a base industrial para a construção do socialismo, e a expansão da indústria leve deveria atingir 70% nesse período. Mas antes mesmo da aprovação deste plano, o investimento industrial já vinha aumentando: no ano econômico de 1926-1927 o volume total de investimento cresceu 31,7%, enquanto dobraram os investimentos em novas construções[34]. Consequentemente, de certa forma, o modelo estava dado.

Por outro lado, a necessidade de recursos para financiar os investimentos não só encorajou o governo a taxar pesadamente os *nepmen* e os camponeses, como colocou em pauta novamente o problema da disponibilidade de bens agrícolas. A solução vista para elevar a produção foi a de coletivizar a propriedade agrícola, que permitiria adotar tecnologia mais avançada, com utilização de maquinaria e equipamentos adequados somente à grande propriedade. Esta solução já vinha sendo discutida no partido, desde 1925; e em dezembro de 1927, Stalin, em discurso proferido no XV Congresso do partido, considerando o baixo nível de desenvolvimento da agricultura, indicou, como solução para ele, a transformação das pequenas e dispersas propriedades agrícolas em grandes unidades produtivas (*kolkhoses*), baseadas na atividade comum da terra com nova e eficiente tecnologia. Entretanto, naquele momento, a ordem era não pressionar os camponeses, mas fazer esta transformação gradualmente, convencendo-os, pela persuasão e pelo exemplo, a adotarem essa alternativa. E algumas medidas foram tomadas neste sentido, como o desenvolvimento da atividade cooperativa no campo, a concessão de créditos mais amplos às propriedades dos camponeses pobres[35] e a reconstituição das propriedades agrícolas por agrupamento, divididas em faixas de terra segmentadas, distantes umas das outras[36].

---

34. Alec Nove, *op. cit.*, p. 135.
35. Na formulação da sua política no campo, o partido utilizava uma classificação dos camponeses por classes sociais, distinguindo os *bedniaks* (pobres), os *sredniaks* (médios) e os *kulaks* (ricos). Estes últimos eram responsáveis pela produção destinada à exportação. Os *kulaks* eram considerados especuladores e inimigos da revolução e, como tal, alvo dos ataques desfechados pela direção do partido e do governo nas campanhas para aumentar a entrega da produção agrícola ao Estado.
36. F. Bettanin, *A Coletivização da Terra na URSS*, Rio de Janeiro, Civilização Brasileira, 1981, p. 18.

Tais medidas constituíram um elemento importante para o desenvolvimento do movimento *kolkhosiano*: de 2.422 *kolkhoses* formados nos últimos meses de 1927, o número de *kolkhoses* subiu para 16 004 nos cinco primeiros meses de 1928 e continuou crescendo para totalizar 33 258 unidades em junho do mesmo ano, 1,7% do total de propriedades. Um ano depois, os *kolkhoses* já eram 57 045, englobando cerca de um milhão de propriedades camponesas, 39% do total[37].

Estes, porém, funcionavam em condições precárias, devido ao seu estado de desorganização e à carência de meios de produção, como animais de trabalho e equipamentos agrícolas, além de quadros técnicos qualificados, entre outras razões. Não se deve subestimar ainda o fator ideológico, expresso pela desconfiança dos camponeses em relação à propriedade coletiva.

De todo modo, até às medidas adotadas no decorrer do inverno de 1927--1928, para contornar a crise das entregas de produtos agrícolas[38] ao Estado e reconhecidas como "excepcionais" pelo partido (requisições forçadas, a exemplo do que ocorrera no período do comunismo de guerra, inaceitáveis no regime da NEP então vigente), a coletivização da agricultura soviética ainda não tinha assumido o caráter obrigatório que a caracterizou posteriormente.

Chega-se, assim, ao segundo acontecimento, que mudou radicalmente esta posição. Em 1928, Stalin consolida a sua posição na luta interna no partido bolchevique, eliminando, em hábeis manobras, as frações de esquerda e de direita que se lhe opunham e passa a ditar a sua linha política. De acordo com ele, o sucesso do plano quinquenal aprovado dependeria de uma crescente oferta de produtos alimentícios e matérias-primas agrícolas, e seria comprometido tanto pela recusa dos camponeses ricos, com maior capacidade econômica em ofertá-los, quanto pela ineficiência da produção agrícola, distribuída nas pequenas e médias propriedades dos camponeses, incapazes de proporcioná-la.

A situação real, no ano de 1928, foi particularmente difícil para a agricultura soviética. Não somente a colheita foi inferior à obtida no ano anterior, como ainda houve redução da semeadura de inverno, provavelmente como reação às medidas "excepcionais" referidas acima. Ocorreu, ainda, redução do

---

37. *Idem*, pp. 18-19.
38. Os camponeses estavam sujeitos a cotas de venda dos seus produtos ao Estado, em níveis que deveriam corresponder ao excedente do produto destinado ao consumo próprio. Dependendo dos preços oferecidos pelo Estado, os camponeses prefeririam reter o produto, criando crises de abastecimento nas cidades.

estoque animal, resultante da venda de animais pelos camponeses, em alguns casos para obtenção de recursos para a compra de forragem e sementes. O país se viu, assim, face à insuficiente oferta de produtos agrícolas e à pressão exercida para cumprimento das elevadas metas do Plano Quinquenal, na eminência de uma crise econômica, com os consequentes reflexos sociais.

O enfrentamento da questão estava, portanto, segundo Stalin, em criar *sovkhoses* e *kolkhoses* que constituiriam elementos estratégicos de condução do desenvolvimento no campo, da mesma forma que ocorria com as grandes empresas industriais nas cidades. A sua criação permitiria contornar a dependência do setor privado para suprimento da produção agrícola e fincar as bases para a solução da contradição entre o caráter proletário da revolução socialista e a propriedade privada no campo, construindo o socialismo no setor agrícola.

Uma série de medidas foi tomada nesta direção, em 1929: na primavera, realizou-se uma conferência dos grandes *kolkhoses*, na qual foi discutida a ampliação de sua superfície[39]; no fim de maio, o XVI Congresso Panrusso dos *soviets* decidiu construir uma fábrica de tratores em Cheliabinsk; em junho decidiu-se a criação das chamadas Estações de Máquinas e Tratores, cuja função era a de enfrentar a penúria destes equipamentos, concentrando-os em órgãos especializados que servissem a diversos *kolkhoses* ao mesmo tempo. Para sua coordenação, no nível do país, foi criado o *Traktortsentr*. Além disso, foram instituídas multas individuais aos camponeses, de até cinco vezes o valor das suas entregas, no caso de não fornecerem as cotas de entregas que lhes eram impostas pela assembleia da aldeia, de acordo com o plano de entregas por ela aprovado. E foram criadas comissões especiais para as entregas, junto aos *selsoviets* (*soviets* agrícolas).

Uma campanha de caráter ideológico foi ainda lançada, criando o Dia da Colheita e da Coletivização, destinada a utilizar os órgãos partidários para a mobilização de setores cada vez mais amplos dos camponeses em torno da coletivização. Os resultados foram superiores às expectativas, multiplicando-se a percentagem das adesões: em 134 regiões a coletivização superou 70%, em 117 delas, o índice da coletivização variou entre 50% e 70%,

---

39. N. Jasny informa que um *kolkhos* compreendia, em média, em 1º de junho de 1928, doze propriedades com sessenta pessoas, uma área de semeadura de 41,7 hectares e 2,8 cavalos. Um ano depois, a extensão média do *kolkhos* subiu para dezoito propriedades, com 82 pessoas, 73,3 hectares de semeadura e 4,9 cavalos (N. Jasny, "The Socialized Agriculture of the USSR", em F. Bettanin, *A Coletivização da Terra na URSS*, cap. 2, nota 1).

em 266 delas, este índice variou entre 30% e 50%, em 461 delas, este índice variou entre 15% e 30%, e em 1 405 delas a percentagem de coletivização foi inferior a 15%[40].

Mas foi somente em novembro, durante uma reunião plenária do Comitê Central e da Comissão Central de Controle do partido, que foi lançada a palavra de ordem de enfrentar a coletivização e o prazo para completá-la em 1930. Entre suas resoluções, foi aprovada a constituição de uma comissão para analisar a coletivização. Em 5 de janeiro, com base no trabalho da comissão e de outras subcomissões criadas para fixar o prazo da coletivização nas diversas regiões, o Comitê Central aprovou a resolução sobre "os prazos de coletivização e medidas de auxílio do Estado ao movimento *kolkhosiano*", marcando o início da "coletivização plena".

Nesta resolução estava incluída a chamada *deskulakização*, ou seja, dentro da perspectiva stalinista de construção do socialismo referida anteriormente, a política de liquidação dos *kulaks* (camponeses ricos) como classe. Estes foram objeto de verdadeira ofensiva no sentido de confiscar o maior número possível de fazendas, sem levar em conta nem os métodos usados, nem o fato de as propriedades expropriadas serem fazendas capitalistas. A violência adotada e os excessos cometidos pelas brigadas operárias e ativistas partidários engajados na *deskulakização* marcou definitivamente o processo da coletivização agrícola na URSS. Foram desapropriadas, em julho de 1930, segundo dados relativos a 1 281 regiões, 191 035 fazendas de *kulaks*, somando 77 795 as suas famílias deportadas, durante a primeira fase da *deskulakização*[41].

O processo de coletivização da agricultura teve um rápido e considerável começo: entre 1930 e 1931, a percentagem de famílias coletivizadas passou de 23,6% para 52,7% e a área plantada coletivizada passou de 33,6% para 67,8%. O processo seguiu mais lentamente nos anos seguintes, para alcançar 83,2% e 89,6% das famílias coletivizadas respectivamente em 1935 e 1936 e 94,1% da área plantada em 1935[42].

Os seus resultados foram, porém, bastante discutíveis, sendo de se destacar não só os problemas que marcaram permanentemente o desenvolvimento da agricultura soviética, como as marcas que deixaram no processo de urba-

---

40. F. Bettanin, *op. cit.*, p. 39.
41. *Idem*, p. 65.
42. Alec Nove, *op. cit.*, p. 163.

nização do país. Segundo Lewin[43], o imenso fluxo da população camponesa, fugitiva dos campos em direção às cidades, com dificuldades de adaptar-se à nova vida urbana, preservou o maior número possível de tradições das aldeias de procedência, levando à criação de um modo de vida híbrido, que constituiu um traço da urbanização soviética até os dias mais recentes.

De todo modo, eliminada a alternativa de mercado, não havia porque adotar a opção geneticista de planejamento, resultando o debate em favor dos teleologistas. Para esta decisão contribuiu também, de acordo com Nove[44], uma decisão relativa ao projeto do combinado Ural-Kuznetz, ligando o minério de ferro dos Urais com o excelente carvão do Kuzbas, a mil milhas de distância, na Sibéria central. Este era um projeto de longo prazo e demandava um enorme montante de capital. Mas teria efeitos positivos no longo prazo e poderia salvar militarmente a situação na eventualidade de uma invasão dos poderes imperialistas, não podendo ser justificado com base em cálculos de custo-benefício.

Os resultados de ambos os debates traçaram as linhas com as quais se configurou o sistema econômico soviético: *i.* Domínio absoluto da propriedade estatal, administrada e comandada através do planejamento diretivo centralizado, a partir de diretrizes traçadas pelo partido comunista; *ii.* Desenvolvimento econômico com base numa super rápida industrialização, com prioridade ao setor de produção de bens de produção. A fonte da acumulação necessária para o seu investimento, a renda agrícola, seria obtida através da coletivização forçada da propriedade.

O Embate Político. O Período de Comando Stalinista[45]

O método para construir o sistema e, consequentemente, construir a sociedade socialista, foi definido pelos resultados do embate político pela obtenção do poder capaz de implementar o seu rumo, como defendido pelas diversas frações do partido bolchevique[46]. Convém ressaltar que estas frações

---

43. Moshe Lewin, *Le Siècle Soviétique*, Paris, Le Monde Diplomatique/Fayard, 2003, parte 1, cap. 6.
44. Alec Nove, *op. cit.*, p. 123.
45. Ver análise sobre o stalinismo, pp. 155-157.
46. Este embate envolveu questões mais específicas, como o papel dos sindicatos e a política externa, além da restrição à formação de frações no partido. R. Medvedev faz uma descrição e uma análise detalhadas dele (R. Medvedev, *Let History Judge: The Origins and Consequences of Stalinism*, New York, Columbia University Press, 1989).

foram formalmente proibidas através de resolução adotada no x Congresso do Partido, realizado em março de 1921, "sobre a unidade do partido". Entretanto, como assinala Gill[47], "é preciso ter cuidado para não atribuir muita importância a esta resolução", pois "a história do partido foi repleta de resoluções que perderam sua força virtualmente tão pronto foram adotadas". Ela não impediu os debates internamente ao partido, mas foi considerada importante por este autor, entre outros[48], pois constituiu instrumento útil contra a dissidência empregado pelo grupo dirigente liderado por Stalin, e assim, um dos elementos conducentes ao stalinismo.

Os conflitos que marcaram o embate terminaram consecutivamente com a vitória dos grupos aliados a Stalin. Este, que detinha a secretaria-geral do partido, cargo criado durante a reunião plenária do Comitê Central realizada em abril de 1922, e durante a qual ele foi eleito para exercê-lo, manobrou habilmente para eliminar os seus opositores, aliando-se sucessivamente a membros da direita e a membros da esquerda, de acordo com os rumos do debate.

Aliado inicialmente a Zinoviev e Kamenev, após a morte de Lenin derrotou Trotski com a defesa da possibilidade da construção do socialismo em um único país diante do fracasso da esperada revolução internacional, sem a qual, segundo os trotskistas, esta possibilidade não existia[49]. Com a derrota de Trotski, em 1925, a aliança com Zinoviev e Kamenev se desfez e estes constituíram uma nova Oposição de Esquerda; esta, derrotada em 1926, deu lugar ao surgimento da nova "oposição unida", por eles constituída com Trotski. Esta oposição sofreu total derrota organizacional e ideológica no xv Congresso do Partido, quando Stalin reafirmou a sua posição de liderança, ao ver rejeitado um pedido seu de demissão do cargo de secretário-geral[50].

O apoio dado então por Bukharin a Stalin, na luta contra a oposição unida, derrotada por este no final de 1927, não foi impedimento para Stalin voltar-se contra ele e seus correligionários Aleksei Rikov e Mikhail Tomski, acusando-os de desvio de direita. Neste caso, o principal debate travou-se em relação ao futuro da NEP. Como foi dito acima, Bukharin defendia um de-

---

47. G. Gill, *Stalinism*, London, Macmillan, 1990, pp. 9-10.
48. Entre outros, pode-se citar R. G. Suny, *op. cit.*
49. Cabe observar que as teses defendidas por Trotski não se limitam a este aspecto da disputa com Stalin, embora esta disputa, notadamente durante todo o período de existência da URSS, tenha sido conduzida por seguidores de ambos os líderes socialistas.
50. R. Medvedev, *op. cit.*, p. 183.

senvolvimento econômico mais moderado, com equilíbrio entre os setores econômicos. Não obstante seu apoio à tese da coletivização da agricultura, considerava que esta deveria dar-se gradativamente, através do apoio que os camponeses, inclusive os *kulaks*, dariam à política de industrialização, uma vez que, com ela, poderiam obter os bens industriais por eles demandados. Ele era a favor do planejamento econômico, mas se opunha a um planejamento hipertrofiado, porquanto achava que nem tudo poderia ser previsto em um plano.

O debate teve como pano de fundo a difícil situação econômica do país, não obstante os resultados positivos alcançados com a NEP. Em 1927 e 1928, a extrema falta de grãos para o abastecimento das cidades, por conta da queda na colheita e da resistência dos agricultores a entregar o produto ao Estado pelos preços baixos fixados, levou Stalin à adoção de "medidas extraordinárias", como o confisco da produção, repetindo as ações anteriormente adotadas durante o comunismo de guerra. Conquanto reconhecendo o exagero das medidas empregadas, inclusive porque contrariavam as resoluções do XV Congresso do Partido e haviam sido objeto de sérias discussões no *Politburo*, Stalin tornou a adotá-las novamente no ano seguinte. Como justificativa, apontou os camponeses prósperos *(kulaks)* e até os camponeses médios como inimigos da revolução, expondo sua teoria de que esta, ao contrário do entendimento corrente, aprofundava a luta de classes e o acirramento do combate ao inimigo de classe, com o emprego do terror, se necessário.

Para implantar este terror, que marcaria todo o período soviético pós anos 1930 até a sua morte, Stalin, uma vez tendo derrotado a esquerda, desencadeou mortal ofensiva contra a direita partidária. Ela envolveu desde a substituição de bukharinistas em posições importantes do aparelho partidário, inclusive em relação às publicações do partido, até ampla campanha contra o "desvio de direita" em reuniões e na imprensa. Esta campanha foi desencadeada após a reunião plenária do Comitê Central, realizada em abril de 1929, centrada especificamente em Bukharin, Tomski e Rikov. Com a derrota final deste grupo, estava implantado o regime que se tornou conhecido como stalinista e que coroou o processo de desenvolvimento econômico e político da URSS. Ele foi expresso pelo domínio centralizado absoluto do Partido Comunista na condução econômica, social e política do país, com forte educação ideológica em torno dos ideais do socialismo soviético.

A Evolução do Regime Político Após a Morte de Stalin

Este regime não permaneceu estático, especialmente depois da morte de Stalin, em 1953. Uma mudança palpável de política ocorreu já nas primeiras semanas[51], sob a direção do triunvirato Malenkov, Beria e Khruschov, que substituiu o comando de um homem só por uma direção colegiada. Houve alguma liberalização do sistema, eliminando os excessos do terror stalinista e, na estratégia econômica e política elaborada pelos novos dirigentes, foram contemplados como objetivos um aumento da satisfação do consumidor e a oferta de maiores incentivos materiais para os trabalhadores. Entretanto, nenhuma das mudanças abalou a estrutura de comando da economia e o monopólio do poder pelo Partido Comunista.

Em setembro de 1953, Khruschov tornou-se primeiro-secretário do Partido Comunista e solidificou sua base de poder, depois de manobrar para eliminar Beria e isolar Malenkov, concomitantemente à adoção de uma política de quadros que lhe permitiu trazer aliados para o *Presidium* do partido, minando o poder da velha guarda stalinista.

Mas o fato relevante, no plano político, foi a apresentação feita por Khruschov, no XX Congresso do Partido Comunista, realizado em fevereiro de 1956, de um relatório elaborado por uma comissão especial por ele designada para examinar a política repressiva dos anos 1930, mais tarde conhecido como seu "relatório secreto". Este relatório constituiu um ponto de inflexão na política interna da URSS, na medida em que, dissecando os crimes de Stalin e o chamado culto à sua personalidade, abriu um período de liberalização, eliminação da censura e tratamento distinto à dissidência, que se tornou conhecido como o "período do degelo". Khruschov introduziu ainda mudanças na política externa, no sentido de uma *détente* com os Estados Unidos e com o Ocidente, e reformas significativas no sentido da descentralização regional do comando da economia, as quais serão tratadas mais adiante.

Khruschov foi deposto em 1964, por força das reações às suas políticas por parte de membros do Comitê Central e dos complôs para derrubá-lo, sendo substituído por Brejnev como primeiro-secretário do PCUS e Kossigin como primeiro-ministro da URSS.

---

51. R. G. Suny, *op. cit.*, cap. 17.

O período de gestão de Leonid Brejnev como chefe do PC foi o mais comprido dos períodos de gestão exercidos por dirigentes partidários, à exceção de Stalin, e se tornou conhecido como o "período da estagnação". As razões para isto encontram-se na relativa estabilidade política do sistema e no arrefecimento do ritmo do crescimento econômico, depois de sua maior intensidade nos primeiros anos. Ao mesmo tempo, as rendas auferidas pela exportação de petróleo aos novos preços fixados pela Opep no início dos anos 1970, permitiu a importação maciça de bens de consumo, o que levou a população a considerar esse período como o melhor de todos os anos de poder soviético. As reformas econômicas propostas neste período, conforme se verá mais adiante, foram abandonadas e a sua política de recompensas à elite dirigente conduziu a uma crescente aceitação da corrupção, do funcionamento "regular" de uma segunda economia e de atitudes cínicas em relação ao trabalho por parte da população. No plano político, o período foi marcado pela afirmação do domínio soviético nos países do Leste Europeu (evidenciada pela invasão de Praga pelas tropas russas, no âmbito do Pacto de Varsóvia, na primavera de 1968[52] e pela ameaça de usar novamente suas tropas na Polônia, em 1981, se o governo do país não conseguisse controlar a situação criada pelo movimento liderado pelo Sindicato Solidariedade, de contestação à autoridade do partido comunista no comando do país); pelo envio de tropas ao Afeganistão, em 1979, e por uma política de apoio mais marcado aos movimentos revolucionários e a governos de esquerda no Terceiro Mundo.

Com a morte de Brejnev, em novembro de 1982, a URSS experimentou dois comandos de curta duração. No primeiro, o líder do partido foi Iuri Andropov, membro do Comitê Central desde 1961 e ex-chefe da KGB (o serviço de informações do sistema soviético), assumido em 1967. Nesta condição, utilizou os serviços da instituição como instrumento de combate à corrupção. Além deste, os seus esforços dirigiram-se à melhoria da disciplina no trabalho, tanto na cidade – através de vigilantes para controle das ausências ao trabalho – quanto no campo, através da formação de brigadas, pequenos grupos de agricultores que decidiriam o que produzir e receberiam de acordo com sua produção. Segundo Suny[53], sua contribuição mais significativa foi a promoção

---

52. Esta ação convulsionou pela segunda vez – a primeira foi constituída pela repressão à rebelião húngara de 1956 – o movimento comunista internacional, por representar um atentado às alternativas de construção soberana do socialismo democrático nos países do Leste europeu.

53. R. G. Suny, *op. cit.*, p. 450.

de funcionários do partido mais jovens e vigorosos, como Mikhail Gorbatchov e a aposentadoria dos mais velhos. Acometido por doença renal fatal, Andropov veio a falecer em fevereiro de 1984. O segundo comando foi exercido por Konstantin Chernenko, eleito secretário-geral do partido alguns dias após a morte de Andropov. Marcado pela fidelidade a Brejnev, foi um dirigente da velha geração representada no *Politburo*, destituída de ideias e energia. Com isso, os jovens funcionários recomendados por Andropov já tinham influência importante na elaboração e execução da política do período, o que conduziu naturalmente à nomeação de Gorbatchov para a secretaria-geral do partido, quando da morte de Chernenko, em março de 1985. Este revolucionou o sistema ao extremo, com suas reformas econômica e política, terminando o seu comando com o término da própria URSS. Dada a importância de seu período em função, a ele se dedica uma seção específica, quando da análise do modo de funcionamento do sistema.

O relato sucinto dos comandos exercidos pelos sucessores de Stalin anteriores a Gorbatchov revela que, embora sujeito a inúmeras e sucessivas reformas, o sistema soviético manteve os seus traços fundamentais: partido único no comando; imbricação entre o partido e o governo; regime autoritário, marcado por formas distintas de repressão, à medida da evolução política do país; economia centralmente planejada, com diretrizes e metas definidas pelo partido e administração marcada por diferentes tentativas de reforma, sem resultados práticos significativos.

Capítulo 3
O Modo de Funcionamento do Sistema em Sua Evolução

O Sistema Político. Estruturas de Comando da Economia e da Sociedade

A Constituição de 1977 definia a estrutura e o modo de funcionamento do sistema político soviético[1]. De acordo com ela, os Conselhos de Deputados do Povo constituíam a base política da URSS, estando todos os demais órgãos estatais subordinados e controlados por eles.

Esta subordinação era explicitada formalmente no princípio que norteava a organização e a atividade do Estado soviético, o centralismo democrático. Este princípio implicava a elegibilidade de todos os órgãos do poder estatal e na obrigatoriedade do cumprimento das decisões dos órgãos superiores pelos órgãos inferiores da administração.

Os Conselhos de Deputados do Povo eram constituídos em todos os níveis de competência administrativa: Conselhos Supremos, no nível da União, Conselhos Republicanos, no nível das Repúblicas, e assim sucessivamente nas regiões, nas cidades e nos distritos. Os mandatos dos deputados dos Conselhos Supremos e Conselhos Republicanos eram de cinco anos, caindo para dois anos e meio nos conselhos dos níveis inferiores.

O Conselho Supremo da URSS era constituído por duas Câmaras: a do Conselho da União e a do Conselho das Nacionalidades. As sessões do Conselho Supremo realizavam-se duas vezes por ano.

---

1. Ela foi emendada durante a *perestroika*, e, depois, em 1993, já na Rússia independente, foi substituída. Entretanto, para os objetivos da análise neste capítulo, relevante é a Constituição de 1977.

Nas sessões conjuntas das duas Câmaras, eram eleitos os membros do *Presidium* do Conselho Supremo (o qual atuava como órgão permanente no intervalo entre essas sessões), o procurador-geral e o Conselho de Ministros da URSS. O presidente do *Presidium* era também o presidente nominal do Estado soviético.

O Conselho de Ministros formava o Governo da URSS e era responsável pela administração do poder estatal do país. Ele era formado por um presidente, primeiros suplentes do presidente, ministros e presidentes das comissões estatais da URSS.

Competia a ele assegurar a direção da economia, organizar a administração e a operação corrente das empresas industriais, agrícolas e de construção (cabendo um certo número de empresas a cada ministro); elaborar e encaminhar ao Conselho Supremo os planos perspectivos de desenvolvimento econômico-social e os orçamentos da URSS; adotar medidas que assegurassem a implementação dos planos e do orçamento estatais, apresentando ao Conselho Supremo os resultados desta implementação; emitir resoluções e ordens de cumprimento obrigatório no país.

De acordo com o artigo 6º da Constituição, o Partido Comunista da URSS (PCUS) era a força condutora da sociedade soviética, o núcleo do seu sistema político, das suas organizações estatais e sociais. O Partido Comunista da URSS definia as perspectivas gerais do desenvolvimento social, assim como a linha da política externa e de defesa da URSS. Cabia ainda a ele o direito de apresentar candidatos à eleição de deputados dos Conselhos de Deputados do Povo[2].

O papel do PCUS não se restringia, porém, a uma função orientadora. Seus membros exerciam funções diretamente nos órgãos da administração estatal, ocupando cargos hierarquicamente consistentes com suas posições na estrutura partidária. Assim, os membros do *bureau* político, do secretariado e da secretaria-geral do PCUS ocupavam cargos no *Presidium* do Conselho Supremo de Deputados do Povo, conduzindo os trabalhos da administração pública no intervalo entre suas duas sessões anuais. O mesmo ocorria em todos os níveis da administração estatal referidos anteriormente, inclusive na direção das em-

---

2. Na Constituição, este direito era também assegurado a outras instituições sociais, como os sindicatos, as cooperativas, o *Komsomol* – organização da Juventude Comunista – e as assembleias de membros das Forças Armadas, organizações estas nas quais era dominante a direção de membros do Partido Comunista.

presas, nas quais os comitês do PC eram responsáveis pelo acompanhamento político-ideológico da execução das metas a serem por elas cumpridas. Os cargos ocupados no Estado por membros do PCUS resultavam de um sistema de indicações partidárias, compondo a chamada *nomenklatura*, a elite dominante na sociedade soviética.

No capítulo anterior viu-se como o processo sucessório no âmbito do Comitê Central, em particular para o cargo de secretário-geral do PCUS depois da morte de Stalin, influenciou os rumos do desenvolvimento econômico, político e social da URSS. Com a *perestroika* de Gorbatchov esta influência evidencia-se dramaticamente.

O Quadro Social. Estrutura Social e Sua Evolução. O Homem Soviético

A sociedade soviética formou-se a partir da base social herdada do czarismo e evoluiu ao longo dos anos, condicionada às turbulências da construção do sistema. A sua estrutura, por um lado, alterou-se profundamente com a revolução e sua evolução posterior dependeu das contingências do desenvolvimento econômico e político adotado pelo poder soviético. E a sua conformação, por outro lado, dependeu dos ajustamentos comportamentais à nova ordem, a partir das heranças culturais herdadas do passado.

A Estrutura Social e Sua Evolução

De acordo com Lewin[3], a configuração social do czarismo era composta pelo campesinato, pelos proprietários de terra e pela corte real. Os proprietários de terra constituíam a classe politicamente dominante e não tinham interesse em construir empresas modernas nos seus domínios. A Rússia czarista permaneceu agrária e, a despeito de terem a Revolução de Outubro e a guerra civil eliminado a corte, até à NEP nenhuma mudança significativa ocorreu em relação ao caráter rural do país: no máximo 16% da população viviam nas cidades; 84% viviam no campo e dependiam de uma agricultura de baixa produtividade[4].

A partir de 1928 houve drástica mudança de política, com efeitos profundos sobre o sistema e o país. Dois fenômenos merecem ser ressaltados: *i*. A mi-

---

3. Moshe Lewin, *O Fenômeno Gorbachev: Uma Interpretação Histórica*, São Paulo, Paz e Terra, 1988, parte I.
4. *Idem*, pp. 31-32.

gração sem precedentes, ocorrida espontaneamente do campo para a cidade, provocou a notável urbanização que marcou o desenvolvimento econômico nesse período (tabela 2): entre 1917 e 1940, a população rural reduziu-se de 82,1% para 67,5%, enquanto a população urbana passou a representar 32,5% do total de habitantes do país. O processo de urbanização do país continuou no pós-guerra, tendo havido um aumento da população urbana para cem milhões de habitantes (47,9% do total), em 1959, e para 217 milhões (66% do total) em 1989; *ii*. O surgimento de uma burocracia, precariamente preparada no início do processo de industrialização e desenvolvimento, composta por pessoas que foram recrutadas às pressas e que foram obrigadas a se formarem no decorrer do exercício de suas funções. Isso, ainda segundo Lewin, criou terreno propício para que o poder fosse usurpado por um ditador, no nível da cúpula e por patrões despóticos, nos níveis mais baixos da administração[5]. O que, entretanto, não impediu esse grupo social de, através de numerosas técnicas de autodefesa, manter relativa autonomia frente às ordens estatais.

TABELA 2. URSS. POPULAÇÃO URBANA E RURAL

Anos	População Total Milhões	População Urbana Porcentagem sobre o total	População Rural Porcentagem sobre o total
1917	163,0	17,9	82,1
1940	194,1	32,5	67,5
1959	208,8	47,9	52,1
1970	241,7	56,3	43,7
1979	266,6	63,4	36,6
1989	286,7	66,0	34,0

Fonte: *Narodnoe Khoziaistvo SSSR v 1987 e Pravda, 29.4.1989, apud* D. Lane, *op. cit.*, p. 127.

O processo de desenvolvimento, do qual resultou a urbanização referida, trouxe uma mudança na estrutura do emprego e, como consequência, também na da ocupação.

5. *Idem*, p. 41.

Com o predomínio da população urbana sobre a rural efetuou-se, durante a década de 1960[6], a mudança na estrutura do emprego mais significativa do ponto de vista do processo de desenvolvimento (tabela 3): caiu significativamente a população empregada na agricultura e nas atividades florestais entre 1960 e 1980, de 39% para 20% do total, entre os dois anos, e para 10%, em 1990, enquanto aumentou, também significativamente, a população empregada nos serviços no mesmo período: passou de 29% em 1960 para 41%, em 1980, e para 48% do total, em 1990. O emprego na indústria tem uma participação de 32%, em 1960, e se eleva para 39% do total de empregados em 1980 e para 42%, em 1990.

TABELA 3. URSS. EMPREGO POR SETOR DE ATIVIDADE
(PORCENTAGEM SOBRE O TOTAL)

Setores	1940	1960	1970	1980	1990
Agricultura	54	39	25	20	10
Indústria e Construção	23	32	38	39	42
Serviços e Transporte	23	29	37	41	48

Fonte: 1940 e 1960: *Narkhoz 1988*, apud D. Lane, *op. cit.*, Boston, Unwin Hyman, 1990, p. 128.
1970 e 1980: "URSS en Chiffres 1986", Moscou, *Financy I Statistika*, 1987.
1990: Goskomstata SSSR [Comitê Estatal de Estatística da URSS], *Narodnoe khoziaistvo SSSR v 1990 g* [Economia Nacional da URSS em 1990], Moskou, *Financi i Statistiki*, 1991.

Esta mudança do emprego por setor de atividade reflete-se na composição das ocupações e na configuração dos estratos sociais, de acordo com a estratificação social adotada pelos sociólogos soviéticos[7] (tabela 4): os trabalhadores

---

6. Moshe Lewin faz um relato das mudanças sociais ocorridas, inclusive na estrutura da mão de obra, no período compreendido pelos últimos anos de 1920 e começo dos anos 1930 (Moshe Lewin, *Le Siècle Soviétique*, cap. 5).

7. A partir do informe apresentado por J. Stalin ao XVII Congresso do PCUS sobre o projeto de constituição da URSS até os anos 1980 vigeu a concepção de um sistema social construído por três classes: a dos trabalhadores, a dos camponeses *kholkozianos* e a da *intelligentsia* nacional. Este sistema era expresso pela fórmula: "duas classes e uma camada", esta última expressada pela *intelligentsia* (ver O. I. Shkaratan & I. Kollektiv, *Sotsia'lno-Ekonomicheskoe Neravenstvo i Evo Vosproisvodstvo v Sovremennoy Roccii* [Desigualdade Econômico-social e Sua Reprodução na Rússia Contemporânea], Moskva, Olma Mídia Print, 2009, cap. 3, par. 3.3). Na análise de Lane, utilizada no texto, esta composição social aparece respectivamente como: trabalhadores manuais (aqueles empregados no setor urbano industrial e de serviços), trabalha-

não manuais passaram de uma participação de 18,9% sobre o total em 1960, para 28% do total, em 1987; os trabalhadores manuais, embora em proporção crescente entre 1960 e 1980, respectivamente, 55,1% e 62,7%, mantiveram esta última proporção em 1987. Tendência completamente contrária apresentaram os trabalhadores das fazendas coletivas: de uma participação de 26%, em 1960, caíram para 15,5%, em 1970, 10,4%, em 1980, e 9,3%, em 1987.

TABELA 4. URSS. ESTRATIFICAÇÃO SOCIAL POR OCUPAÇÃO
(PORCENTAGEM SOBRE O TOTAL)

Estrato Social	1940	1960	1970	1980	1987
Trabalhadores Não Manuais	16,0	18,0	23,7	26,8	28,0
Trabalhadores Manuais	38,0	55,1	60,8	62,7	62,7
Trabalhadores Fazendas Coletivas	46,0	26,0	15,5	10,4	9,3
Total (milhões trabalhadores)	62,9	83,8	106,8	125,6	130,9

Fonte dos dados brutos: *Narkhos 1988*, *apud* D. Lane, *op. cit.*, p. 129.

É importante assinalar que esta mudança na composição das ocupações fez-se acompanhar pela qualificação dos trabalhadores, inclusive os das fazendas coletivas, reduzindo o hiato que existiu até 1970 entre o número deles e o dos trabalhadores urbanos com educação pós-primária: quando comparados com os trabalhadores manuais, os trabalhadores das fazendas coletivas com educação pós-primária, em 1959, somavam 56,4% dos trabalhadores manuais; em 1970, esse percentual elevou-se para 66,6%, e, em 1987, elevou-se para 88,6%[8]. Mas a qualificação geral dos trabalhadores pode ser visualizada pela formação de técnicos, num número superior a um milhão por ano desde 1980, em escolas secundárias especializadas; e pelo treinamento de mais de vinte milhões de trabalhadores qualificados em escolas vocacionais, entre 1960 e 1986.

dores nas fazendas coletivas e trabalhadores não manuais, como aqueles empregados em serviços técnicos, científicos e administrativos, englobados na *intelligentsia* (D. Lane, *Soviet Society Under Perestroika*, Boston, Unwin Hyman, 1990).

8. D. Lane, *op. cit.*, p. 132, tabela 5.4.

Os trabalhadores com nível superior, assim como de nível superior incompleto e secundário especializado, eram considerados a *intelligentsia* do país, responsável pelo desempenho de funções técnicas, administrativas e/ou executivas. Estes especialistas na classificação anterior estão agrupados na categoria de trabalhadores não manuais e somavam, em 1987, 55,2 milhões de trabalhadores, dos quais 20,8 milhões com nível superior, 3,5% com nível superior incompleto e 30,9 milhões com formação secundária especializada. Estes números são resultado de um crescimento espetacular, já que, em 1959, o seu total foi de 17,9 milhões, dos quais 8,3 milhões com nível superior completo, 1,7 milhões com nível superior incompleto e 7,9% com formação secundária especializada[9].

Os trabalhadores gozavam, na URSS, de segurança no emprego, sendo desconhecido o desemprego em massa. A sua remuneração se fazia de duas formas: pelo salário ou rendimento (caso dos trabalhadores dos *kolkhozes*) e pela prestação de serviços comunais gratuitos (educação, saúde, segurança) ou altamente subsidiados (habitação, inclusive sua manutenção).

Os salários eram fixados centralmente, segundo critérios que levavam em conta a qualificação profissional, a prioridade atribuída a diferentes setores de atividade, o grau de insegurança e insalubridade de determinadas funções, as diferenças regionais, a produtividade do trabalho e as responsabilidades assumidas no exercício do trabalho. O que indica que os rendimentos eram bastante diferenciados, a despeito da tendência a uma maior igualdade, observada ao longo dos anos. Assim, mesmo tendo sido elevados continuamente, o rendimento dos trabalhadores *kolkhozianos* manteve-se diferenciado em relação ao dos trabalhadores urbanos: a relação existente entre ambos os rendimentos considerados variou de 70:100, em 1960, para 80:100, em 1970, e para 92:100, em 1986[10]. Entre os trabalhadores urbanos, o diferencial de salários está relacionado com os critérios referidos, sendo os salários do pessoal técnico e administrativo, assim como os das profissões mais prestigiadas, como as de médicos, cientistas, professores universitários, acadêmicos, escritores e artistas, os mais elevados[11]. Cabe ressalvar, entretanto, que os diferenciais salariais podiam ser ampliados, com benefícios materiais variados, dependendo dos privilégios

---

9. *Idem*, pp. 135-138.
10. *Idem*, p. 131.
11. *Idem*, p. 144.

administrativos gozados por conta de posições ocupadas na estrutura das funções exercidas na economia, no partido e no Estado, assim como por conta de empenho administrativo das empresas. Exemplos nesta direção podem ser encontrados: *i.* Entre empregados do Estado ocupados em funções comerciais e/ou diplomáticas com o exterior, assim como acadêmicos e cientistas que, por força de intercâmbio, tinham acesso a rendimentos em moeda estrangeira, podendo utilizá-la na compra de bens importados em lojas exclusivamente destinadas a eles. Esta situação privilegiada, no primeiro caso, levou críticos a considerar a existência de uma "nova classe", distinta das classes anteriormente mencionadas[12]; *ii.* Entre os profissionais liberais – médicos, dentistas, artesãos – que podiam cobrar por serviços prestados fora de sua ocupação regular; *iii.* Entre empregados do comércio, com acesso a bens importados que os ofereciam em extra-atividade formal a interessados por preços mais elevados, obtendo uma remuneração extra ao seu salário regular; *iv.* Entre os empregados das empresas, cuja administração se encarregava da distribuição de bens escassos, de preço elevado, como parte do salário. Lane[13], em seu trabalho, considera, entretanto, não serem grandes os diferenciais salariais na sociedade soviética, mesmo levando em conta os referidos privilégios. Ele se refere ao rendimento de um jogador estrela do Kiev Dinamo, que não ultrapassaria em mais de dezessete vezes o salário médio soviético em 1987.

Resta considerar, em relação à distribuição da renda na URSS, o nível de pobreza da população. Ainda segundo Lane[14], estimativas soviéticas indicavam que um quinto da população vivia em nível próximo ao da pobreza (setenta rublos ou 126 dólares) no final dos anos 1980. O jornal *Trud* estimava que, em 1989, 15% da população possuía um rendimento inferior a 75 rublos por mês. Os setores sociais envolvidos nesta categoria eram os aposentados, as famílias com muitos filhos e as mães solteiras.

O Homem Soviético

Com a estrutura social assim descrita, como se pode situar o *homem soviético*, aquele que o sistema pretendeu criar, como cerne e fruto do sistema

---

12. M. Voslenskii, "Nomenklatura: Fragmenty Knigy" ("Nomenclatura. Fragmentos do Livro"), *Novyi Mir*, Moskva, n. 6, junho 1990.
13. D. Lane, *op. cit.*, p. 147.
14. *Idem*, p. 148.

socialista? Em que medida, mesmo considerando as diferenças geracionais e o empenho na formação educacional e ideológica da população, foi ou não possível criar o novo homem pretendido?

Vários são os elementos a serem considerados, desde as condições de implantação do sistema, internas e internacionais, até às heranças do passado, às guerras em que o país participou e às peculiaridades do povo russo e soviético.

Com a dissolução da URSS, surgiram inúmeros estudos sobre os vários aspectos da sociedade soviética. O mais abrangente conhecido, especificamente sobre o homem soviético, foi realizado em 1990, por um grupo de sociólogos reunidos por Yuri Levada[15]. O estudo parte do pressuposto metodológico de que o homem soviético foi constituído por um leque de comportamentos sociais, podendo, assim, ser identificado pelo seu caráter social. Ou seja, não se trata de um homem *strictu sensu*, mas do caráter social dos comportamentos com os quais é identificado. O estudo se propõe, assim, investigar os traços normativos (não degradados historicamente) mais importantes do tipo constituído pelo homem soviético, a partir do modelo clássico de seu amadurecimento, situado aproximadamente durante os anos 1930 e 1940.

O primeiro traço característico do homem soviético era o seu senso de diferenciação em relação aos homens situados em outros tempos e em outros sistemas sociais. Ele se formou a partir de um conjunto excepcional de valores pessoais, que o faziam sentir-se superior, assim como considerava superior o seu próprio sistema social. Esses valores lhe foram inculcados no processo de educação, nas orientações morais e de sistemas próprios de valores, inclusive em categorias étnicas e estéticas. A "cortina de ferro", instalada durante a Guerra Fria travada pelo Ocidente, contribuiu para isolá-lo nesses valores, em relação ao resto do mundo ocidental.

A segunda característica social do homem soviético era a sua adesão ao caráter paternalista do Estado. Para esse homem, o senso de Estado era o de uma superinstituição englobando tudo, universal tanto em suas funções como em sua atividade. Para a sociedade soviética, o Estado aparecia como uma insti-

---

15. Yuri Levada, *L'Homme Soviétique Ordinaire: Entre le Passé et l'Avenir. Enquête*, Paris, Presses de la Fondation Nationale des Sciences Politiques, 1993. Levada foi, durante anos, coordenador do *Vtsiom* – Instituto Pansoviético de Pesquisas da Opinião Pública, acompanhando as reformas introduzidas pela *perestroika* de M. Gorbatchov, inicialmente e as transformações sociais e políticas na Rússia, posteriormente à dissolução da URSS; até quando, por falta do financiamento do governo russo, criou o Instituto de Pesquisa que leva o seu nome.

tuição universal de tipo paternalista, pré-moderna, que regia todos os aspectos da vida dos homens, exercendo funções de proteção para controle sobre todos os indivíduos. A história russa é rica na demonstração deste sentimento em relação ao Estado, sendo o domingo sangrento de 1905 o seu episódio mais conspícuo. E, no sistema socialista, ele foi reforçado, na medida em que o sujeito era básica e totalmente dependente do Estado. Segundo pesquisa realizada pelo centro Levada, em 1990, em uma amostra representativa, mais de 60% das pessoas acreditavam que a maioria dos soviéticos não poderiam "viver sem a solicitude constante do Estado, sem sua tutela"[16].

A terceira característica social do homem soviético era o senso de hierarquia, a aceitação de uma hierarquia de relações entre os que tinham acesso à direção e os que eram objeto desta direção, de uma hierarquia de papéis sociais, de autoridades e de privilégios. De acordo com o estudo, o fator que estruturava a sociedade soviética verticalmente era o acesso aos privilégios do poder, às informações e aos bens de consumo que os acompanhavam. A aceitação da hierarquia se conjugava com a aspiração de igualdade, dando lugar ao surgimento de uma "igualdade hierarquizada" prática, que rejeitava somente a desigualdade que não correspondia à hierarquia aceita, situada além do que era admissível[17].

O quarto traço definidor do homem soviético era a característica imperial, herdada do Império russo como princípio de organização transnacional, apoiada numa elite preferencialmente russa ou russificada. Esta era percebida não como um fator nacional, mas como um fator de organização universal, criando na estrutura de valores do homem soviético antinomias entre o elemento nacional e o "internacional". Segundo o estudo, estas antinomias foram ligadas às tentativas ulteriores de salvaguardar uma elite revolucionária a-nacional e sua substituição por quadros ostensivamente russificados. Por sua vez, as tentativas do Estado soviético de reforçar a identidade nacional, através dos vários instrumentos normativos das relações entre as Repúblicas, impediram a formação de uma identidade étnica normal, colocando diante do homem soviético o problema de sua identificação, como uma escolha entre seu ser étnico e o seu ser supraétnico. No quadro das respostas obtidas na pesquisa realizada pelo grupo de Levada à pergunta sobre se "você se considera primei-

---

16. Yuri Levada, *op. cit.*, pp. 38-39.
17. *Idem*, p. 40.

ramente cidadão da URSS ou cidadão da República onde reside", somente os russos residentes na Rússia, os russos em outras Repúblicas, os bielorrussos e os quirguizes responderam serem cidadãos da URSS; os respondentes das outras Repúblicas declararam-se cidadãos delas[18].

O modelo apresentado, como dito acima, corresponde ao homem soviético formado ao longo dos anos 1930 e 1940, e que ocupou posições-chave até meados dos anos 1950. À geração anterior pertenceram os participantes dos anos duros da consolidação da revolução, da insegurança frente à inimizade internacional, da experimentação diante da ausência de experiências de como construir um novo sistema, em meio à guerra civil e ao choque entre diferentes parcelas da população, do entrechoque ideológico que se desenrolou em sua base e que custou a vida de importantes lideranças revolucionárias. Pode-se, assim, dizer que a dedicação e o ardor revolucionário marcaram o seu perfil. A geração seguinte, na perspectiva do estudo do grupo Levada, se dispôs à aceitação da crise e do deslocamento de todo o sistema[19]. Com efeito, após o processo vitorioso de reconstrução do país depois do fim da Segunda Guerra Mundial e, após a morte de Stalin, sucederam-se as crises na liderança política e a burocratização crescente da administração estatal. Com isso, tornaram-se inoperantes as tentativas de reforma econômica e houve um isolamento gradativo do cidadão soviético dos organismos estatais, consequentemente também dos organismos partidários.

Cabem aqui algumas digressões sobre as características traçadas no estudo apresentado. Algumas delas não foram formadas durante o período soviético, no qual, entretanto, foram aprofundadas e ajustadas ao novo regime social. Trata-se da cultura herdada do passado, especialmente quando se consideram o paternalismo em relação ao Estado e o espírito imperial.

A sociedade russa é marcada pela tradição estatal, resultado inclusive da forte influência da longa ocupação mongol; e o paternalismo que marca a relação entre o Estado e a população camponesa predominantemente, tem traços históricos anteriores à formação do sistema soviético. A direção estatal centralizada da economia e a universalidade do sistema de bem-estar aprofundou o sentimento de dependência do Estado no sistema soviético.

Deve-se ressaltar que a característica imperial do homem soviético também não se deve primordialmente ao caráter internacional do movimento co-

18. *Idem*, p. 43.
19. *Idem*, p. 49.

munista e ao apoio a ele dado pelo poder soviético. Constitui herança tanto da diretriz ideológica adotada pelos mongóis quanto das conquistas territoriais realizadas durante o czarismo. A forma pela qual foi assimilada durante o sistema soviético encontrou expressão na política de nacionalidades adotada, cujos problemas revelaram-se explosivos durante a *perestroika*.

Estes problemas continuam se expressando nos conflitos que marcam as relações entre os grupos étnicos dominantes nos novos países independentes e a Rússia e dentro da própria Rússia, na intolerância racial e nacionalista russa.

As características sociais que trazem uma marca maior da formação soviética são as que se referem à diferenciação em relação aos homens de outras sociedades, no sentido da superioridade de seu sistema social; e a de um forte sentimento de igualdade e de justiça social, ainda que com as restrições assinaladas no estudo de Levada, no sentido de uma igualdade hierarquizada. Este sentimento de igualdade e de justiça social se expressa na solidariedade que é marca do homem soviético e constituiu um elemento importante no desenho da política de privatização adotada na Rússia, após o fim da URSS.

De todo modo, o que se pode concluir da análise feita, e assumindo que o homem soviético é representado por um conjunto de comportamentos que expressam um caráter social, "mistura da esfera psíquica (estrutura de caráter do indivíduo mediano) e da estrutura socioeconômica"[20], é que a sua criação dependeu desta mistura historicamente e resultou no conjunto de traços mais importantes elencados no estudo feito pela equipe de Levada. Por dependência histórica, entende-se que a dinâmica da referida mistura evoluiu ao longo do tempo, fazendo com que se sentissem, durante a vigência do sistema soviético, as heranças culturais do passado e suas influências sobre os comportamentos do homem soviético, assim como os elementos culturais introduzidos pelo próprio sistema soviético.

A Questão das Nacionalidades

Resta, para completar o quadro social soviético, considerar a questão das nacionalidades. Esta é uma questão que perpassa todo o período de formação do sistema soviético, antecedida por discussões entre teóricos marxistas, e continuada no processo de definição da política de nacionalidades do novo poder

---

20. E. Fromm, *Avoir ou Être*, Paris, Robert Laffont, 1978, *apud*: nota de Yuri Levada, *op. cit.*, p. 33.

soviético. Nesse processo, diferenciaram-se as posições dos social-democratas e do próprio Lenin[21], a favor do "direito de autodeterminação das nações", em contraposição à posição de Stalin, de defesa do centralismo e da subordinação do princípio da nacionalidade ao de classes[22]. A posição leninista norteou a formação da URSS, em 30 de dezembro de 1922; mas foi Stalin quem, no XII Congresso do Partido, em abril de 1923, definiu a política de nacionalidades, a qual se manteve durante todos os anos até a sua morte: "nacional na forma, socialista no conteúdo". A relação entre as nacionalidades foi considerada similar às existentes entre as classes, ou seja, os distintos interesses de cada nacionalidade eram considerados contraditórios, mas não antagônicos.

Por força do desenvolvimento histórico da Rússia imperial e, posteriormente, da URSS, esta foi composta de populações de distintas identidades nacionais, culturais e econômicas. Para efeito de análise da questão, pode-se utilizar a distinção entre elas que faz Lane[23] em três grupos: os eslavos, os bálticos e os muçulmanos.

O primeiro, que inclui russos, ucranianos e bielorrussos é o maior, somando 199,2 milhões de pessoas em 1989; eram originários das áreas da Europa ocidental do país, mas parte deles emigrou para a Sibéria e o Cazaquistão. Falavam línguas com grande afinidade com a russa e professavam, majoritariamente, a religião ortodoxa, com parte dos bielorrussos e ucranianos adeptos da religião católica.

Os bálticos, estonianos, lituanos e letões, somavam 5,5 milhões de pessoas em 1989. Situavam-se na área ao Noroeste da URSS adjacente à Polônia, a Oeste e aos países escandinavos ao longo da costa do Báltico. Suas línguas não tinham origem na russa e eram escritas em caracteres latinos, não em cirílico. Os lituanos eram católicos e os estonianos e letões, luteranos. Foram anexados à Rússia no século XVIII, mas se tornaram independentes após a Primeira Guerra Mundial. Por força do tratado Ribbentrop-Molotov[24], de 1940, os três países foram anexados à URSS.

---

21. R. G. Suny, *op. cit.*, p. 140.
22. *Idem*, p. 142.
23. D. Lane, *op. cit.*, pp. 164-165.
24. O pacto Molotov-Ribbentrop foi assinado em 23 de agosto de 1939, em meio a uma atmosfera de grande tensão política na Europa. Foi um tratado de não agressão entre a URSS e a Alemanha, comprometidos a se manterem afastados um do outro em termos bélicos. Em dois protocolos secretos, foram definidas as zonas de influência de ambos os países na Europa do Leste: a Polônia seria dividida entre a Alemanha e a URSS, os países Bálticos (Estônia, Letônia e Lituânia) seriam anexados à URSS, além de parte da Finlândia

Os muçulmanos compunham o terceiro grupo, formado por usbeques, cazáques, azeris, quirguizes e tadjiques e somavam 34,2 milhões de pessoas em 1989. Localizavam-se na Ásia Central, com exceção dos azeris, no Cáucaso. Com exceção dos tadjiques, cuja língua é próxima da persa, a língua que falavam era do grupo turco.

Além desses três grandes grupos, Lane[25] identifica dois outros grupos também grandes, compostos por armênios e georgianos (população do Cáucaso), numerosos povos do Leste e várias minorias de origem europeia (judeus, alemães, moldavos e poloneses).

A política soviética das nacionalidades não postulava a eliminação das diferenças étnicas e nacionais. Ela dispunha de três componentes: desenvolvimento cultural (*raztsvet*), aproximação (*sblizhenie*) e fusão (*sliyanie*). O primeiro envolvia o reconhecimento das linguagens vernáculas, costumes e tradições, reconhecendo a consciência nacional e étnica, ainda que num contexto de hegemonia do Partido Comunista e dos valores socialistas. O segundo consistiria num processo de proximidade entre diferentes grupos nacionais numa comunidade socialista, na qual a modernização política teria impacto considerável sobre os valores tradicionais. A fusão envolveria a criação de uma união internacional, que substituiria a prévia consciência nacional e étnica. Ela constituía, porém, um objetivo de longo prazo, com a consolidação do comunismo em escala mundial[26].

Esta política, entretanto, não foi implementada na forma como pensada, constituindo a consciência nacional uma característica endêmica e não erradicável da sociedade soviética[27]. E se tornaria um dos elementos centrais no processo de dissolução da URSS, como se verá adiante.

A política das nacionalidades expressou-se na forma como elas foram organizadas administrativamente, em unidades federativas, baseadas nos grupos étnicos: Repúblicas federadas, Repúblicas autônomas, regiões autônomas e áreas autônomas, com autonomia e importância respectivamente decrescentes.

---

e áreas da Romênia e Bulgária. O pacto previa ainda relações comerciais: troca de petróleo e trigo da URSS por equipamento militar e ouro da Alemanha. O pacto vigorou até 22 de junho de 1941, quando a Alemanha invadiu a URSS na conhecida Operação Barbarossa.

25. S. Lane, *op. cit.*, p. 165.
26. *Idem*, p. 164.
27. *Idem, ibidem*.

As Repúblicas federativas eram quinze, incluindo a Rússia, que, a rigor, constituiu uma República *sui generis*, por se tratar da República sede da união federada: República Federativa Socialista Soviética da Rússia, Bielorrússia, Ucrânia, Moldávia, Cazaquistão, Quirguízia, Tajiquistão, Turquemênia, Azerbaijão, Armênia, Geórgia, Estônia, Lituânia, Letônia, Uzbequistão. As Repúblicas autônomas tinham constituição própria, mas a União tinha poderes para suspender leis. As regiões autônomas não tinham constituição e as áreas autônomas tinham suas leis dependentes das Repúblicas federativas. A despeito dos esforços empenhados para diminuir as disparidades econômicas entre as Repúblicas, o seu desenvolvimento econômico continuou muito desigual, conforme se pode observar nas tabelas 5 e 6 abaixo.

Na tabela 5 é indicada a população ocupada por República federada nos anos de 1987 (último ano anterior à plena implementação da *perestroika,* que causou uma queda no seu nível) e 1990. Segundo os dados nela indicados, as Repúblicas eslavas, Rússia, Ucrânia e Bielorrússia detinham 78,4% da ocupação geral da URSS, em 1987, mantendo-se praticamente no mesmo nível de participação (78%) em 1990.

Entre elas, porém, a ocupação predominava largamente na Rússia, com 57,2% e 56,6% da população soviética ocupada, respectivamente, nos dois anos considerados. Esta concentração se explica, de certa forma, pela dimensão da população da Rússia: em 1990 ela representava 51,3% do total da população soviética. Ainda assim, a concentração da ocupação era superior à das demais Repúblicas. Para um indicador mais apropriado da comparação entre Repúblicas, observe-se que nos países bálticos, não obstante deterem somente 2,9% da população ocupada na URSS, em 1990, a percentagem da população ocupada sobre a população total de cada um deles foi de 39,6% na Estônia, 40,7% na Letônia e 39,2% na Lituânia, níveis muito similares aos da Ucrânia (38,4%) e da Bielorrússia (41,3%) sendo inferiores somente à percentagem da população ocupada da Rússia (43,2%).

Estes níveis de ocupação refletem-se na distribuição da renda agregada das famílias em cada República, conforme indicada na tabela 6. Assim, considerando as rendas mensais entre 150 e 300 rublos como rendas médias e as rendas superiores a 300 rublos, como rendas de nível superior, pode-se observar que era nas Repúblicas eslavas (Rússia, Ucrânia e Bielorrússia) e nas Repúblicas bálticas (Lituânia, Letônia e Estônia), que se concentravam as maiores participações das famílias de renda média, e em níveis superiores à percentagem das famílias de renda média na URSS como um todo (46,8%).

TABELA 5. URSS. POPULAÇÃO OCUPADA POR REPÚBLICA FEDERADA
1987-1990 (MIL HABITANTES)

Repúblicas	População Total em 1990	População Ocupada em 1987			População Ocupada em 1990		
	Número	Número	Porcentagem sobre o total		Número	Porcentagem sobre o total	Porcentagem sobre a população Total
Rússia	148.041	67.767	57,2		63.878	56,6	43
Ucrânia	51.839	20.718	17,5		19.886	17,6	38
Belarus	10.259	4.326	3,7		4.236	3,8	41
Uzbequistão	20.322	5.036	4,2		5.158	4,6	25
Cazaquistão	16.691	6.586	5,6		6.476	5,7	39
Geórgia	5.456	2.228	1,9		2.091	1,9	38
Azerbaijão	7.131	2.127	1,8		2.053	1,8	29
Lituânia	3.723	1.600	1,4		1.459	1,3	39
Moldova	4.362	1.591	1,3		1.422	1	33
Letônia	2.687	1.239	1,3		1.094	1	41
Quirguízia	4.367	1.261	1,1		1.253	1,1	29
Tajiquistão	5.248	1.151	1		1.159	1	22
Armênia	3.293	1.381	1,2		1.283	1,1	39
Turquemênia	3.622	845	0,7		862	0,8	24
Estônia	1.583	716	0,6		626	0,6	40
URSS	288.624	118.572	100		112.936	100	39

Fonte: Goskomstata SSSR [Comitê Estatal de Estatística], *Narodnoe khoziaistvo SSSR v 1990 g*.
População ocupada compreende trabalhadores e empregados. Número médio anual.

As famílias com rendas superiores predominavam nos países bálticos, com 19,8% do total de famílias estonianas, 14,5% das famílias de letões e 13,8% das famílias lituanas. As famílias de renda agregada mensal inferior a 150 rublos, por sua vez, situavam-se predominantemente no Tajiquistão (89,4%), no Uzbequistão (83,9%), na Turquemênia (78,8%), no Quirguistão (77,3%) e no Azerbaijão (76,2%), ou seja, nas Repúblicas muçulmanas da Ásia Central, e em uma República do Cáucaso (Azerbaijão), as quais constituíam, assim, o núcleo da pobreza na URSS em 1990.

Este quadro de desigualdade pode ser observado também no nível educacional da população. Tomando-se os indicadores de matrículas nos ensinos secundário especial e superior, referentes a 1980[28], e assumindo o nível da Rússia igual a 100, verifica-se que os referentes ao ensino secundário especial mais elevados se encontravam na Lituânia (114), na Estônia (98), na Ucrânia (95), na Letônia (94) e na Bielorrússia (90); e os indicadores referentes ao ensino superior mais elevados encontravam-se na Estônia (122), na Geórgia (119), na Lituânia (117) e na Letônia (109). Nas Repúblicas da Ásia central, o nível educacional era bastante inferior: no Uzbequistão, os níveis de educação secundária especial e superior eram 53 e 69, respectivamente, e no Tajiquistão eles eram, respectivamente, 40 e 65 (sempre para Rússia igual a 100). O nível educacional era mais alto, portanto, nas Repúblicas eslavas e bálticas, ficando as demais, especialmente as muçulmanas, em desproporção marcante em relação a elas.

Dois fatores, segundo Lane[29], contribuíram para esta diferença, no que diz respeito à formação superior: *i.* Insuficiência de instituições universitárias nos países muçulmanos, reduzindo as oportunidades para os jovens em idade de frequentá-las; *ii.* As instituições superiores de ensino estavam localizadas principalmente nas áreas europeias do país e eram frequentadas pelos jovens destas áreas, que gozavam, assim, de um leque maior de oportunidades.

Os dados apresentados apontam para uma superioridade da Rússia, em relação às demais Repúblicas, ensejando, no plano étnico, um comportamento de grande potência, conhecido na literatura crítica sobre a política das nacionalidades adotada sob a direção de Stalin, como um comportamento "grão--russo". Este comportamento se expressou na predominância da língua e da cultura russas sobre as línguas e culturas nacionais das demais Repúblicas, através da elevada participação dos russos na direção das uniões artísticas e na Academia de Ciências, da edição em língua russa de todos os jornais e revistas centrais, da transmissão na língua russa da rádio e TV centrais, assim como da

---

28. Jones and Grupp, em D. Lane, *op. cit.*, p. 176.
29. D. Lane, *op. cit.*, pp. 174-177.

TABELA 6. URSS. DISTRIBUIÇÃO DA RENDA AGREGADA DAS FAMÍLIAS NAS REPÚBLICAS FEDERADAS (PORCENTAGEM POR CLASSES DE RENDA MENSAL)

Repúblicas	Até 150 rublos	Entre 150 e 300 rublos	Mais de 300 rublos
Rússia	38,6	52,9	8,5
Ucrânia	42,5	52,1	5,4
Bielorrússia	34,4	58,0	7,6
Uzbequistão	83,9	15,2	0,9
Cazaquistão	55,5	39,4	5,1
Geórgia	46,4	45,8	7,8
Azerbaijão	76,2	21,7	2,1
Lituânia	26,6	59,6	13,8
Moldávia	51,5	43,9	4,6
Letônia	24,2	61,3	14,5
Quirguistão	77,3	21,3	1,4
Tajiquistão	89,4	10,1	0,5
Armênia	48,3	46,0	5,7
Turcomenia	78,8	19,8	1,4
Estônia	18,7	61,5	19,8
URSS	46,4	46,8	6,8

Fonte: Goskomstata SSSR [Comitê Estatal de Estatística], *Narodnoe khoziaistvo SSSR v 1990 g.* [*A Economia Nacional da URSS em 1990*]. A renda agregada das famílias é a soma das rendas monetárias e não monetárias das famílias.

utilização desta língua nos documentos oficiais. Segundo Starovoitova[30], a língua russa desempenhava, na prática, o papel da língua do país e não somente o de língua comum entre as nacionalidades. Realmente, embora os habitantes das Repúblicas tivessem o direito e a possibilidade de utilizar sua língua e desenvolver suas tradições e cultura, a língua russa era a língua oficial da URSS; pelo menos até 1989, quando algumas Repúblicas adotaram legislação que tornou oficial, na condução dos seus negócios de Estado, a linguagem verna-

---

30. G. Starovoitova, "Paradoxo Étnico e Estereótipo do Pensamento", em Lenina Pomeranz (ed.), *Perestroika. Desafios da Transformação Social na URSS*, São Paulo, Edusp, 1990.

culizada. Esta linguagem era também utilizada no sistema educacional, mas a língua russa era, obrigatoriamente, a segunda língua a ser aprendida nas escolas não russas. E se expressou também no plano político, com a nominação de russos para cargos de direção do PCUS, do Estado soviético e de empresas situadas fora da República russa.

No que diz respeito à nominação de russos para os cargos de direção, Carrère d'Encausse[31] fornece as informações: em 1982, durante o exercício de Brejnev como secretário-geral do PCUS, do *Politburo* participavam somente três membros não russos entre treze membros votantes. Em 1987 a situação era idêntica. Mas os três membros do *Politburo* deveram a sua indicação ao fato de serem primeiros secretários do PC; como tais, eram os mais altos responsáveis de suas Repúblicas e no *Politburo* defendiam os interesses de suas Repúblicas. Dois anos após a chegada de Gorbatchov, somente o ucraniano Cherbitski permaneceu como representante do PC de sua República, sendo os outros dois nomeados para cargos centrais: Shevardnadze, da Geórgia, para Ministro das Relações Exteriores e Sliunkov, da Bielorrússia, como secretário do Comitê Central. E, ao contrário do que ocorria sob Brejnev, quando membros plenos e suplentes usavam da palavra nas reuniões do *Politburo*, em nome das Repúblicas muçulmanas da Ásia Central e do Cáucaso, bem como da Geórgia, da Ucrânia e da Bielorrússia, sob Gorbatchov, em 1987, todas essas Repúblicas desaparecem do *Politburo*, dando lugar a uma quase onipresença dos eslavos, com proeminência de russos. Com a circunstância agravante, segundo Carrère d'Encausse, de que os russos que estavam no centro do sistema de tomada de decisões, só dispunham de uma experiência russa, não tinham, com exceção de dois deles, experiência de trabalho no âmbito da União[32].

Naturalmente, na medida em que a língua e a cultura constituem elementos étnicos diferenciadores dos grupos sociais, elas constituíram também fatores de identificação e consciência nacional, com implicações políticas que se fizeram sentir durante a *perestroika*. O mesmo se pode dizer da proeminência dos dirigentes russos, que, sem experiência no âmbito da União, subestimaram as questões relacionadas com a identidade étnica nas Repúblicas. Nestas, o sentimento de verem essas questões ignoradas e menosprezadas em Moscou

---

31. H. Carrèrre d'Encausse, *La Gloire des Nations: Ou la Fin de l'Empire Soviétique*, Paris, Fayard, 1991, p. 31.
32. *Idem*, pp. 32-33.

levou às mobilizações nacionais e aos sérios movimentos de independência, que foram fatores fundamentais para a derrocada da *perestroika,* e da própria URSS.

O Planejamento Econômico e Suas Tentativas de Aperfeiçoamento. Reformas do Sistema de Planejamento

O SISTEMA DE PLANEJAMENTO

A economia soviética caracterizava-se: *i.* Pela propriedade estatal e coletiva (na agricultura) dos meios de produção e, consequentemente, pela necessidade de administração desta propriedade. A forma de fazê-lo, adotada no sistema soviético, leva à segunda característica deste sistema: *ii.* O planejamento central diretivo, como forma de administração econômica. Trata-se de um sistema em que as decisões sobre o desenvolvimento econômico-social eram adotadas centralmente pelo PCUS e pelo Estado e sua implementação era impositiva, no sentido de que as suas metas deviam ser obrigatoriamente cumpridas.

Formalmente, o planejamento econômico era realizado através de um sistema de planos: *i.* Planos perspectivos, de longo prazo: na realidade, diretrizes a serem seguidas na condução da economia nesse período, definidas pelo PCUS e aprovadas pelo Conselho Supremo; *ii.* Planos quinquenais: quantificação das diretrizes, para o período quinquenal, realizada sob comando da Gosplan – Comissão Central de Planejamento, também submetidos ao Conselho Supremo e tornados leis; e *iii.* Planos operativos anuais: decomposição das metas dos planos quinquenais ao nível das empresas, para sua execução no curto prazo anual.

As diretrizes constantes dos planos de longo prazo, em geral dez ou vinte anos, expressavam a estratégia de desenvolvimento definida pelas autoridades centrais. Elas levavam em conta as prioridades políticas, inclusive nas relações exteriores do país, e diziam respeito às taxas de crescimento da economia; à prioridade concedida, na definição destas taxas, aos chamados setores A (bens de produção) e B (bens de consumo), consequentemente ao investimento e ao consumo; às taxas de crescimento dos setores fundamentais da estrutura econômica: indústria, agricultura, construção; ao crescimento da renda *per capita* e à introdução da inovação tecnológica.

Com base nestas diretrizes, eram quantificadas as metas para os planos quinquenais e anuais. Teoricamente, portanto, as metas a serem alcançadas, conforme definidas nos planos quinquenais e anuais seriam resultado de uma hierarquização de objetivos decorrentes das diretrizes fixadas nos planos perspectivos.

Na realidade, segundo Hewett, o processo de planejamento era realizado através de um diálogo burocrático constante que ocorria na hierarquia governamental por um lado, e na hierarquia partidária, por outro lado. O diálogo era supervisionado pela Gosplan, e era organizado em torno de negociações relativas à elaboração dos planos quinquenais[33]. Em ambos os casos, o processo burocrático levava a acordos finais, atravessando os documentos quatro etapas intermediárias e superpostas; *i.* Eram estabelecidas metas, "cifras de controle", para os macroagregados e para os setores básicos da economia; *ii.* Estas "cifras de controle" eram aprovadas pelo *Politburo* do PC e posteriormente enviadas, através dos ministérios e outras autoridades intermediárias, para as unidades econômicas, como guias para a construção de seus planos anuais; *iii.* As unidades econômicas negociavam alterações nestas "cifras de controle" com os ministros aos quais eram subordinadas e estes, por sua vez, as negociavam com a Gosplan; *iv.* A minuta do plano resultante era aprovada pelo *Politburo* do PC, pelo Conselho de Ministros e pelo Conselho Supremo, tornando-se subsequentemente documento legal, ao qual cada unidade econômica era obrigada a se submeter.

As metas dos planos, expressas na forma de indicadores de crescimento, eram definidas com base em dois princípios: *i.* O do nível de produção alcançado no ano anterior como referência para novo crescimento; e *ii.* O das cadeias condutoras, ou seja, o da definição dos setores prioritários, capazes de alavancar o desenvolvimento, em cada etapa de sua evolução. As metas aprovadas no plano quinquenal eram decompostas pelos ministérios para as empresas, no chamado *Techpromfinplan*, que envolvia seis categorias de metas: produção, insumos, introdução de nova tecnologia, investimento, emprego mais desenvolvimento social e finanças. Essas metas eram elaboradas com base nas negociações referidas anteriormente, nas cifras de controle delas resultantes e nas normas técnicas de produção, estabelecidas pelas Comissões Centrais de Planejamento Gosplan – Comissão Estatal de Planejamento; Gossnab – Comissão Estatal de Abastecimento Material e Técnico; Goskomtsen – Comissão Central de Preços; Goskomtrud – Comissão Estatal do Trabalho e

---

33. A Gosplan precisava buscar consenso burocrático entre as reivindicações concorrentes, na base do interesse nacional. Quando os conflitos eram difíceis de resolver em torno de questões de importância fundamental, a decisão final podia ser encaminhada ao *Presidium* do Conselho de Ministros (E. A. Hewett, *Reforming the Soviet Economy: Equality Versus Efficienty*, Washington D.C., The Brookings Institution, 1988, p. 121).

das Questões Sociais; Gosnauki i Tekhniki – Comissão Estatal de Ciência e Tecnologia, como as mais importantes. Elas eram expressas na forma de indicadores (algumas centenas) e constituíam a base da avaliação do desempenho da empresa. Constituíam, portanto, a base do sistema de incentivos e sanções, que, diferentemente do lucro na economia capitalista, desempenhava o papel de motor da atividade empresarial: fundos de estímulos individuais e sociais, na forma de bônus diversos, sanções expressas basicamente pelo não recebimento dos bônus e pela eventual demissão do diretor.

Em outras palavras, as empresas, tanto como participantes do processo de fixação das metas, quanto como operadoras, tinham como parâmetros de referência para o seu funcionamento e, consequentemente, para o cumprimento das metas, as normas técnicas estabelecidas centralmente, os preços dos insumos e dos produtos, assim como o nível de emprego nas suas diferentes qualificações. Além disso, eram definidas centralmente, por conta do planejamento centralizado da alocação dos recursos disponíveis aos setores considerados prioritários em termos globais, as suas relações com fornecedores e clientes, o volume e direção das exportações e o volume e a origem das importações. Estas, porém, não eram realizadas pelas empresas, mas pelos diferentes departamentos do Ministério do Comércio Exterior, que se encarregava de assegurar o cumprimento das metas definidas pelas empresas neste sentido.

No âmbito central, os preços eram fixados pela Goskomtsen como instrumentos de aferição do desempenho empresarial, quando referidos à produção no setor estatal; e como instrumentos para balancear a oferta de bens de consumo e a disponibilidade de recursos monetários em mãos da população para suas compras no varejo. Em outros termos, o valor dos produtos ofertados devia ser igual ao valor da demanda por eles, expresso na soma dos rendimentos disponíveis da população, baseados nos salários fixados pela Goskomtrud, após negociações com os sindicatos. Dado o volume de bens ofertados, este equilíbrio entre oferta e demanda se dava pelo ajustamento dos preços no varejo, utilizando para isso o imposto de circulação das mercadorias, calculado sobre o custo médio de produção de cada bem.

As normas de emprego definidas centralmente levavam em conta as condições técnicas de produção e o crescimento demográfico, pois tinham também como objetivo a garantia do nível geral de emprego e o planejamento da educação e da formação profissional.

As metas financeiras eram definidas em duas moedas: *i.* A fiduciária, para o montante do valor necessário ao pagamento dos trabalhadores e das pequenas despesas envolvidas na operação cotidiana das empresas; e *ii.* A moeda escritural, que expressava o resultado de suas transações com outras empresas e de suas operações com o exterior. Elas refletiam o modo de funcionamento do sistema financeiro soviético, tal como está inserido no mecanismo de operação do sistema planejado, mostrado na figura 1 abaixo. Nela são indicadas: as relações entre as empresas estatais e os ministérios aos quais eram subordinadas; as relações delas entre si; as relações delas com o Banco Estatal; as relações entre elas e o Ministério do Comércio Exterior; as relações entre as empresas estatais e os seus trabalhadores; e, finalmente, as relações entre as famílias dos trabalhadores e as empresas estatais comerciais. Verifica-se que somente as relações das empresas estatais com seus trabalhadores e as relações

Figura 1. MODO DE FUNCIONAMENTO DO SISTEMA ECONÔMICO SOVIÉTICO

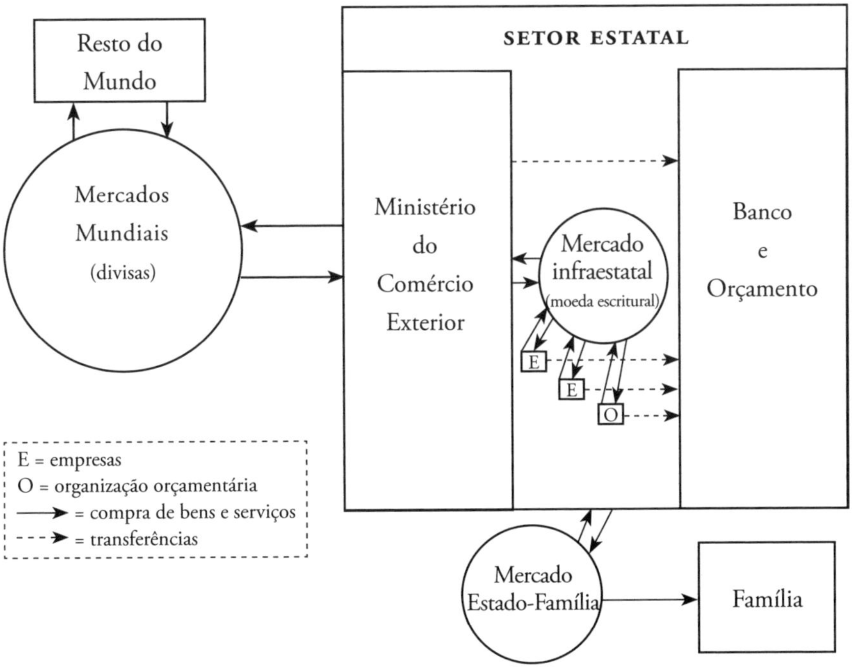

Fonte: Gérard Duchène, *L'Économie de l'URSS*, Paris, La Découverte, 1987.

das famílias destes com as empresas comerciais eram realizadas com moeda fiduciária, ficando todas as demais referidas na figura, como transações em moeda escritural. Detalhando um pouco mais: *i.* Os trabalhadores recebiam seus salários em moeda fiduciária e as suas famílias faziam as suas compras no comércio com esta moeda; *ii.* Todas as empresas estatais, inclusive as comerciais, que transacionavam com as famílias de trabalhadores, mantinham contas no Banco Estatal, que contabilizava as transações entre elas, definia as relações de débito e crédito de umas em relações às outras e, com base nos seus planos anuais, aprovados pelos ministérios, liberava recursos para financiamento dos investimentos por elas planejados. Os financiamentos para investimento em novas empresas eram originados no orçamento do Estado e também liberados através do Banco Estatal. Este também contabilizava os recursos obtidos e os dispêndios realizados em rublos-divisas pelas empresas em suas operações com o exterior, com base em taxas de câmbio fixadas num sistema múltiplo, para cada produto, em cada empresa envolvida nessas operações[34].

As metas assim estabelecidas tinham o seu desempenho acompanhado e avaliado através do sistema de incentivos e sanções, como anteriormente mencionado. Por esta razão, este sistema assumiu uma função estratégica do ponto de vista operacional, tornando-se central nas várias reformas realizadas para aperfeiçoá-lo.

AS REFORMAS DO SISTEMA DE PLANEJAMENTO

O sistema de planejamento descrito passou por inúmeras reformas no processo de sua evolução, não havendo um só ano em que alguma modificação não tenha sido introduzida ou algum novo experimento não tenha sido utilizado para melhorar o seu desempenho[35]. As reformas do sistema assumiram na URSS, a partir dos anos 1970, um caráter de rotina, constituindo um processo contínuo de busca do seu chamado "aperfeiçoamento continuado". Entretanto, algumas reformas mais importantes foram introduzidas em diferentes intervalos, tendo Hewett destacado cinco: *i.* A reforma dos *sovnarkhoses* de Khruschov, em 1957; *ii.* A reforma Brejnev-Kossigin de 1965; *iii.* A reorganização industrial de 1973; *iv.* as reformas de 1979; e, finalmente, *v.* as reformas Gorbatchov.

---

34. Segundo Kaser e Maltby, estas taxas, inicialmente estimadas em 1 500, rapidamente cresceram para 3 000. Em P. Hanson, *The Rise and Fall of the Soviet Economy*, Great Britain, Pearson Education, 2003, p. 202.
35. E. A. Hewett, *op. cit.*, p. 221.

A importância de cada uma delas foi distinta, do ponto de vista de sua profundidade e suas consequências. Com exceção da reforma Khruschov e das reformas Gorbatchov, estas expressas na *perestroika*[36], as demais foram todas parciais e seu mérito consistiu mais (na perspectiva de Hewett) em preparar o campo para as reformas posteriores do que em alterar de maneira significativa as condições de funcionamento do sistema.

São várias as abordagens possíveis para analisar as reformas do sistema soviético, anteriores à *perestroika*[37]. Os eixos em torno dos quais variam são dois: num deles, a perspectiva é mais econômica *stricto sensu*; neste caso, seria conservador o modelo que privilegia a intervenção do Estado sobre o sistema, e liberal, o que privilegia os mecanismos econômicos para atuação na economia, dando abertura para o funcionamento do mercado, numa versão do chamado mercado socialista. As tentativas de descentralização estariam, assim, associadas a uma maior ou menor introdução de mecanismos de mercado. No outro, privilegia-se a amplitude das reformas, tendo em vista a extensão com que abarcaram os elementos que constituem o sistema, isto é, a organização administrativa (órgãos do Estado encarregados da gestão econômica e sua competência), os mecanismos da gestão econômica (instrumentos de gestão, isto é, as relações entre os órgãos da gestão econômica e as empresas) e a organização política (relação entre o aparelho partidário, o Estado e os agentes econômicos).

Conforme a abordagem que se adote, será diferente a significação atribuída às diferentes reformas realizadas. Assim, na opinião de Hewett[38], as reformas Kossigin de 1965 teriam sido mais importantes que as anteriores introduzidas por Khruschov, em 1957, uma vez que nestas últimas, segundo ele, tentou-se somente alterar a organização administrativa, enquanto nas de 1965 foram introduzidas mudanças nos indicadores de desempenho das empresas (instrumentos de gestão), que visaram aumentar a sua autonomia e a sua eficiência. Trata-se de uma abordagem na linha do primeiro eixo referido acima, pois, privilegiando o processo de autonomização das empresas em direção ao

---

36. Como se verá mais adiante, na seção dedicada a ela, a *perestroika* foi mais que uma reforma, entendendo Pomeranz que se tratou de uma tentativa de reconstrução do sistema (Lenina Pomeranz, *Transformações Sistêmicas e Privatização na Rússia*, São Paulo, USP, Faculdade de Economia, Administração e Contabilidade, 1995 [Tese de Livre-Docência]).
37. O trecho que segue é extraído, com algumas modificações, de Lenina Pomeranz, *op. cit.*
38. E. A. Hewett, *op. cit.*, pp. 222-223.

mercado, o autor nitidamente subestima o elemento político, o impacto que tiveram sobre o sistema as denúncias do culto à personalidade de Stalin feitas por Khruschov e o período de "degelo" que se lhe seguiu.

Outros analistas privilegiam a segunda abordagem, como Andreff[39], da Universidade de Paris I, que considera parciais e incoerentes as reformas realizadas e atribui seu insucesso ao fato de que não envolveram uma nova repartição dos poderes econômicos. Pomeranz[40], por sua vez, apoia sua análise em ambos os eixos, enfatizando os aspectos relacionados com o controle político da gestão econômica, importante característica do sistema. Como visto anteriormente, a gestão econômica no sistema soviético, apoiando-se na propriedade estatal dos meios de produção e no domínio político do partido único, era fortemente centralizada e politizada, sendo essencial para o exercício de sua capacidade de mobilização e alocação dos recursos econômico-sociais a manutenção do poder decisório no centro. Especialmente quando, com a sua evolução no tempo, a economia soviética foi se caracterizando pela escassez de recursos. Segundo a autora, o movimento das reformas consideradas consistiu, seja na sua continuidade, seja nos pacotes que as intercalaram, em um esforço de descentralização das decisões econômicas, mas sem perda do controle econômico e político do centro. Em outras palavras, não afetou o monopólio do poder do PCUS e do centro estatal, na esfera econômica e política.

As reformas Khruschov, de 1957, constituíram um grande esforço de descentralização, ao substituírem os ministérios pelos conselhos regionais (os *sovnarkhozes*), como os organismos responsáveis pela gestão econômica. A justificativa formal para esta mudança foi a de eliminar o chamado departamentalismo, a autarquização ministerial dominante, centrada nos departamentos que compunham cada ministério. Esta autarquização impediria um maior entrosamento entre as unidades produtivas, e, consequentemente, uma maior racionalização e eficiência da atividade econômica. O planejamento e a gestão integrados no âmbito territorial seriam os instrumentos para alcançar esse objetivo, na medida em que os *sovnarkhozes* teriam o poder de supervisionar as empresas a eles subordinadas territorialmente e seriam responsáveis perante o Conselho de Ministros das Repúblicas. A Gosplan central seria responsável

---

39. W. Andreff, *La Crise des Économies Socialistes: La Rupture d'un Système*, Grenoble, Presses Universitaires de Grenoble, 1993, pp. 178-180.
40. Lenina Pomeranz, *Transformações Sistêmicas e Privatização na Rússia*, p. 28.

pelo planejamento global e pela coordenação dos planos dos *sovnarkhozes* e pela distribuição dos insumos-chave entre as Repúblicas.

Entretanto, o que se parece depreender da literatura relativa a esta reforma à época é que a instituição dos *sovnarkhozes* esteve associada a razões políticas, à necessidade que teve Khruschov de fortalecer o seu poder político no âmbito partidário, valendo-se de suas bases situadas nas regiões. A trajetória da gestão Khruschov corrobora esta versão. Houve um conjunto de medidas destinadas a descentralizar competências: foi ampliado o poder das Repúblicas sobre as empresas situadas em seu território, bem como sobre a distribuição do aprovisionamento e sobre uma ampla gama de investimentos. Foram também aumentados os poderes dos diretores das empresas, os quais, juntamente com funcionários das organizações estatais locais e setores sindicais, deveriam participar das discussões sobre a elaboração do sexto Plano Quinquenal. Este conjunto de medidas antecedeu a realização do xx Congresso do PCUS, no qual ficou famosa a leitura, por Khruschov, de um relatório sobre a repressão stalinista, podendo-se incluí-lo no processo geral de descontração política que caracterizou o período de degelo khruschoviano. O departamentalismo, cuja eliminação foi buscada no processo das reformas, foi, porém, substituído pelo localismo, devido à visão regionalista dos *sovnakhozes* e conduziu a uma fragmentação regional autárquica da economia.

Na avaliação de Nove[41], as reformas Khruschov foram desastrosas, na medida em que eliminaram as instituições coordenadoras centrais (os ministérios) num momento em que o clima de descontração política propiciava um ressurgimento do pensamento econômico e se ampliavam as discussões em torno de novos critérios de gestão econômica, do sistema de preços e das relações monetário-mercantis na economia socialista. Em suma, num momento em que se discutia, com alguma amplitude, o papel dos instrumentos econômicos em contraposição ao voluntarismo no planejamento e na gestão da economia. A se levar em conta estas considerações, ter-se-ia efetuado uma descentralização político-administrativa extemporânea, com isso prejudicando o pretendido fortalecimento do centro político em torno de Khruschov.

Este foi apeado do poder em 1964 e, no ano seguinte, foi anunciado um novo pacote de reformas (a reforma Kossigin), que contemplou um retorno completo ao sistema ministerial e uma mudança no sistema de incentivos

---

41. Alec Nove, *op. cit.*, p. 351.

anteriormente vigentes. As discussões econômicas não pouparam críticas a este sistema e tiveram como referência um artigo assinado pelo economista Evsei Liberman, publicado no *Pravda*, jornal do PCUS, no qual era advogada uma redução drástica dos indicadores de avaliação do desempenho das empresas e sua substituição por somente três: a composição da produção, as vendas e o lucro. A modificação do sistema nessa direção permitiria atender melhor às exigências de melhoria da qualidade (negligenciada no sistema anteriormente vigente) e de redução dos custos de produção, desde que se tivesse um sistema de preços adequado. Entre as várias posições contrárias e a favor da proposta, surgiram proposições relativas a um planejamento ótimo, apoiado em modelos matemáticos e argumentos de que a concessão de maior autonomia às empresas, implícita na proposta Liberman, redundaria num enfraquecimento do controle do PCUS sobre o sistema e, com isso, num risco de enfraquecimento do próprio sistema.

Depois de testar a proposição em algumas empresas-piloto, às quais foram concedidas condições especiais de aprovisionamento de materiais, e em alguns setores industriais produtores de bens de consumo, o pacote de reformas foi finalmente proposto na reunião plenária do Comitê Central do PCUS, em setembro de 1965. Este pacote consistiu: *i.* Numa reforma administrativa, que compreendia um retorno ao sistema ministerial e a criação das comissões necessárias ao funcionamento do sistema centralizado; *ii.* No estabelecimento da autonomia das empresas, através de relações diretas entre as empresas produtoras e compradoras, com a criação de um mercado atacadista de materiais; *iii.* Na mudança do sistema de incentivos e sanções, pela redução das metas obrigatórias a serem cumpridas pelas empresas (de 35 a 40 para somente oito) e a vinculação dos bônus de prêmios ao cumprimento destas metas. Estes bônus seriam pagos dos lucros obtidos pelas empresas, através de fundos de estímulo criados especificamente com este fim: o fundo de estímulos materiais, o fundo de medidas socioculturais e de habitação e o fundo de contabilidade do desenvolvimento da produção, destinado a premiar a redução de custos; *iv.* No estabelecimento de uma taxa de amortização dos fundos fixos; *v.* Numa reforma do sistema de preços, que teve por objetivos uma revisão dos preços vigentes e uma centralização de sua fixação. O primeiro desses objetivos visou restabelecer a rentabilidade das empresas, ao mesmo tempo introduzindo a taxa de amortização e estabelecendo um sistema de preços baseado em plena cobertura dos custos. Para alcançar o segundo objetivo, foi criada a Goskomtsen – Comissão Central de Preços.

A lógica da reforma consistiu, conforme se observa dos seus componentes, em descentralizar as decisões, mas sobre indicadores e preços fixados centralmente. O que, sem se assegurar a necessária flexibilização do sistema de preços, contradittaria a proposição de tornar autônomas as empresas. A flexibilização dos preços constituía, entretanto, tarefa realmente difícil, pois, como se podia constatar, a sua última revisão levou cerca de dois anos (começou em 1966 com a reforma dos preços dos produtos da indústria leve e de alimentação, para ser concluída somente em julho de 1967, com a introdução dos preços centralizados para a indústria pesada). Neste sentido, cabe ressaltar ainda a resistência expressa pelos ministérios, seja por razões políticas (manutenção do seu poder), seja pelas complexidades e inércia do próprio sistema, em implementar o estabelecimento de relações diretas entre compradores e vendedores no âmbito empresarial[42]. Com isso, manteve-se o sistema centralizado de aprovisionamento e, consequentemente, o controle dos ministérios sobre as empresas. Controle, de certa forma inevitável, uma vez que as reformas descentralizadoras não retiraram dos ministérios a responsabilidade maior pelo cumprimento das metas planejadas no âmbito das empresas. A cultura do controle, herdada de Stalin, segundo a qual era necessária supervisão direta das empresas para que elas executassem o que delas se esperava, explica, segundo Hewett[43], a multiplicação de indicadores que foram sendo adicionalmente introduzidos aos oito inicialmente fixados, à medida que foram surgindo dificuldades no aprovisionamento dos recursos.

De todo modo, por introdução de novos indicadores ou por resistências à concessão de real autonomia às empresas por parte dos ministérios, em 1970 só restou, como poderes gerenciais conferidos às empresas pelas reformas, a recentralização administrativa. Não se deve, porém, subestimar o impacto político provocado sobre o poder central pela introdução de reformas semelhantes na Tchecoslováquia. Pelo seu efeito-demonstração, elas permitiram mostrar a relação necessária entre a descentralização econômica e a democracia política e, provocando a invasão soviética desse país e o esmagamento da chamada

---

42. De acordo com G. Schroeder (1970), citada por E. A. Hewett e V. H. Winston, em 1969, as 460 pequenas lojas atacadistas operadas pela Gossnab comercializavam somente 1% do comércio por atacado de bens de produção [G. Schroeder, "The Complexities of Transition", Round Table on the 19. Conference of the CPSU, Brookings Institution, Aug. 1988, *apud* E. A. Hewett e V. H. Winston (eds.), *Milestones in Glasnost and Perestroika: The Economy*, Washington D.C., Brookings Institution, 1991, p. 237].
43. E. A. Hewett, *op. cit.*, p. 243.

Primavera de Praga, em 1968, reforçaram os argumentos contrários à descentralização econômica[44].

Às duas reformas descritas, seguiram-se as de 1973 e 1979.

As reformas de 1973 podem ser descritas por dois passos concomitantes, previstos nos decretos que as introduziram: a criação de associações de empresas (*proizvodstvenye ob'iedinenia*) num movimento de fusão das empresas industriais; e a criação de associações industriais ao nível da União (*vsesoiuznye promyshlenye ob'iedinenia*), destinadas a substituir as divisões ministeriais (*glavki*) encarregadas de controlar as atividades das empresas. Com a diferença de que seriam mais independentes dos ministérios e deveriam autofinanciar-se, mediante cobrança de uma taxa sobre os lucros das associações de empresas a elas subordinadas. Através das associações industriais, ter-se-ia um nível de autoridade intermediário de vinculação com as associações de empresas. Com ele se poderia, por um lado, geri-las mais eficazmente [eliminando barreiras geográficas eventualmente existentes entre as empresas de um mesmo setor e criando associações de produção científica (*nautchno-proizvodstvenye ob'iedinenia*), que disporiam de institutos próprios de pesquisa ao lado das empresas produtoras, capazes de testar e produzir novas tecnologias]. Por outro lado, ele liberaria os ministérios das tarefas cotidianas de supervisão da atividade empresarial.

O resultado das reformas foi pobre: no começo de 1980 havia aproximadamente 4 200 associações de produção e científicas de produção, responsáveis por metade da produção industrial[45]. Mais significativo, porém, é o fato de que a maioria das fusões funcionou mais *pro forma*, uma vez que se manteve o mesmo domínio dos ministérios anteriormente existente sobre as empresas. Isto se deveu à não eliminação da responsabilidade ministerial pela implementação dos planos, não os estimulando a delegar autoridade às associações industriais[46].

As reformas de 1979 tiveram como objetivo principal induzir as empresas a utilizar de maneira mais eficiente sua capacidade produtiva. Para isso, as medidas nelas previstas contemplaram basicamente dois elementos: *i.* Aper-

---

44. Ver G. Popov, "Perestroika Upravlenia Ekonomikoi" ["Perestroika da Gestão da Economia"], em Y. N. Afanassiev (ed.), *Inovo ne Dano. Perestroika: Glasnost, Democratia, Socialism* [*Não Pode Ser Diferente: Transparência, Democracia, Socialismo*], Moskva, Progress, 1988.
45. E. A. Hewett, *op. cit.*, p. 247.
46. *Idem*, p. 248.

feiçoamento do planejamento em duas direções: *a*. A adoção pelas empresas de metas elaboradas para o médio e longo prazos, respectivamente cinco e dez anos, oferecendo-lhes a possibilidade de planejamento para um período mais longo. Isso proporcionaria maior estabilidade ao sistema como um todo; e *b*. O aumento da utilização de normas de insumo-produto no processo de planejamento, tendo em vista a utilização mais eficiente dos insumos físicos e a melhoria da qualidade da produção; *ii*. Utilização de novo indicador (produção líquida normativa)[47] para cálculo dos indicadores de avaliação de desempenho da empresa: produtividade do trabalho e proporção de produtos de elevada qualidade na produção total da empresa, ambos calculados previamente com base na sua produção bruta.

Não obstante as discussões realizadas em torno da nova reforma, não houve esforço maior para implementá-las. Mas a sua configuração já parece refletir a percepção do esgotamento do crescimento extensivo que marcou a economia soviética, e da necessidade de racionalizar a utilização dos recursos materiais e mão de obra disponíveis para futura expansão.

A história das reformas, como se pode ver pela descrição sumária delas feita, revela o esforço da liderança soviética para sustentar o modo de funcionamento do sistema, sem perda de seu controle sobre ele. Daí decorre o caráter de "contínuo aperfeiçoamento" por ela atribuído ao movimento das reformas e a não implementação recorrente das que tinham caráter nitidamente descentralizador.

Há que qualificar um pouco mais esta análise, entretanto, introduzindo o elemento político e suas específicas relações com a economia. Esta especificidade está no fato de que a legitimidade do poder político se assentava no sucesso econômico, do qual dependia, ideologicamente, a construção do socialismo. Tratava-se, pois, de garantir esse sucesso econômico, mantendo o controle partidário sobre o modo de funcionamento do sistema. Não por acaso constava da constituição soviética o papel de liderança do PCUS na condução do país; não por acaso, também, esse seu papel estava absolutamente

---

47. O indicador de produção líquida normativa – *normativnaia chistaia produktsia* – mede o valor adicionado gerado pela empresa, utilizando-se, para obtê-lo, os volumes dos seus diferentes produtos, multiplicados pelo valor adicionado médio setorial obtido na produção de cada um desses produtos. Estes valores médios foram calculados em 1981 pela Goskomtsen e distribuídos às empresas juntamente com as novas listas de preços a vigorarem a partir de 1982 (conforme E. A. Hewett, *op. cit.*, pp. 252-253).

desgastado já bem antes dos acontecimentos políticos que sacudiram o país, durante a implementação da *perestroika*.

Com esta perspectiva analítica, não é surpreendente a resistência à descentralização econômica, entendida como ameaça à manutenção do poder político. Embora seja difícil, face à deterioração do sistema, identificar com clareza em que medida a liderança foi movida exclusivamente por razões político-ideológicas. Por outro lado, há também que se considerar o comportamento da burocracia, que se foi constituindo e expandindo desde os primórdios da implantação do sistema. E que acabou por adquirir existência como estrato social quase autônomo em relação ao próprio PCUS (em nome do qual justificava a sua atuação), resistindo a quaisquer mudanças que ameaçassem sua posição. Com mais razão, na fase avançada do sistema, quando do envolvimento da burocracia com a economia subterrânea, nas redes que constituem atualmente os novos grandes empreendimentos privados.

A situação da economia soviética no começo dos anos 1980 era a pior possível, como se verá adiante. A consciência de que medidas diferentes precisavam ser tomadas e o estímulo propiciado pelo convite à discussão feito por Andropov, conduziram ao surgimento de proposições mais audaciosas, no sentido da mudança do próprio sistema. Esta discussão aprofundou-se com Gorbatchov, conduzindo finalmente à *perestroika*. Por se tratar mais do que uma reforma econômica, de uma tentativa de reconstrução global do sistema, que culminou no fim da URSS, ela é tratada especificamente mais adiante.

Capítulo 4
Perestroika e *Glasnost:* Tentativa Derradeira de Construção do Socialismo de Face Humana

A Situação da Economia Soviética no Período Pré-Perestroika

O desempenho da economia soviética nos últimos planos quinquenais anteriores à ascensão de Gorbatchov à secretaria-geral do PCUS e à direção do Estado soviético foi muito diferente do desempenho do sistema desde a implantação destes planos, com o primeiro deles vigorando entre 1927-1928 e 1932.

Com efeito, o extraordinário crescimento da renda nacional[1] e do produto industrial, nos dois planos quinquenais (1927-1928 a 1932 e 1933 a 1937) levou a uma mudança da estrutura econômica do país, em particular do seu setor industrial[2]. A renda nacional apresentou um crescimento de 90,8% e

---

1. A contabilidade nacional soviética adotava metodologia diferente da metodologia ocidental, utilizando como base os dados da produção material, excluindo os serviços. O indicador da Renda Nacional Produzida expressa o valor adicionado na produção de bens materiais. Renda Nacional Utilizada mede o valor, em preços domésticos, dos bens e serviços relacionados com a produção material adquiridos pela população. Os dados apresentados referem-se à Renda Nacional Utilizada.
2. Há na literatura acadêmica relacionada com a URSS uma grande restrição aos dados estatísticos divulgados pelas autoridades, ou seja, aos dados estatísticos oficiais. A questão estaria relacionada basicamente: *i.* Às informações recebidas das empresas, distorcidas por servirem de medida de avaliação do desempenho delas e, consequentemente, do recebimento dos bônus por seu desempenho positivo em relação às metas; *ii.* Aos preços utilizados para o cálculo dos diferentes dados e índices, os quais estariam nitidamente inflacionados, portanto superestimados. Partindo do pressuposto de que os dados sobre o crescimento econômico eram utilizados como propaganda do regime, foi feito um esforço, no Oci-

93%, respectivamente, em cada um dos planos considerados. O crescimento do Produto Industrial foi maior, especialmente na produção de bens de produção, com o que a participação do Produto Industrial Bruto na Renda Nacional[3], que foi de 58,3% nos anos 1927-1928, passou a 72,3%, em 1932, e a 82,6%, em 1937. A participação da agricultura nos períodos considerados caiu de 41,7% para 27,7% e 17,4%. Mas a modificação relevante foi a que se deu na distribuição do produto industrial em bens de produção e bens de consumo, que se inverteu no período compreendido pelo primeiro plano quinquenal: em 1927-1928 a proporção entre produção industrial de bens de produção e bens de consumo era de 32,8% e 67,2%, respectivamente. Esta proporção passou a ser de 53,4% e 46,6%, em 1932, e de 57,8% e 42,2%, em 1937, respectivamente. A relevância desta mudança estrutural se deve, por um lado, à industrialização forçada que marcou o primeiro plano quinquenal, justificada pelo perigo que anteviam as autoridades soviéticas, sob comando de Stalin, de que o país fosse invadido por tropas estrangeiras e não dispusesse de condições de se defender, dada a diminuta dimensão do seu setor industrial, particularmente no setor de bens de produção. A contrapartida, além do extremo esforço físico dos trabalhadores e do terror estabelecido para a implantação do ritmo de produção contemplado nas metas a serem cumpridas, foi a contração do consumo, forçado pela redução da oferta de bens e de alimentos.

dente, nos anos 1960, para sua reelaboração, utilizando para isso conceitos e metodologia desenvolvidos pelo professor Abram Bergson, da Universidade de Harvard, posteriormente adotados e divulgados pela CIA – Central Intelligence Agency. Na URSS também foram feitas, nos anos 1980, já na perspectiva das reformas introduzidas pela *perestroika*, tentativas de contornar a superestimação dos dados estatísticos decorrentes do viés dos preços introduzido pelo método de coleta das informações das empresas (ver V. Seliunin & G. Khanin, "Lukavaia Tsifra" ["Dados Artificiosos"], Moskva, *Novy Mir*, n. 2, 1987; e G. Khanin, "Analis Tendentsii Ekonomicheskovo Razvitia USSR. 1928-1985" ["Análise das Tendências do Desenvolvimento Econômico da URSS. 1928-1985"], *Ekonomicheskaia Sotsiologia i Perestroika* [*Sociologia Econômica e Perestroika*], 1989). Há que se referir, também, ao apêndice constante de trabalho conjunto do IMF – International Monetary Fund, do Banco Mundial e do BERD, Banco Europeu de Reconstrução e Desenvolvimento (1991), no qual é feita uma avaliação crítica do sistema de estatísticas da URSS. Neste texto vão ser utilizadas as estatísticas levantadas por Alec Nove, tanto em fontes oficiais quanto em trabalhos de economistas soviéticos (Alec Nove, *op. cit.*). Ainda que se apresentem alguns problemas de consistência na comparação dos dados de diversas tabelas, e que estes dados estejam superestimados, elas permitem observar as tendências e o desempenho das principais variáveis macroeconômicas nos planos quinquenais ao longo de sua evolução. Para avaliar a superestimação dos dados, ver G. Khanin (referido acima) e tabela 2.3, em E. A. Hewett, na qual se comparam os dados de fonte soviética e da CIA (E. A. Hewett, *op. cit.*, p. 52).

3. Dadas as inconsistências nos dados relativos à Renda Nacional, publicados pela fonte utilizada, o dado a ela referido é a soma da produção bruta da indústria e da produção bruta da agricultura.

E, por outro lado, pela inauguração de um modelo de desenvolvimento que privilegiou, ao longo de todos os quinquênios, o crescimento da produção de bens de produção, em detrimento do da produção de bens de consumo, com exceção do breve período após a morte de Stalin, em que o triunvirato Malenkov-Khruschov-Beria dirigiu o país.

O terceiro plano quinquenal, que deveria viger entre 1938 e 1942, foi interrompido antes mesmo da invasão alemã, que ocorreu em 22 de junho de 1941. Este plano tinha sido aprovado pelo XVIII Congresso do PCUS e tinha como uma das metas a elevação de 92% da produção industrial. Mas foi modificado, tendo em vista os preparativos para enfrentar a guerra. E os seus resultados foram, com isso, afetados, por conta do rápido redirecionamento do plano à produção de armamentos. Este redirecionamento da produção desorganizou o sistema de planejamento como um todo, por causa da insuficiência de minério de ferro e carvão para a indústria de aço e da falta de mão de obra especializada. Esta foi provocada em alguns setores pela onda de prisões e expurgos realizados nos anos 1937-1938, que atingiu quadros técnicos e de gerência[4]. Nos anos da guerra, porém, as causas do declínio da produção deveram-se à ocupação do seu território: em novembro de 1941, a URSS tinha perdido vastos territórios, nos quais eram realizados 63% de toda a produção de carvão, 68% da produção de ferro fundido, 50% da produção de aço, 60% da produção de alumínio, 84% da produção de açúcar, 38% da produção de grãos, 60% da criação de porcos e nos quais se localizavam 41% de linhas férreas. Entre julho e novembro de 1941, foram evacuadas das áreas ameaçadas pelos invasores mais de 1 523 empresas industriais, entre as quais 1 306 de grande escala, além de mais de dez milhões de pessoas. Em 1942, os alemães ocuparam as áreas com as melhores terras para a produção de grãos[5]. Com isso tudo, caiu drasticamente, entre 1940 e 1942, a produção dos principais itens industriais como ferro fundido (passou de 14,9 para 4,8 milhões de toneladas), aço (passou de 18,3 para 8,1 milhões de toneladas) e carvão (passou de 165,9 para 75,5 milhões de toneladas), além do petróleo (passou de 31,1 para 22 milhões de toneladas). Isso não obstante, a indústria de armamento conseguiu, só em 1942, produzir, 24 688 tanques, 25 436 aviões; o total produzido durante o período compreendido pela guerra foi de 136 800 aviões, 102 500 tanques e armas de autopropul-

---

4. Alec Nove, *op. cit.*, pp. 247-248.
5. *Idem*, pp. 262-264.

são, limitando bastante o volume de armas obtido dos EUA e da Grã-Bretanha durante o conflito[6].

Não menos impressionante foi a recuperação econômica nos anos do imediato pós-guerra: entre 1945 e 1950, período do quarto plano quinquenal, o Produto Bruto Industrial cresceu 88,04%, a produção de bens de produção, 83,04% e a indústria de bens de consumo, mais de duas vezes. Também cresceu, neste período, o produto bruto da agricultura, ainda que em ritmo menor, 65%[7].

Os indicadores do quinto plano quinquenal foram os últimos elaborados e adotados com Stalin ainda vivo. Seus resultados foram igualmente positivos, com crescimento, no quinquênio, de 85% do Produto Bruto Industrial, 91% da produção de bens de produção e 76% da produção de bens de consumo[8]. Observe-se, porém, que as suas taxas de crescimento são inferiores às obtidas no quinquênio anterior, com exceção da produção industrial de bens de produção. E esta tendência, da queda das taxas de crescimento, prossegue ao longo dos anos até Gorbatchov, inclusive nas metas programadas nos vários planos quinquenais que se seguiram, o que pode ser visto na tabela 7. De acordo com os dados apresentados, observa-se uma tendência de queda não somente nos indicadores dos resultados econômicos alcançados em cada plano, como também nas metas a eles relativas em cada um deles. Isto não obstante, nenhuma das metas programadas foi cumprida – exceção da relativa à da Produção Industrial no sétimo plano quinquenal e da Renda Nacional no oitavo plano, apresentando-se todas as taxas de crescimento dos indicadores com resultados inferiores às taxas previstas nas metas.

Esse quadro não podia passar despercebido às autoridades, que buscaram soluções na proposição de reformas conforme foram descritas anteriormente. Os dados mostram, porém, que elas não foram bem-sucedidas, conduzindo a economia, em meados dos anos 1980, a uma situação praticamente insustentável, com acentuação da queda do padrão de vida da população. Esta se expressava não somente na redução da sua renda real *per capita*, como também

---

6. *Idem*, pp. 264-267.
7. O dado relativo ao crescimento da Renda Nacional indicado na tabela fornecida por Alec Nove não é consistente com os dados de crescimento da Produção Industrial e da Produção Agrícola, razão pela qual não é indicado. Estimativa feita com base no crescimento destes dois setores é da ordem de 84% (Alec Nove, *op. cit.*, p. 284).
8. Alec Nove, *op. cit.*, p. 333.

na provação que para ela a inflação representava (através da insuficiência generalizada de bens de consumo), nas longas filas a que tinha que se submeter para obtê-los[9] e pelo aprofundamento da falta dos bens, causado pela estocagem, com a qual a população buscava se proteger da sua falta.

TABELA 7. URSS. INDICADORES MACROECONÔMICOS NOS PLANOS QUINQUENAIS TAXA MÉDIA DE CRESCIMENTO ANUAL (%)

Planos Quinquenais	Renda Nacional		Produção Industrial		Produção Agrícola	
	Metas	Realizado	Metas	Realizado	Metas	Realizado
7º (1961-65)	7,3	6,0	8,6	8,8	7,9	2,4
8º (1966-70)	6,9	7,1	8,2	8,3	4,6	4,3
9º (1971-75)	6,7	5,1	8,0	7,4	4,0	0,6
10º (1976-80)	4,7	3,9	6,3	4,5	3,0	1,5
11º (1981-85)	3,4	2,7	4,7	3,7	2,5	2,1

Fonte dos dados: E. A. Hewett, *op. cit.*, p. 52, tabela 2.3.

Agravada a falta de recursos, com o decorrer do tempo as empresas e os consumidores tentaram ajustar-se aos desequilíbrios estruturais: economia subterrânea (*tolkatch*) e segunda economia, respectivamente. No primeiro caso, ela refere-se às manobras realizadas no setor produtivo e comercial, entre diretores de empresas, para enfrentar a escassez de insumos. No segundo caso, refere-se aos expedientes utilizados no setor comercial e de prestação de serviços, quando os indivíduos, utilizando tempo e materiais das empresas em que estavam empregados, produziam bens escassos para venda a preços "de mercado". Estas economias constituíram as bases da máfia, da privatização da *nomenklatura* e da pequena iniciativa privada, quando o sistema se decompôs.

Era preciso, portanto, buscar, de maneira mais aprofundada, as causas da queda do ritmo de crescimento da economia e do desequilíbrio entre a demanda por bens e a sua oferta, como sua consequência mais evidente.

Foram aventados, durante as discussões, alguns fatores de ordem objetiva impactantes sobre a economia, especialmente a dependência econômica do

---

9. É como se apresenta a inflação em uma economia de preços fixos.

petróleo, principal produto de exportação da URSS, e, consequentemente, do comportamento dos seus preços no mercado internacional. A redução dos ingressos de sua exportação, associada ao aumento dos seus custos de exploração (decorrente da transferência gradativa de seu centro produtivo para a Sibéria), impactou fortemente o orçamento do Estado e as possibilidades de importação de bens e equipamentos produtivos. Afetou, consequentemente, as possibilidades de renovação tecnológica do processo produtivo, fundamental para fazer frente ao esgotamento do crescimento extensivo que caracterizou a economia soviética.

E foram criticados erros na condução da política econômica, como a campanha contra as bebidas alcoólicas, parte de campanha mais ampla para reduzir acidentes e incrementar a disciplina no trabalho, iniciada ainda por Andropov e continuada por Gorbatchov. O erro da campanha contra o álcool resultou na redução das receitas orçamentárias do Estado, devida à redução substancial da arrecadação do imposto sobre o seu consumo. Esta redução levou à formação dos déficits orçamentários, já pressionados pelo aumento das despesas militares com a guerra do Afeganistão. E implicou ainda a pressão da demanda por açúcar no mercado, já que grande parte dos consumidores passou a fabricar a vodka em casa.

Mas a questão central que se configurou nos debates foi a da redução do crescimento da produtividade, observado a partir dos anos 1970 ([-] 1,7% entre 1970-1975, [-] 2% entre 1975-1980 e [-] 1,5% entre 1980-1985)[10], resultante do atraso tecnológico do sistema produtivo. Era preciso, pois, aprofundar a análise, envolvendo os mecanismos de funcionamento da economia, para identificar as causas da sua incapacidade de promover a introdução das inovações tecnológicas necessárias.

Já nos primeiros anos da década de 1980, foram realizadas amplas discussões nesta direção, entre pesquisadores dos diversos Institutos da Academia de Ciências da URSS, especialmente dos que já se dedicavam anteriormente ao estudo do funcionamento do sistema econômico socialista na URSS e nos demais países do Leste europeu, e dos da seção da Academia de Ciências localizada em Academgorodok, em Novosibirsk. Esta dedicava-se principalmente ao estudo do funcionamento das empresas e do mecanismo econômico que o

---

10. P. Hanson, *The Rise and Fall of the Soviet Economy*, Great Britain, Pearson Education, 2003, p. 249, tabela 9.5.

condicionava e nela atuavam a socióloga Tatiana Zaslavskaia e o economista Abel Aganbegian, que foram importantes assessores de Gorbatchov, no processo da *perestroika*.

Nestas discussões, foram se formando consensos sobre a necessidade de uma mudança no modo de funcionamento do sistema. O planejamento diretivo centralizado, apropriado para uma economia em processo de industrialização, basicamente camponesa, tornara-se um freio para o desenvolvimento em uma economia industrial madura, mais complexa, tanto do ponto de vista do recolhimento de informações para a elaboração dos planos, quanto do ponto de vista do acompanhamento de implementação de suas metas.

A formulação das metas, estabelecidas centralmente e com base em prioridades também estabelecidas centralmente, quando de sua operacionalização no nível das empresas, era resultado do complexo processo de negociações entre as autoridades superiores e as empresas, conforme foi descrito anteriormente. E expressava o impulso à expansão (*expansion drive*), com o qual Kornai[11] identificou a fome por investimentos nos países retardatários em geral e nos países socialistas em particular. A especificidade assumida por este impulso nos países socialistas, segundo ele[12], consistiu em que os investimentos eram caracterizados por um orçamento sem restrições (*soft budget constraint*), ao contrário dos orçamentos das empresas nos países capitalistas, nas quais o orçamento para o investimento é condicionado ao risco do empreendimento (*hard budget constraint*).

A fome por investimentos e o orçamento sem restrições, na medida em que eram financiados centralmente, levavam as empresas à demanda por recursos para novos investimentos; o que resultava num acúmulo de projetos de construção, insustentável frente à escassez de recursos do sistema. Por outro lado, na medida em que o investimento priorizava a construção em detrimento do equipamento, o resultado foi um aumento de construções inacabadas, com imobilização crescente dos já escassos recursos. E, também, o envelhecimento do equipamento disponível e suas consequências no âmbito da inovação tecnológica, na queda da produtividade da produção, portanto. A par dos investimentos fixos, as empresas demandavam um volume de insumos supe-

---

11. J. Kornai, *Socialisme et Economie de la Pénurie*, Paris, Economica, 1984, cap. 9, seção 9.1.
12. J. Kornai, "Resource-Constrained Versus Demand-Constrained Systems", *Econometrica*, New York, July 1, 1979; e Kornai, *Socialisme et Economie de la Pénurie*, cap. 8, seção 8.4.

rior às suas necessidades, como forma de se proteger contra sua falta eventual, que as levaria ao não cumprimento das metas e as sujeitaria às correspondentes sanções no sistema de incentivos.

Este processo caracterizou o crescimento extensivo, isto é, o crescimento alimentado pelo incremento de recursos humanos, de insumos e de capital. O seu prosseguimento, ao longo dos anos, levou necessariamente à redução da sua disponibilidade e ao seu esgotamento.

As Medidas Contempladas na Perestroika. Medidas de Natureza Política

No informe apresentado ao XXVII Congresso do PCUS, em junho de 1986, Gorbatchov fez um balanço crítico da redução do ritmo de crescimento do país, a partir da década de 1970. O seu diagnóstico foi o de que esta redução tinha como causa o fato de que "a economia continuava, por inércia, a desenvolver-se em grau considerável numa base extensiva" e de que "tinham se reduzido seriamente o ritmo de incremento da produtividade do trabalho e alguns outros indicadores de eficiência". Diante disso, era preciso acelerar o crescimento da economia, utilizando o progresso técnico-científico e promover uma transformação radical das forças produtivas da sociedade[13].

Inicialmente, Gorbatchov estava convencido de que era preciso aumentar a participação do investimento na renda nacional e direcioná-lo para o desenvolvimento da inovação tecnológica, não obstante a preocupação com a piora do nível de consumo da população. Foi anunciada prioridade para a ciência: os investimentos nela deveriam crescer 11,2% ao ano e os seus gastos correntes deveriam crescer 5,9% ao ano, entre 1986 e 1990[14]. Ao mesmo tempo, os investimentos deveriam ser reorientados, de maneira a neles reduzir a participação das construções e incrementar a dos equipamentos. Parte destes, dado o nível da produção interna, deveria provir do exterior. Isto se tornou problemático, face à queda dos preços internacionais do petróleo em 1986, limitando severamente a implementação das metas programadas no 12º plano quinquenal.

Ao mesmo tempo, Gorbatchov entendeu que seria necessário aumentar a eficiência do sistema de planejamento. Nesta direção, passou a agregar ministérios em superministérios, para administrar os setores mais importantes da

---

13. M. Gorbatchov, *Informe Político ao Comitê Central do PCUS ao XXVII Congresso do Partido*, Moscou, Agência Novosti, 1986, p. 32.
14. P. Hanson, *op. cit.*, p. 183.

economia, eliminar burocracias intermediárias e concentrar em planejamento estratégico. Foram criados um superministério para máquinas e equipamentos, em outubro de 1985; o Gosagroprom, responsável pela produção agroindustrial, em novembro seguinte e um *superbureau* para petróleo e energia, em março de 1986[15].

A fim de incrementar a qualidade dos bens produzidos no país, objeto de continuada crítica, criou também um Comitê Estatal para Controle de Qualidade, independente dos ministérios, o qual procedeu à inspeção da qualidade dos bens produzidos a partir de 1985; em outubro de 1986, esta inspeção alcançou empresas produzindo de 20 a 30% de toda a produção soviética e, em janeiro de 1987, praticamente todas as grandes empresas industriais soviéticas[16].

Estas medidas iniciais de reforma não alcançaram os objetivos desejados. Segundo Goldman[17], Gorbatchov, em uma reunião do CC do PCUS, reconheceu que o desafio era maior do que ele imaginava, que não havia se dado conta da profundidade da crise vigente no país. Os problemas que tinham se acumulado na sociedade estavam mais profundamente arraigados do que ele inicialmente pensava. Quanto mais se avançava na reorganização econômica, mais e mais surgiam problemas não resolvidos, herdados do passado.

Apareceu, então, a necessidade de uma reforma radical no sentido da aceleração do crescimento econômico em novas bases. Explicitando em que consistiria esta aceleração, no mesmo informe apresentado ao XXVII Congresso do PCUS, Gorbatchov afirma que "ela não se reduz às transformações no terreno econômico", pressupondo "o aperfeiçoamento das relações sociais, a renovação das formas e métodos de trabalho das instituições políticas e ideológicas, o aprofundamento da democracia socialista, a superação decidida da inércia, da estagnação e do conservadorismo – de tudo o que trava o progresso social"[18].

Na sua perspectiva, portanto, aprovada formalmente no referido Congresso, tratava-se de uma reestruturação global do sistema, envolvendo a economia, a política e as próprias relações internacionais do país, às quais dedicou toda a introdução do seu informe ao congresso[19]. A concepção integrada desta reestruturação global foi ainda expressada no livro com o qual Gorbatchov a

---

15. M. I. Goldman, *What Went Wrong with Perestroika*, USA, W.W. Norton & Cy, 1992, p. 89.
16. *Idem*, p. 90.
17. *Idem*, p. 95.
18. M. Gorbatchov, *op. cit.*, p. 30.
19. *Idem*, parte 1: "Mundo Contemporâneo: Tendências e Contradições Fundamentais".

levou ao conhecimento do mundo[20], e no qual salienta, "para evitar rumores e especulações abundantes no Ocidente", que todas as reformas estavam sendo conduzidas com base na opção socialista.

Esta concepção formou-se gradativamente e, como afirmou o próprio Gorbatchov no livro referido, "dificilmente poderíamos dar uma resposta exata e minuciosa [à pergunta sobre o que desejamos da *perestroika*]", apesar da clareza em relação ao objetivo final de renovação do sistema, de revelação da sua dimensão humanista.

Zaslavskaia[21], em artigo sobre a *perestroika*, diz que ela evoluiu segundo quatro etapas: *i*. A da aceleração do desenvolvimento socioeconômico. *ii*. A da transformação dos mecanismos internos de gestão da economia; a tarefa mais importante nesta etapa foi a ativação do fator humano, mediante a superação da alienação dos trabalhadores em relação aos meios e resultados do trabalho. *iii*. A da conscientização da unidade entre os mecanismos de gestão da economia e a estrutura social, que consistiu em reestruturar as relações sociais, realizando uma reforma destinada a alterar traços qualitativos e de fundo da sociedade; para isso, foi preciso reformular os objetivos da *perestroika*, colocando em primeiro plano as tarefas de depuração, renovação e fortalecimento do socialismo. *iv*. A do enfrentamento das resistências de algumas forças sociais às mudanças, da compreensão de que a realização da *perestroika* dependia, antes de mais nada, da esfera política; mais concretamente, da esfera da direção partidária. Sem a democratização radical do poder político seria impossível resolver os problemas essenciais. Referindo-se à percepção de Gorbatchov, da *perestroika* como uma revolução social, Zaslavskaia a entendeu como uma mudança brusca de rumo e a inauguração de uma etapa essencialmente nova de desenvolvimento da sociedade. No caso da URSS, ela consistiria no abandono da via monopolista, estatal e totalitária e no retorno revolucionário à via da edificação do socialismo[22].

Assim, em sua evolução, a *perestroika* envolveu duas medidas de natureza política e duas reformas.

---

20. M. Gorbachev, *Perestroika: Novas Ideias para o Meu País e o Mundo*, São Paulo, Best Seller, 1987.
21. T. Zaslavskaia, "Perestroika e Socialismo", em Lenina Pomeranz (ed.), *Perestroika: Desafios da Transformação Social na URSS*.
22. *Idem*.

As Medidas de Natureza Política

As medidas de natureza política foram: *a*. A ampla e irrestrita abertura democrática, expressada na *glasnost* (transparência), com a qual se pretendeu mobilizar a sociedade contra as resistências às reformas e impulsioná-la para a ativação do fator humano, como base da transformação das relações sociais. A *glasnost* levou certo tempo para alcançar amplo espaço de atuação. Mas, ao lado da reforma política que foi promovida, envolveu a questão da democracia, resistindo aos argumentos dos grupos conservadores de que ela levaria à diminuição da disciplina social e defendendo-a como forma de autocontrole social. Para desenvolvimento da *glasnost* como instrumento de crítica à corrupção e aos abusos de poder, era necessário ganhar o apoio da mídia e incentivar, através dela, a participação popular no processo da *perestroika*. Foi então eliminada a censura a publicações em todas as esferas, políticas e culturais, ao mesmo tempo em que foi estabelecida ampla liberdade de reunião e manifestação, além de amplamente restabelecida a liberdade religiosa. A *glasnost* realmente cumpriu seus objetivos: *i*. Propiciou a discussão democrática das questões econômicas e sociais, com críticas vigorosas ao passado, permitindo diferenciar a nova gestão das anteriores e indicar sua disposição de mudança. Houve, desde o início da *perestroika*, um grande esforço para desvinculá-la do autoritarismo e das repressões ocorridos no passado histórico, bem como da corrupção e da inépcia administrativa, caracterizadas como deformações dos períodos stalinista e brejneviano do socialismo; *ii*. Permitiu restabelecer a realidade dos fatos do cotidiano, desvirtuada pela retórica dos textos oficiais; *iii*. Foi uma grande incentivadora da atividade política da população, criando a mobilização necessária para a implantação da reforma política[23]. Cabe, porém, ressaltar as contradições políticas surgidas no bojo desta mobilização, especialmente com o agravamento da situação econômica. Este foi resultado da desorganização criada com a introdução da reforma da economia e com o aumento da resistência dos núcleos conservadores do PCUS às reformas políticas. Estas contradições acabaram por levar à perda de seu controle pelo centro e não só ao fim da *perestroika*, mas à própria dissolução da URSS. *b*. A drástica mudança na política externa da URSS, em relação tanto aos países parceiros do bloco socialista, quanto ao Ocidente. No primeiro caso, ela significou o

---

23. Lenina Pomeranz, *Transformações Sistêmicas e Privatização na Rússia*, p. 39.

fim da política de intervenções nesses países, para sustentação dos seus governos frente às manifestações sociais contra eles: "a segurança universal, nos tempos atuais, repousa no reconhecimento de que todas as nações têm direito à escolha de seus próprios caminhos de desenvolvimento social, na recusa a qualquer interferência nos assuntos internos das demais nações, no respeito que deve nortear as relações internacionais [...] Qualquer nação pode fazer sua opção, seja pelo capitalismo, seja pelo socialismo, no legítimo exercício de seus direitos de soberania"[24]. A mensagem estava clara e acabou por propiciar as revoluções ocorridas no Leste europeu e o desmanche do bloco socialista. No segundo caso, ela manifestou-se no posicionamento contra uma solução militar para as questões internacionais e a favor de decisões políticas e do desarmamento, como a única via para garantir a segurança das nações. E concretizou-se na proposição da URSS de integrar-se à Europa, pela criação de uma Casa Comum Europeia, bem como em propostas de desarmamento nuclear e na retirada, sem condições, das tropas do Pacto de Varsóvia[25] dos países do bloco socialista. Com esta nova postura, a URSS pretendeu mostrar suas intenções de eliminação da Guerra Fria e de sua integração na comunidade internacional e objetivou reduzir o montante de seus dispêndios de defesa, claramente impeditivos de medidas de melhoria econômica e social. E visou também não manter o país à margem da organização dos grandes blocos econômicos internacionais, vislumbrada com a unificação europeia, em 1992. Estas proposições foram recebidas inicialmente com suspeita pelo Ocidente, mas tiveram aceitação posterior, com a abertura que fez a URSS de suas instalações militares às missões e à imprensa internacionais e com o desmanche do bloco socialista. Cabe, contudo, ressalvar que esta aceitação foi relativa, mantendo-se na pauta, ainda atualmente, desconfianças nas relações da Rússia com o Ocidente, especialmente com os Estados Unidos.

As Reformas

As reformas foram realizadas no sistema econômico e no sistema político[26].

---

24. M. Gorbachev, *Pevestroika: Novas Ideias para o Meu País e o Mundo*, p. 165.
25. O Pacto de Varsóvia foi um acordo de defesa criado pela URSS e demais países do bloco socialista, nos moldes da OTAN –Tratado do Atlântico Norte, formado pelos países ocidentais e em oposição a ela.
26. Parte substantiva do que segue neste item foi extraída de Lenina Pomeranz, *Transformações Sistêmicas e Privatização na Rússia*.

A Reforma da Economia

A reforma da economia consubstanciou-se num conjunto de medidas de ordem legal, editadas gradualmente no processo de sua implementação. O princípio básico a elas subjacente foi o da descentralização do processo decisório, substituindo o planejamento diretivo por uma administração indireta da economia, na qual deveriam viger os "meios econômicos"; em outras palavras, na qual vigessem os mecanismos inerentes a um mercado regulado.

A descentralização econômica começou em março de 1986, pela autorização do exercício legal da atividade de produtores/empreendedores individuais, em artesanato, serviços e agricultura (Lei da Atividade Individual de Trabalho) e das ligações diretas das empresas importadoras e exportadoras com seus fornecedores e clientes no exterior, isto é, sem interferência da Comissão do Comércio Exterior, do Ministério de Relações Exteriores. Esta última autorização foi seguida pela lei que autorizou o funcionamento de *joint ventures* com uma participação de 49% de capital estrangeiro, em janeiro de 1987, e por outras duas leis, consideradas as mais importantes da reforma: sobre a empresa estatal, em junho de 1987, para vigorar a partir de janeiro de 1988; e sobre a cooperação, em maio de 1988.

No que concerne ao funcionamento das *joint ventures*, a despeito das dificuldades enfrentadas com o entorno econômico (obtenção de insumos, inclusive por importação, garantias legais de proteção contra eventuais manobras do sócio russo, repatriação de lucros, entre outras), foram criadas e registradas 2905 até o final de 1990, em geral muito pequenas[27].

A lei sobre a empresa estatal estabeleceu três princípios para o norteamento das atividades das empresas estatais: o cálculo econômico (*khozrastchot*), o autofinanciamento (*samoocupaemost*) e a autogestão (*samoupravlenia*). Com o cálculo econômico como base e o autofinanciamento, a empresa deveria ser capaz de cobrir os seus dispêndios materiais e financeiros e obter um lucro, parte do qual ficaria à disposição da empresa e do seu coletivo de trabalhadores, para distribuição em fundos específicos, ditados pela lei. O princípio da autogestão pressupôs: *i.* A elaboração, pela própria empresa, de seu plano de desenvolvimento (quinquenal, não mais anual), tomando como orientação os "dados de controle" (não mais obrigatórios, mas orientadores), as normas técnico-econômicas, os limites de investimento e de recursos; e as encomen-

---

27. P. Hanson, *op. cit.*, p. 201.

das estatais. Estas eram destinadas à produção de bens centralmente considerados importantes, mas em proporções declinantes sobre o volume total de produção da empresa. E eram também utilizadas em outros casos pelas empresas, como forma de se assegurar o suprimento dos insumos necessários à sua produção. Estes "dados de controle" seriam indicados centralmente através do planejamento, enquanto as encomendas das empresas demandantes deveriam ser obtidas no contato direto com elas; *ii.* A responsabilidade e a participação de todo o coletivo nas decisões e trabalho da empresa, através de mecanismos definidos no corpo da lei.

A lei sobre a cooperação estendeu a cooperativa à zona urbana, antes existente como forma de organização econômica basicamente na zona rural, dando garantias legais à sua propriedade e regulamentando sua atividade e suas relações com os órgãos da administração econômica central. As cooperativas poderiam ser formadas com um mínimo de três membros e deveriam operar à base do trabalho de seus cooperados, embora tivessem permissão para a contratação de empregados. O objetivo declarado da criação destas cooperativas foi o de dar livre curso à iniciativa individual, especialmente no setor de serviços à população, com oferta altamente deficitária; na realidade, e em função da forma como se desenvolveram posteriormente, elas constituíram um primeiro passo para a introdução da propriedade privada no país. Cabe ressaltar neste sentido, como trampolim para posterior surgimento de alguns magnatas, os poderes concedidos a membros do *Komsomol* (Organização da Juventude Comunista) de criar equipes especializadas em desenvolvimento tecnológico, para dar consultoria nesta direção às empresas e a autorização para a realização de transações externas, com liberdade de câmbio.

Além destas duas leis, foi editada uma série de outras. Uma delas foi a Lei sobre o Arrendamento. Inicialmente destinada ao setor agrícola, como forma de quebrar o chamado "gigantismo" dos *kholkozes* e *sovkhozes* e estimular a formação de unidades familiares no campo, foi estendida para a atividade urbana, como forma de estimular o interesse dos coletivos das empresas no processo de transformação da administração e propriedade das mesmas. As outras leis surgiram seja por demanda gerada pelas dificuldades manifestadas na aplicação das leis anteriores, seja por demandas políticas, especialmente em relação à definição dos direitos de propriedade. Os passos mais importantes nesta direção foram: a Lei sobre a Propriedade, aprovada em fins de 1989, instituindo múltiplas formas de propriedade, inclusive a privada; a Lei sobre as Empresas na URSS, aprovada em junho de 1990 e o Decreto sobre as Sociedades Anônimas e de Responsabilidade Limitada, de julho de 1990, regulamentando as formas da organização empresarial no país.

Todos estes instrumentos legais constituíram a base com a qual teve início a chamada privatização espontânea e a formação da nova classe de proprietários russos, como se verá adiante.

Para o funcionamento das leis referidas, foram previstas ainda a redefinição do papel do planejamento central e da Gosplan e a criação de um referencial macroeconômico, que incluiu: *i.* Uma reforma de preços, visando o restabelecimento de sua correta relatividade; *ii.* A criação de um mercado atacadista de insumos produtivos, mediante o desenvolvimento simultâneo de relações diretas entre as empresas e sua monetização; *iii.* A reestruturação do sistema monetário e fiscal; e *iv.* A criação do mercado financeiro, mediante reforma do sistema bancário. Neste último particular, em 1988 foram criados por lei cinco bancos especializados, cujas funções eram desempenhadas anteriormente pelo Banco Estatal, o qual passou a assumir as funções tradicionais de um Banco Central: o Banco da Poupança, o da Construção, o da Agricultura, o da Habitação e Infraestrutura Social e o Banco para as Relações Econômicas com o Exterior. No final de 1988, havia ainda 24 bancos registrados como cooperativas e dezessete bancos criados na forma de *joint stocks banks*, por empresas estatais ou ministérios. Entre eles, podem ser citados o *Khimbank*, fundado por empresas do Ministério da Indústria Química e o *Molodezhnyi Commercial Bank*, fundado pelo Comitê Central do *Komsomol* e empresas e organizações a ele filiadas[28].

As dificuldades para a utilização da legislação criada foram muitas. Parte delas deveu-se, sem dúvida, à inércia do mecanismo de operação das empresas, habituadas a outro sistema de gestão. E parte delas foi derivada das próprias dificuldades econômicas do país, agravadas pela queda dos preços do petróleo de 1986 e pelas duas custosas catástrofes representadas pela explosão da usina nuclear de Chernobil, em 1986, e pelo terremoto que abalou a Armênia, em 1988. Mas elas estavam também, e basicamente, vinculadas a obstáculos de natureza política, derivados da contradição de interesses dos diferentes grupos sociais, especialmente dos da *nomenklatura* estatal e partidária. Gorbatchov, em mesa-redonda realizada no Instituto de Economia da Academia de Ciências da URSS[29]

---

28. P. Hanson, *op. cit.*, pp. 205-206.
29. "Istoricheskie Sudby, Uroki e Perspektivy Radikalnoi Ekonomicheskoi Reformy" ["Destinos Históricos, Lições e Perspectivas da Reforma Econômica Radical"], *Voprosy Ekonomiki*, n. 3, 1995.

depois da realização da reunião plenária do PCUS de julho de 1987, e onde definitivamente lançou a *perestroika*, afirmou que "as forças conservadoras no aparato estatal e partidário começaram ativamente a frear as reformas".

Como consequência destes obstáculos, na redefinição do papel do planejamento foram mantidos mecanismos de controle das empresas (dados de controle, normas, limites, sistemas de distribuição dos resultados) e o aprovisionamento centralizado dos principais recursos. A reforma dos preços, discutida durante muito tempo na mídia, foi objeto de grande resistência da população, que nela via, em qualquer das alternativas discutidas[30], um movimento no sentido de sua inevitável elevação; esta, aliás, perceptível no comportamento anterior dos preços, a despeito de sua estabilidade oficial. Foi fácil perceber, também, no processo da discussão, os níveis dos subsídios concedidos através do sistema de preços, especialmente a alimentos e matérias-primas. A resistência à reforma levou as autoridades, já submetidas à lógica eleitoral resultante da reforma política, a postergá-la e a praticar elevações parciais de preços, num movimento tão ineficaz quanto impopular. A criação do mercado atacadista, por sua vez, revelou-se mais complexa, por causa da escassez de recursos e das dificuldades dela decorrentes para eliminação do sistema centralizado de aprovisionamento de insumos. Isto também contribuiu para dificultar a reforma dos preços, dada a incompatibilidade de um sistema livre de formação de preços com a distribuição administrativa de bens.

Como resultado da reforma incompleta e não implementada, o que se obteve foi um ambiente em que a desorganização e a destruição gradativa do anterior mecanismo regulador da atividade econômica não levaram à sua substituição pelo novo mecanismo antevisto na reforma. A consequência foi um agravamento da crise econômica preexistente, que se manifestou de duas formas: *i.* Na intensificação da queda do ritmo de crescimento econômico (do nível médio anual superior a 3% entre 1980 e 1985, o crescimento da Renda Nacional caiu respectivamente para 1,6% em 1987 e 2,5% em 1989, em relação

---

30. Na discussão sobre os caminhos para a reforma dos preços, dois se destacaram: *i.* O que pretendia que os mesmos fossem apoiados no valor do trabalho socialmente necessário para produzir os bens. Operacionalmente, esta postura equivaleria a formar os preços com base nos custos de produção e, na ausência de mercado, em muito pouco diferiria do *status quo*; e *ii.* O que defendia a necessidade de equiparar os preços internos aos preços internacionais. Para discussão sobre a reforma dos preços, ver I. V. Borozdin, "Reforma Radical do Sistema de Preços na URSS: Problemas e Soluções", em Lenina Pomeranz (ed.), *Perestroika: Desafios da Transformação Social na URSS*.

aos anos imediatamente precedentes, para finalmente iniciar um movimento de queda ([-] 4% em 1990, em relação a 1989 e [-] 11% em 1991, em relação a 1990)[31]; *ii*. No aguçamento do processo inflacionário, expresso pelo aumento disfarçado dos preços que acompanhou a substituição de produtos baratos por outros de duvidosa qualidade superior, pelo desabastecimento e pela estocagem doméstica e empresarial preventiva, pela intensificação das transações no mercado paralelo e pela fuga do rublo, isto é, pela busca da moeda estrangeira como instrumento de transações e/ou de reserva de valor.

Cabe acrescentar ao quadro de desorganização econômica, a guerra fiscal entre o governo central e as Repúblicas, deflagrada seja devido à redução da arrecadação derivada da crise econômica, seja devido ao processo de administração autônoma das unidades político-administrativas descentralizadas. Este processo foi iniciado com a reforma política e a introdução do princípio do autofinanciamento na gestão dos respectivos orçamentos. E com a chamada "guerra das leis", que expressava o confronto contraditório de dispositivos legais emanados do poder federal e dos poderes republicanos/locais, a serem seguidos pelas empresas.

Na busca de soluções para a crise, em meio aos conflitos políticos surgiram inúmeras propostas de "programas para sair da crise", combinadas com a troca dos assessores econômicos promovida por Gorbatchov. Abel Aganbegian, em quem se apoiou inicialmente, foi substituído por Leonid Abalkin, diretor do Instituto de Economia da Academia de Ciências da URSS, que no verão de 1989 foi nomeado por Gorbatchov suplente de primeiro-ministro do país e presidente da Comissão Estatal de Reforma Econômica. Embora sem treinamento específico em economias de mercado, mas visitando frequentemente o Ocidente e recebendo especialistas estrangeiros em Moscou, Abalkin adquiriu a convicção de que poderia utilizar o melhor dos dois mundos. E, achando que a economia soviética deveria passar por uma reorganização sistêmica ao invés de mudanças parciais, designou uma equipe de especialistas para a elaboração de um plano operacional coerente, que pudesse ser implementado em 1990 ou 1991. Este plano foi apresentado em outubro de 1989. Segundo ele, as reformas deveriam ser implementadas em quatro etapas: *i*. A primeira, que

---

31. Goskomstata SSSR [Comitê Estatal de Estatística], *Narodnoe Khoziaistvo SSSR v 1990 g* [*Economia Nacional da URSS em 1990*], Moscou, Financi i Statistiki, 1991; e *Ekonomicheskaia Gazeta* [*Gazeta Econômica*], n. 6, fev. de 1992.

deveria começar em 1990, deslancharia com o aumento dos preços de atacado, seguida pelo relaxamento dos preços de varejo de alguns bens de luxo. Os preços dos produtos básicos, como pão e roupas para crianças, continuariam a ser controlados, e os preços de produtos de uma categoria intermediária seriam negociados entre vendedores e compradores; novas formas de propriedade, como *leasings* individuais e de grupos, seriam legalizadas, enquanto um volume de ativos de empresas estatais de cerca de trezentos bilhões de rublos seria oferecido à venda. Outras medidas propostas incluíram leilões de divisas e provisões para reforma do mercado de trabalho; empresas deficitárias, incapazes de reabilitação seriam forçadas a se declararem falidas; e se previu um esforço para redução do déficit orçamentário, para o que se previu também uma reforma do sistema tributário; *ii*. A segunda etapa, a ser cumprida em 1991 e 1992, previa uma maior flexibilização dos preços do varejo, acompanhada de um sistema de indexação dos salários, para proteção dos trabalhadores. O processo de desestatização da propriedade teria prosseguimento, enquanto os *kolkhozes* e *sovkhozes* deficitários seriam divididos em áreas a serem entregues a cooperativas, famílias e indivíduos que as desejassem cultivar, até o final de 1991; *iii*. A terceira etapa, a ser executada entre 1993 e 1995, seria destinada ao esforço de incremento da competição, através de políticas antimonopolísticas. No final deste período, seria dada autorização para conversão do rublo em moedas estrangeiras; *iv*. A quarta e última etapa, com duração entre 1996 e 2000, seria dedicada ao aperfeiçoamento das reformas introduzidas anteriormente, criando equilíbrio de mercado e elevando o padrão de vida. O plano foi apresentado em uma conferência nacional de economistas soviéticos e enviado posteriormente ao primeiro ministro Rizhkov. Ele foi objeto de várias críticas, desde a de que era muito cauteloso até a de que era muito radical, sendo apresentada por Rizhkov ao Congresso de Deputados do Povo uma versão bastante desprovida do conteúdo original. Gorbatchov preferiu então que fosse elaborado um outro plano, substituindo Abalkin por Nikolai Petrakov como seu assessor econômico. Este deveria apresentar um novo plano até maio de 1990; o que não foi feito, entretanto, por que Gorbatchov preferiu adiar a sua adoção.

Diante da hiperinflação que acompanhou o literal colapso do sistema de abastecimento resultante da corrida às compras, Gorbatchov decidiu solicitar um outro estudo de reformas. Elaborado por Gregori Yavlinski, assessor de Yeltsin e vice-presidente do Conselho de Ministros da República Federativa

Russa, foi refinado por Stanislav Shatalin, com base em discussões feitas em agosto de 1990, inclusive com a participação de Gorbatchov e Yeltsin. Surgiu assim, o chamado Plano Shatalin dos quinhentos dias. Segundo Shatalin, o seu primeiro objetivo era a estabilização econômica; somente depois disto, teria lugar a reestruturação desejada. Assim, este plano previa, nos primeiros cem dias, a partir do começo de sua implementação, em outubro de 1990, uma maciça venda da propriedade estatal. As receitas desta venda serviriam para reduzir o déficit orçamentário e para reduzir o excesso de moeda que impedia uma reforma consistente de preços. Ao mesmo tempo, seria realizada uma reforma agrária, que autorizaria os camponeses a deixarem as fazendas coletivas e a criarem suas próprias empresas agrícolas; o sistema bancário seria descentralizado e aberto à participação privada; seriam reduzidos: a ajuda externa soviética, em 75%, o orçamento militar, em 10% e o orçamento da KGB (o serviço de segurança soviético), em 20%. A segunda etapa do plano teria um horizonte de 150 dias, durante o qual, com a oferta de moeda reduzida, o governo terminaria o seu controle sobre os preços dos bens de consumo não produzidos em grandes quantidades, levando à sua determinação pelo mercado. Seria feito um esforço para privatizar metade das empresas pequenas e restaurantes do país e a maioria dos ministérios seria abolida. Seria introduzido um sistema de indexação dos salários e seriam dados alguns passos no sentido da conversibilidade do rublo. Nos 150 dias seguintes, seriam continuados os esforços para privatização das empresas estatais, inclusive da construção e da indústria pesada. Mais preços seriam liberalizados, porém alimentos, petróleo, gás e remédios continuariam sendo controlados. E a rede de proteção seria expandida, com o racionamento de bens básicos a preços baixos e um complemento de renda dado aos pobres. Nos últimos cem dias, seriam introduzidos um sistema bancário moderno e flexível e um programa monetário e fiscal. A privatização deveria continuar.

O Plano Shatalin não foi implementado. Em setembro de 1990, Gorbatchov resolveu compor uma outra comissão, liderada por Aganbegian, com o objetivo de integrar os planos anteriores de Rizhkov-Abalkin e o de Shatalin. Na medida em que as proposições eram contraditórias, foi impossível alcançar este objetivo. Inicialmente, Gorbatchov optou pela adoção do Plano Shatalin; mas, diante da ameaça de demissão do primeiro ministro Rizhkov, resolveu anunciar, em setembro, a realização de um plebiscito nacional sobre a aceitação da propriedade privada e reformas a ela correlacionadas. Dada a reação provocada por este anúncio, especialmente entre os conservadores contrários às reformas, Gorbatchov concluiu que não poderia adotar o Plano Shatalin e, em outubro, anunciou que tinha resolvido adiar a reforma de mercado.

Com o concomitante agravamento da situação política, manifestado no crescimento do movimento nacionalista e de independência das Repúblicas, Rizhkov demitiu-se, sendo substituído por Valetin Pavlov, então no comando da economia (posteriormente fez parte do grupo partidário que perpetrou a tentativa de golpe contra Gorbatchov, em agosto de 1991).

A sua gestão, com o apoio do grupo conservador do aparelho partidário, empreendeu ações repressivas no plano político, para "restabelecimento da ordem", subvertida pela polarização política e foi marcada pela chamada estabilização conservadora. Entre as medidas por ele tomadas, ainda como ministro da Economia, podem ser mencionadas: o aumento substantivo dos preços de varejo, ainda que com compensações aos assalariados de baixa renda e pensionistas; e o recolhimento arbitrário de moeda (notas de cinquenta e cem rublos), a título de reforma monetária. O pânico com esta última e a incerteza gerada por ambas as medidas referidas aguçou a tendência à estocagem dos bens nas residências e empresas, agravando a crise de aprovisionamento existente. A situação tornou-se sumamente grave e verdadeiramente caótica por conta do agravamento da situação política, que teve o seu ápice com a tentativa de golpe desfechada contra Gorbatchov em agosto de 1991. E o seu enfrentamento, depois da dissolução da URSS, foi transferido para a Rússia e as demais Repúblicas que, tornadas independentes, constituíram seus próprios Estados.

A Reforma Política

As teses apresentadas pelo CC do PCUS à XIX Conferência do partido, realizada em junho de 1988, constituíram um ponto de inflexão formal no processo das reformas iniciado com a *perestroika*. Elas confirmaram o curso que vinha sendo adotado por Gorbatchov em relação à democratização da sociedade soviética e à instituição de um Estado de direito, assim como à política externa, conforme descrita anteriormente.

No seu preâmbulo, a reforma do sistema político é apresentada como uma necessidade, decorrente da avaliação dos resultados obtidos no decorrer da implementação da *perestroika*. E identificou-se como objetivo dessa reforma, "a real inclusão das amplas massas trabalhadoras na gestão de todas as questões estatais e sociais do Estado de direito socialista"[32].

As proposições para realizar este objetivo previam: *i.* Uma clara separação de funções entre o partido e o Estado, sendo as organizações partidárias obrigadas a atuar nos limites da constituição da URSS e das leis soviéticas. Em relação ao partido, foram previstas mudanças no modo de funcionamento das suas organizações, inclusive nas eleições para os órgãos partidários, introduzindo autêntica competição, ampla discussão das candidaturas e votação secreta. Previu-se, ainda, ampla renovação dos quadros partidários e novas formas de trabalho colegiadas do Comitê Central (CC) do partido, elevando o seu papel[33]. Estas teses forneceram os elementos para as reformas propostas posteriormente por Gorbatchov para a reestruturação do aparelho do CC: *a.* redução de 50% dos seus funcionários, o que levou 40% deles a se aposentarem até o final de 1988; *b.* redução do número de seus departamentos, de vinte para nove e a criação de seis novos, para abrigar membros experientes situados fora do aparelho do CC e dar-lhes a possibilidade de influir politicamente. Somente três destes eram próximos a Gorbatchov. Houve mudanças, concomitantemente, na liderança partidária, com a saída de Andrei Gromiko e de Mikhail Solomentsev da condição de membros plenos do *Politburo* e a remoção de três candidatos a membros, dois dos quais não entusiastas das mudanças reformistas. Com isso, e com a criação dos novos departamentos, ocorreu um considerável reforço da posição pessoal de Gorbatchov[34]. Esta atuação continuou com a resignação de 74 membros plenos do CC, 24 candidatos a membros e doze membros da Comissão de Auditoria Interna, ao mesmo tempo que a promoção de 24 candidatos a membros plenos do CC. Com estas medidas, o número de membros votantes do CC reduziu-se de 303 para 251[35]. A eliminação de opositores não se restringiu ao CC, atingindo níveis inferiores da direção partidária: 60% dos secretários do partido nas regiões foram substituídos, entre outubro de 1982 (ainda na gestão Andropov como secretário-geral, que tinha objetivos mais restritos que Gorbatchov)

---

32. Tezicy Tsentral'novo Komiteta KPSS k XIX Vcesoiuznoi partinoi konferentsii [Teses do CC do PCUS à XIX Conferência do Partido, 1988].
33. *Idem.*
34. A. Brown, *Seven Years that Changed the World: Perestroika in Perspective*, Oxford, Oxford University Press, 2007, pp. 126-127.
35. *Idem.*

e março de 1987[36]; *ii*. Uma nova forma de funcionamento do parlamento, para o que foram lançadas diretrizes que constituíram, posteriormente, regras para a criação e o funcionamento do novo Congresso de Deputados do Povo, núcleo central da reforma do sistema político.

A criação do novo Congresso de Deputados do Povo realizou-se através da introdução de emendas à Constituição e da promulgação de uma nova lei eleitoral. Com base nelas, retirou-se o monopólio de apresentação de candidaturas exclusivamente pelo PCUS, tornando livre a apresentação de candidatos independentes, liberou-se o parlamentar do exercício de outra atividade profissional e limitou-se o exercício de seu mandato a cinco anos e a não mais do que duas legislaturas. O novo Congresso de Deputados do Povo foi formado por 2 250 deputados: 750 eleitos pelas circunscrições eleitorais, 750 eleitos pelas Repúblicas (32 para cada República federada, onze por cada República autônoma, cinco por cada região autônoma e uma por cada distrito) e 750 através de eleição indireta, por representação das organizações sociais (cem do PCUS, cem dos sindicatos, cem das organizações cooperativas, 75 do *Komsomol*, 75 dos comitês femininos, 75 dos veteranos de guerra civis e militares, 75 das organizações científicas, 75 das organizações artísticas e 75 de grupos diversos)[37].

Mesmo com tais restrições, houve mudança significativa na composição do parlamento, comparada com a de 1984, antes da reforma eleitoral, refletindo, de alguma maneira, a diferença de ativação política das diversas camadas sociais: os membros da direção política superior passaram de 1,5% para 0,7% do total de deputados eleitos, os membros dos escalões superiores e médios da administração estatal passaram de 40% para 39,8%, os membros dos escalões inferiores da administração estatal passaram de 6,6% para 25,3%, os trabalhadores e camponeses passaram de 45,9% para 23,1% e os trabalhadores intelectuais passaram de 6% a 10,2% do total[38].

O congresso deveria eleger o Conselho Supremo, bem como o seu presidente e o seu primeiro-vice-presidente e os membros do Comitê de Controle Constitucional. Deveria ainda confirmar a indicação do Presidente do Conselho de Ministros, dos presidentes do Comitê de Controle Nacional e do Su-

---

36. M. I. Goldman, *op. cit.*, p. 173.
37. Marie Nadine, "La Réforme des Institutions Federales (1988-1991)", F. Barry & M. Lesage (dir.), URSS: *La Dislocation du Pouvoir*, Paris, La Documentation Française, 1991.
38. Heg Prépacours, *L'URSS de Mikhail Gorbatchev*. v.1: *Les Aspects Politiques*, 1992, p. 32, cap. 2, seção 2.1.

premo Judiciário, do procurador-geral da URSS e do Árbitro Estatal Principal da URSS.

O Conselho Supremo constituiu-se de duas câmaras: o Conselho da União e o Conselho das Nacionalidades, com igual número de deputados em cada uma delas. O presidente do Conselho Supremo era a figura mais importante do país, representando-o internamente e no exterior. O Conselho Supremo, ao contrário dos antigos parlamentos da URSS, passou a operar com reuniões de três a quatro meses de duração, duas vezes ao ano e através de comissões parlamentares permanentes.

Além das câmaras e comissões permanentes do Conselho Supremo, foi prevista a constituição de um *presidium* do Conselho Supremo, do Conselho de Defesa da URSS e do Comitê de Controle Constitucional.

Por emenda constitucional de 13 de março de 1990 foi criada a figura do presidente da União, prevendo-se a sua eleição direta depois de um primeiro mandato obtido indiretamente, através de votação parlamentar. Foi esta condição que, na opinião de analistas políticos, constituiu o grande erro de Gorbatchov; ele foi eleito presidente, numa votação em que participaram somente 1 878 deputados, dos 2 250 que compuseram o Congresso de Deputados do Povo. Não participaram do escrutínio os deputados georgianos e lituanos, estes por força de ter a Lituânia acabado de declarar-se independente. Ele obteve 1 329 votos a favor, 495 contra e 54 nulos[39], o que revela, de certa forma, o nível de resistência então vigente ao seu curso de ação. Nesta mesma ocasião, 14 de março de 1990, foi aprovada pelo Congresso de Deputados do Povo, a emenda constitucional que suprimiu o artigo 6º da Constituição de 1977, com base no qual o PCUS detinha o monopólio da condução do poder soviético.

Foram ainda objeto das teses mais importantes apresentadas à XIX Conferência Nacional do PCUS: *i*. A necessidade de ações para assegurar o bom desenvolvimento do federalismo soviético, na forma de "uma combinação entre a satisfação dos interesses de todas as nações e suas aproximações e ajuda mútua, e sua ideologia internacionalista, não compatível com o nacionalismo e o chauvinismo". Infelizmente, talvez em função do desenrolar dos eventos políticos e da piora das condições de funcionamento da economia, Gorbatchov despertou só muito tempo depois para a gravidade das manifestações nacionalistas, com declarações de independência de várias Repúblicas, quando

---

39. *Idem*, p. 33, cap. 2, seção 2.2.

já era difícil costurar um novo pacto federativo que assegurasse a unidade da URSS; *ii*. Uma reforma jurídica, destinada a assegurar os direitos e as liberdades individuais dos cidadãos, que contemplava não só a melhoria do funcionamento dos órgãos de governo responsáveis por isso, mas também a correspondente legislação, "fortemente atenta ao princípio de que tudo o que não está proibido é permitido"; *iii*. As mudanças na condução da política externa do país, que convalidaram as ações encetadas por Gorbatchov.

Com o funcionamento do congresso, transmitido ao vivo pelas redes de TV, começou a pretendida transferência do poder aos conselhos e o difícil aprendizado da prática democrática, que continuou com a eleição para os Conselhos das Repúblicas e das cidades de Moscou e Leningrado, em meio a grande efervescência política.

A Evolução da Perestroika e a Desintegração da URSS

Esta efervescência foi resultado do embate de diferentes forças políticas, polarizadas entre representantes do *establishment* partidário e os chamados democratas radicais. Os primeiros eram claramente contra o rumo assumido pela *perestroika* e os segundos estavam descontentes com a clara oscilação de Gorbatchov entre ambas as posições, dependendo do evoluir dos acontecimentos.

A reação dos defensores do *status quo* custou a manifestar-se, aceitando as mudanças realizadas no partido e deixando a passagem livre para as reformas propostas por Gorbatchov. O que pode ser explicado pelo papel que sempre desempenhou na condução do aparelho partidário a figura do secretário-geral: pela ideia de que no sistema soviético, sendo ilegal organizar oposição formal à liderança, não deveria ser organizada oposição a Gorbatchov, e/ou por não terem os beneficiários do sistema percebido de imediato o alcance das medidas econômicas e políticas promovidas por Gorbatchov e o quanto eram subversivas para o seu modo de vida[40].

A reação surgiu formalmente no começo de 1988, dividindo a direção do PCUS em torno de artigo publicado no jornal *Sovietskaia Rossiia* por Nina Andreeva, uma química cujo marido, Vladimir Klushin era instrutor de marxismo-leninismo e ideólogo do partido. O artigo criticava a rejeição ao passado,

---

40. M. I. Goldman, *op. cit.*, p. 172.

especialmente aos anos stalinistas e refutava acusações de que Stalin fosse responsável pelo advento do fascismo de Hitler ou pelos assassinatos de Trotski e Kirov. Dizia que, ao contrário, deveria se agradecer a Stalin a defesa da URSS frente a Hitler e a promoção da industrialização, da coletivização e da revolução cultural no país. Yakovlev foi encarregado por Gorbatchov de escrever a resposta ao artigo, a qual, enviada ao *Pravda* (jornal oficial do PCUS) e outros editores de Moscou, não foi publicada. Gorbatchov, então, em reunião do *Politburo*, anunciou que renunciaria, a menos que um voto de confiança nas reformas fosse assumido. A resposta de Yakovlev – *Princípios da Perestroika: A Natureza Revolucionária do Pensamento e da Ação* – foi finalmente publicada em abril de 1988 no *Pravda*, revelando que Gorbatchov e Yakovlev tinham prevalecido. Ligachev, nesta mesma reunião do *Politburo*, foi censurado por ter se reunido com os editores do jornal um dia após a publicação do artigo de Andreeva e, dois anos mais tarde, no XXVIII Congresso do PCUS foi forçado a aposentar-se. Andreeva continuou o seu protesto e partiu para a organização de uma associação para sua atuação política. Alguns membros desta associação fizeram parte do Soyus, um bloco atuante no Conselho Supremo e no Congresso dos Deputados do Povo, que chegou a obter 561 dos votos na quarta sessão deste último, realizada em dezembro de 1990[41].

Reações começaram a surgir também entre os trabalhadores[42]. Em 1989, cerca de metade dos mineiros do país entraram em greve e organizaram seus próprios sindicatos. Alguns destes dedicaram-se à promoção da reforma econômica, enquanto outros grupos dedicaram-se a detê-la. Entre estes esteve a Frente Unida dos Trabalhadores Russos, cujo líder, Veniamin Yarin, um carismático líder metalúrgico, eleito para o Congresso dos Deputados do Povo, foi muito crítico aos esforços de Gorbatchov para conduzir a economia soviética na direção de uma economia de mercado e às desigualdades que seriam por ela produzidas. Com a cooptação de Yarin para o Conselho Presidencial, a reação da Frente Unida dos Trabalhadores foi, ao menos temporariamente, amortecida.

Camponeses e diretores de empresas também se organizaram para reagir às consequências trazidas pela *perestroika* ao seu modo de vida: no primeiro caso, como reação ao incentivo à formação de unidades agrícolas familiares;

---

41. *Idem*, pp. 182-185.
42. *Idem, ibidem.*

no segundo, contra os problemas relacionados com o desmantelamento do sistema de planejamento, como o da garantia dos suprimentos para a produção, por exemplo.

Na área militar e de segurança, as posições demonstraram ser muito críticas às mudanças na política externa promovidas por Gorbatchov, tanto no plano do comércio exterior (proporcionando a evasão de divisas, segundo estas críticas), quanto em relação à retirada das tropas soviéticas do Afeganistão e dos países da Europa Oriental, inclusive da Alemanha. As críticas ao comportamento do exército, particularmente em relação ao tratamento dispensado aos novos recrutas (tensões de natureza étnica, maus tratos, mortes) levaram a grandes deserções e ao surgimento do movimento das mães contra o recrutamento. E a volta dos soldados do exterior criou problemas em relação ao seu suporte material, inclusive habitação. Porém, o mais relevante foram os sentimentos manifestados pelos militares diante da retirada das tropas da Europa Oriental, entendida como uma capitulação aos EUA, dissipando todos os ganhos realizados durante a Segunda Guerra Mundial. E diante da desconfortável posição de apoiadores da política imperialista daquele país no Oriente Médio e de abandono de prévios países aliados, como o Irã, por exemplo.

Não raras vezes, Gorbatchov cedeu às pressões resultantes das reações descritas, evidenciando oscilação na condução do processo político e despertando reações cada vez mais adversas também dos partidários das reformas. Estes se manifestaram basicamente de duas formas: *i.* Na demanda por radicalização das reformas econômicas, no sentido da implantação de uma plena economia de mercado, em outros termos, por uma mudança radical do próprio sistema soviético. *ii.* Na constituição de frentes nacionalistas, demandantes de plena autonomia para as Repúblicas federadas.

A demanda pela radicalização das reformas econômicas teve como base a gravíssima conjuntura econômica do país. Várias razões podem ser aventadas para explicar o agravamento da situação econômica. Alguns autores a creditam a erros na condução da política econômica. A causa mais importante, porém, e que explica a própria má condução da política econômica, foi o desmantelamento do sistema de planejamento, sem que este tivesse sido substituído integralmente pelos mecanismos de mercado na administração da economia. E não poderia sê-lo, sabendo-se que o mercado é uma instituição social moldada ao longo do tempo, a partir da criação, evolução e ajustamento dos seus elementos constitutivos às condições ditadas por sua utilização pelos agentes econômicos. O projeto de descentralização econômica iniciado com as leis acima descritas, especialmente a Lei da Empresa Estatal, previa como seu complemento, a criação de um mercado atacadista, regido por um sistema próprio de preços e propiciando gradativamente a monetização da economia. Entretanto, dado o anterior funcionamento do sistema centralizado de planejamento, no qual o suprimento centralizado de insumos produtivos contornava a escassez dos recursos que caracterizava a economia soviética, as empresas preferiram assumir a produção de encomendas estatais, garantindo-se assim o suprimento dos insumos e dispensando-se de procurar eventuais fornecedores. Por outro lado, a população, tomando conhecimento da anunciada elevação dos preços de alguns produtos básicos em julho de 1990 e de outros produtos alimentícios em janeiro de 1991, promoveu a corrida aos mercados e estabelecimentos vendedores desses produtos, levando com isso ao desabastecimento generalizado nas cidades. O que foi piorado pela estocagem dos mesmos pelos camponeses, à espera das elevações de preço. Gorbatchov, em artigo escrito alguns dias após a tentativa de golpe de agosto de 1991[43], reconheceu a situação, incluindo-a entre os dois grupos de problemas que o afligiam e considerando que "o mais importante agora é como sobreviver até a primavera, como atravessar o inverno"[44].

A situação econômica deteriorou-se, portanto, com as dificuldades de implementação das reformas previstas. A sua deterioração manifestou-se de duas formas: *i*. No aprofundamento da queda do ritmo de crescimento econômico: o Produto Material Bruto caiu 4% em 1990, em relação a 1989 e 8,5% em 1991, em relação a 1990[45]. *ii*. No aguçamento do processo inflacionário, expresso concomitantemente pela falta já assinalada de bens e pela elevação dos preços feita por grandes empresas estatais. O que foi possível porque, atuando no quadro de referência da Lei da Empresa Estatal elas se tornaram detentoras de poder de mercado[46].

O surgimento das frentes nacionalistas foi uma decorrência do próprio processo da reforma política. Foram estabelecidos Congressos de Deputados

---

43. Esta tentativa de golpe será tratada adiante.
44. M. Gorbachev, *O Golpe de Agosto: A Verdade e as Lições*, São Paulo, Best Seller, 1991.
45. P. Hanson, *op. cit.*, p. 236.
46. E. A. Hewett & C. G. Gaddy, *Open for Business*, Washington, The Brookings Institute Press, 1992, p. 101.

do Povo nas Repúblicas, para os quais foram eleitos deputados da mesma forma que no plano central. Foram elaboradas e aprovadas constituições próprias de cada República, resultando numa relativa autonomia delas. Os seus dispositivos constitucionais muitas vezes contrariaram as leis previstas na constituição federal, chegando a criar problemas para as empresas subordinadas aos ministérios centrais, embora localizadas nos territórios das Repúblicas.

As frentes nacionalistas tiveram início ainda em meados de 1988, nos países bálticos, mas ganharam corpo rapidamente em outras Repúblicas, como movimentos politicamente organizados para participar dos seus processos eleitorais. A base para o seu surgimento foi a *glasnost*, em cujas discussões ressurgiu uma consciência nacional, que permitiu examinar a realidade das iniquidades passadas e correntes e constituir grupos preocupados com a cultura, a língua e o meio ambiente nacionais.

O seu movimento conduziu a sucessivas declarações de soberania pelas Repúblicas soviéticas entre março e novembro de 1990, incentivadas bastante por Yeltsin, enquanto deputado eleito ao Congresso dos Deputados do Povo, em 1989 e, posteriormente, como presidente da Rússia, em eleições diretas previstas na reforma política. Foi nesta condição, como adversário de Gorbatchov[47], que incitou as Repúblicas soviéticas a buscarem soberania e independência, ao máximo que pudessem, aumentando os sentimentos já nelas existentes nesse sentido. Por sua vez, dada a condição especial da Rússia no concerto da URSS (sua importância econômica, sua capital ser a capital da URSS e o fato de não dispor de algumas instituições políticas no nível da República)[48] Yeltsin, em sua declaração de soberania, em junho de 1990, afirmou a supremacia das leis russas sobre as leis soviéticas e proclamou o controle de toda a propriedade existente dentro de suas fronteiras. O *Soviet* Supremo da Rússia, logo em seguida, editou uma proclamação, definindo os princípios para um novo Tratado da União, os quais, confirmando a soberania da Rússia, serviriam para todas as demais Repúblicas declaradas soberanas. A União seria responsável pela defesa e pelas indústrias de defesa, pelos sistemas de transporte e comunicações e pela distribuição de energia, ficando todo o mais sob jurisdição e controle

---

47. R. Poch-de-Feliu dedica todo o capítulo cinco de seu livro à evolução da desavença política entre Yeltsin e Gorbatchov (R. Poch-de-Feliu, *La Gran Transición. Rusia 1985-2002*, Barcelona, Crítica, 2003).
48. E. A. Hewett e C. G. Gaddy, *op. cit.*, p. 115. Ver também: G. Starovoitova, *op. cit.*, pp. 238-242.

da Rússia. O Gosbank (Banco Estatal) seria subordinado ao *Soviet* Supremo da Rússia, assim como os ministérios responsáveis pela indústria de petróleo e gás[49].

Esta proposição constituiu, evidentemente, um desafio não somente à integridade da União, como ao seu próprio comando central, exercido por Gorbatchov. Este, infelizmente, como já foi dito anteriormente, subestimou a questão nacional, só se dando conta de sua importância, com a agudez do conflito entre Azerbaijão e Armênia pelo território de Nagorno Karabakh. Diagnosticando as distorções do tratamento dado às questões nacionais no passado, em suas várias formas, desde o simples desinteresse em relação aos interesses étnicos até à deterioração das condições demográficas e à deformação no desenvolvimento das línguas e culturas nacionais, Gorbatchov propôs a realização de um novo Tratado da União. Este era apoiado em uma política de nacionalidades que reconhecia os direitos das nações à independência, mas defendia, simultaneamente, a necessidade de assegurar a unidade da sociedade soviética como um Estado socialista multiétnico. Sob este novo tratado, as Repúblicas poderiam, voluntariamente, decidir e renegociar com o poder central as relações entre este e elas, implicando num certo nível de descentralização política.

A proposta de estabelecimento de novas relações entre as Repúblicas, contida no projeto do novo tratado, foi submetida por Gorbatchov a um referendo, através do qual se perguntava à população se era a favor do estabelecimento de uma União renovada das Repúblicas soberanas. Seis repúblicas, proclamadas independentes (Lituânia, Letônia, Estônia, Moldávia, Armênia e Geórgia) não participaram do referendo. As outras oito Repúblicas, inclusive a Rússia, que dele participaram, somaram 93% da população soviética. No resultado global, 76,4% dos votantes optaram pelo sim; na Rússia, os votantes pelo sim somaram 71,3% do seu total[50].

Obtido o compromisso de nove das Repúblicas em relação ao novo tratado, a sua assinatura foi marcada para 20 de agosto, em Moscou. Entrementes, inconformados com o andamento do processo político, especialmente com a supressão do artigo 6 da constituição, um grupo de dirigentes do PCUS decidiu

---

49. E. A. Hewett e C. G. Gaddy, *op. cit.*, pp. 115-116.
50. S. Cohen, *Soviet Fates and Lost Alternatives: From Stalinism to the New Cold War*, New York, Columbia University Press, 2009, p. 90, cap. 4.

dar um golpe para a tomada do poder. Eles criaram um Comitê de Estado, sob a alegação da condição de emergência em que se encontrava o país e mantiveram Gorbatchov preso em Foros, na Crimeia, onde este se encontrava para preparar a programada reunião de assinatura do novo Tratado da União. O Comitê de Estado não durou mais que alguns dias: por um lado, dado o amadorismo e a indecisão dos golpistas, amplamente vistos na entrevista concedida à TV; por outro lado, pela rápida organização da resistência em Moscou, em torno de Yeltsin e de Anatoli Sobchack, prefeito de Leningrado, e pela recusa dos militares e da KGB (serviços de inteligência) a agirem contra Yeltsin. Em 22 de agosto, Gorbatchov retornou a Moscou, mas a um país diferente. Como reação ao golpe, Yeltsin declarou ilegal o PCUS, bem como todas as suas instituições, e um governo provisório foi instalado, compreendendo um Conselho de Estado, formado por Gorbatchov e representantes das Repúblicas, e um Conselho Econômico Interrepublicano, para tentar coordenar a vida econômica. O Congresso dos Deputados do Povo foi dissolvido e uma Assembleia Constituinte, composta por vinte representantes por República (52 para a Federação da Rússia), abriu seus trabalhos em Moscou em 21 de outubro de 1991, com a participação dos representantes de somente sete Repúblicas: Rússia, Bielorrússia e as cinco Repúblicas da Ásia central. Foram suprimidos cerca de oitenta ministérios federais, mantidos somente os da Energia, do Comércio Exterior e da Defesa.

Em 14 de novembro, o Conselho de Estado suspendeu a Constituição soviética e, em 8 de dezembro, por decisão dos presidentes da Rússia, da Ucrânia e da Bielorrússia (apoiados formalmente no fato de terem sido signatários da criação da URSS em 1922) foi adotada resolução de dissolução da URSS e criada a CEI – Comunidade de Estados Independentes, aberta à participação das demais Repúblicas[51]. Em 21 de dezembro de 1991 realizou-se uma reunião em Alma-Ata, então capital do Cazaquistão, na qual as demais Repúblicas, com exclusão da Geórgia, em guerra civil, e dos três países bálticos declarados independentes, aderiram à CEI, e com este fim, subscreveram, juntamente com a Rússia, a Ucrânia e a Bielorrússia, a Declaração de Alma-Ata[52]. A URSS tornou-se, assim, praticamente morta. O presidente Mikhail Gorbatchov, que tentou

---

51. Texto da decisão em *Soyus Mojno Bilo Sokhranit. Belaia Kniga* [*A União Poderia Ser Mantida. Livro Branco*], Moskva, Acta, 2007, p. 451.
52. *Idem*, pp. 493-495.

resistir ao que considerou um golpe à unidade do país, diante do referendo realizado na Ucrânia, no qual a população manifestou-se pela sua independência da URSS, e da adesão das demais Repúblicas à CEI, demitiu-se em 25 de dezembro de 1991 do cargo de presidente da URSS[53] e declarou formalmente o fim dela nesta data[54].

As Repúblicas que a configuravam tornaram-se países independentes e a Rússia proclamou sua opção pelo capitalismo, dando início ao processo de transformação sistêmica do país. Estava terminado o experimento socialista soviético, que marcou profundamente a história do século XX.

Como avaliá-lo? O que deu errado?[55] Perguntas cujas respostas interessam sobremaneira à busca de alternativas ao sistema capitalista dominante, não obstante as várias formas que assume nas diferentes regiões do mundo. E interessam, mais especificamente neste livro, à análise dos resultados do processo de transformação sistêmica na Rússia.

Esta avaliação está sujeita a controvérsias, especialmente de ordem ideológica, sempre presentes ao longo da existência do país. Talvez não pudesse ter sido e não pôde ser de outra forma, na medida em que se tratou de um experimento novo na história da humanidade e foram múltiplas e distintas as aspirações do que se queria que fossem os seus resultados.

Por outro lado, existem limitações de ordem histórica: pouco mais de vinte anos constituem período histórico muito recente e muitos fatos e fatores de ordem histórica precisam ainda ser conhecidos. De todo modo, esta avaliação precisa ser empreendida, mesmo entendendo que é apenas uma etapa no aprendizado da história. Com o capítulo seguinte, "Ensaio Sumário...", pensa-se se contribuir com ela.

---

53. Esta demissão se deu por meio de declaração feita através da televisão, na qual, além de relacionar todos os seus feitos no plano interno e internacional, fez referência às dificuldades e resistências encontradas no seu processo e agradeceu a todos no país e no exterior que entenderam seus objetivos e o apoiaram na introdução das mudanças proporcionadas pela sua ação. Esta declaração foi feita às 19h. Às 19h38, a bandeira vermelha do Kremlin foi substituída pela bandeira tricolor russa (*Soyus Mojno Bilo Sokhranit. Belaia Kniga*, pp. 504-507).
54. Heg Prépacours, *op. cit.*
55. Robério Paulino, *Socialismo no Século XX: O que Deu Errado?*, São Paulo, Letras do Brasil, 2010.

Capítulo 5
Ensaio Sumário como Contribuição à Avaliação da Experiência Histórica de Construção do Socialismo Soviético

Este ensaio compreende alguns elementos que se considera importantes para análise da experiência do socialismo soviético e que se julga deverem ser objeto de consideração. Eles resultam do acompanhamento da evolução histórica do sistema soviético, num quadro das circunstâncias sociais e políticas que cercaram o seu surgimento e desenvolvimento. São eles: *i.* Quadro de referências em que surgiu o sistema socialista soviético; *ii.* Condições em que se deu sua evolução; *iii.* O stalinismo em suas diferentes etapas; *iv. Perestroika* e desmoronamento do sistema. Estes elementos se complementam e com eles se pretende identificar em que medida contribuíram para a configuração e o funcionamento do sistema, consequentemente para os êxitos obtidos e para a sua derrocada.

O Quadro de Referências em que Surgiu o Sistema Socialista Soviético

O sistema socialista soviético constituiu uma primeira tentativa de construção de um sistema alternativo ao capitalismo. A Revolução de Outubro de 1917, que lhe deu início, realizou-se em meio à Primeira Guerra Mundial e seus impactos sobre a vida da população; e teve, como perspectiva de ordem externa, o movimento operário internacional e a revolução mundial anticapitalista. Como se sabe, esta não se realizou e deu lugar à construção do sistema de forma isolada, ou seja, à construção do socialismo[1] em um único país. Esta postura não só rendeu longos

---

1. Ver p. 11, nota 1.

debates e dissensões no movimento comunista internacional, como também teve consequências de ordem prática e política em relação à construção do próprio sistema. A guerra ensejou ampla reivindicação pela paz, que se tornou plataforma dos bolcheviques e levou às custosas negociações de Brest-Litovsk. No plano interno, o descontentamento com as condições impostas pela guerra e a existência de forte tradição revolucionária contra o czarismo levaram a manifestações populares que culminaram na formação dos *soviets* de trabalhadores nas zonas urbanas e à queda do czar, em fevereiro de 1917. Formou-se um governo de coalizão partidária. Este, porém, foi de curta duração, devido às lutas pelo poder e pela condução dos diferentes rumos para o país, defendidos pelos grupos políticos em disputa. Os bolcheviques acabaram por assumir o poder e tornaram-se o único partido remanescente, com a responsabilidade de construção do novo país socialista.

Dois foram os resultados desse desfecho: *i.* Criou-se, com o domínio do partido único e a debilidade institucional do país, uma das pedras fundadoras da ditadura que marcou o sistema[2], dada a fraqueza do partido frente às necessidades de controle e comando da difícil situação econômica resultante da guerra; *ii.* Foi desencadeada a guerra civil e foram realizadas invasões estrangeiras, contrárias ao novo sistema em formação. Tinha se iniciado o cerco internacional ao país, que se prolongou por toda a sua existência e condicionou sobremaneira os rumos por ele seguidos em diferentes momentos da história, além de proporcionar a justificativa utilizada para manutenção do poder dominante do Partido Comunista.

Condições nas Quais se Deu a Evolução do Sistema

Com este quadro de referência no plano internacional e interno, começou-se a estruturar o novo sistema. Dois aspectos devem ser ressaltados, além dos elementos indicados acima: *i.* A revolução não só se realizou num único país, mas o foi em um país relativamente atrasado em comparação com os países econômica e politicamente mais desenvolvidos da época; os institutos democráticos lhe eram ausentes. A sua realização não encontrou apoio na teoria marxista, base da atuação socialista, segundo a qual a revolução teria lugar nos países mais desenvolvidos, com forte contingente proletário. Este não era o caso da Rússia, onde, apesar de já existir um setor industrial, predominava

---

2. R. G. Suny, *op. cit.*, cap. 5.

a agricultura, com o seu contingente camponês. Este aspecto é fundamental, pois determinou, de certa forma, a definição da estratégia de desenvolvimento do país no rumo da industrialização; *ii*. Não havia indicações teóricas de como construir e operacionalizar um sistema socialista, somente poucas referências gerais sobre como seria este sistema. Nem havia, tampouco, experiências históricas que pudessem servir de apoio à construção do novo sistema. Como resultado disso, este foi construído, até o começo dos anos 1930, sob a liderança inicial de V. Lenin até sua morte, em 1924, num processo de tentativa e erro. Este processo realizou-se em duas alternativas ditadas pelas condições históricas e em meio às disputas entre as diferentes frações do Partido Bolchevique: a do comunismo de guerra, entre 1918 e 1921, e a da NEP – Nova Política Econômica, desde o fim da guerra civil até o fim do período referido. Foram duas experiências distintas, que mostram bem as reações da direção partidária às contingências sociais e políticas da época. A morte do líder e a sua substituição no comando por J. Stalin foram decisivas para a liquidação da NEP e a formação do sistema nos moldes em que se tornou conhecido no mundo inteiro.

O Stalinismo

O stalinismo, como expressão do socialismo soviético, é motivo persistente de discussões sobre o sistema implantado por Stalin e continuado, com algumas mudanças, após a sua morte. No âmbito dessas discussões, são inúmeros os autores que se dedicam ao personagem e à sua trajetória, enquanto outros se dedicam ao sistema por ele conduzido. Naturalmente, parece impossível entender os rumos seguidos pelo sistema sem conhecer pelo menos os traços da personalidade de Stalin que lhe asseguraram a posição que ocupou no PCUS e moldaram a natureza política do sistema. Entretanto, o stalinismo, enquanto sistema social e político, extrapolou a figura do líder, na medida em que se institucionalizou, mesmo com as mudanças referidas. Estas mudanças tiveram lugar ao longo dos anos, devendo-se distinguir ao menos duas etapas: a stalinista propriamente dita, que durou até sua morte, em 1953; e a pós--stalinista, conduzida pelos dirigentes que o substituíram, até a *perestroika* de Gorbatchov.

Começando pela figura do líder, a apreciação unânime o considera uma pessoa inculta, astuta e autoritária, que se considerava grande líder e gênio revolucionário, herdeiro das tradições autocráticas e de poder da Rússia imperial. A partir dos elementos dessas tradições, pode-se inferir a sua admiração por Ivan IV e a detenção de um poder absoluto e repressivo, a utilização do trabalho forçado, um sentido de grandeza nacionalista (ainda que associado à sua crença internacionalista) e certo desprezo pela *intelligentsia*. Mas era dotado de grande capacidade prática de organização. Esta última característica teria sido a razão de sua indicação, em 1922, como secretário do partido, no qual já tinha anteriormente exercido a função de Comissário das Nacionalidades.

Foram estes traços de personalidade que marcaram a sua passagem pelo poder, depois de astutamente engendrar as manobras com as quais liquidou, literalmente, as diferentes oposições internas existentes no partido bolchevique à sua linha de condução do país. Graças a essas manobras e à sua posição de secretário do partido, construiu uma ampla, disciplinada e obediente base de burocratas partidários e estatais, com a qual construiu o sistema. Este foi caracterizado por Cohen, com base em uma "metáfora estilo soviético", como "duas altas e inseparáveis montanhas: uma montanha de realizações nacionais ao lado de uma montanha de crimes"[3]. Foi, efetivamente, durante o stalinismo, a partir dos dois primeiros planos quinquenais, que o país transformou a sua estrutura econômica e social: deixou de ser basicamente agrícola, industrializou-se e urbanizou-se, incorporando milhões de pessoas à atividade industrial e deixando para trás o analfabetismo. E as suas significativas taxas de desenvolvimento econômico levaram-no a constituir um modelo para os países coloniais da África e da Ásia, quando se tornaram independentes. Foi ainda durante o stalinismo que a URSS venceu o invasor nazista, libertou os países vizinhos invadidos (que posteriormente formaram o bloco militar do Pacto de Varsóvia) e chegou com suas tropas a Berlim, a despeito de todas as acusações que são feitas à condução da guerra patriótica por Stalin[4]. Cabe, porém, no episódio da guerra, ressaltar o heroísmo do povo soviético que, atendendo ao "apelo de Stalin"[5], resistiu ao invasor com a própria vida: foram mais de vinte milhões de vítimas.

---

3. S. Cohen, *Rethinking the Soviet Experience Politics & History Since 1917*, New York/Oxford, Oxford University Press, 1986, p. 94.
4. A mais grave delas refere-se à eliminação dos melhores quadros do Estado Maior das Forças Armadas Soviéticas, em período anterior próximo à invasão nazista, na sua obsessiva repressão aos "inimigos do povo".
5. O papel de Stalin na liderança da luta contra o invasor nazista é objeto de controvérsias; uma delas diz respeito à eventual ameaça de morte em caso de recuo dos soldados nas frentes de batalha, feita por Stalin; outra, mais recente, discute a eventual rendição da população de Leningrado aos invasores durante

A montanha de crimes também se tornou notória, especialmente depois das revelações feitas por Khruschov no XX Congresso do PCUS, em 1956, que a identificou como um holocausto soviético[6]. Além das mortes provocadas pela coletivização forçada, seja diretamente pela expropriação dos camponeses, seja pela fome dela derivada nos anos de 1932-1933, a repressão conduzida pelas instituições da polícia política contra os criados "inimigos do povo", não só gerou um ambiente de terror e de denúncias, como levou milhões de pessoas à prisão, à deportação e aos mal-afamados campos de trabalho forçado, que constituíram o chamado Gulag[7]. Atribuindo a Stalin pessoalmente a responsabilidade pela morte de alguns milhões de soviéticos, com base nesse terror, Roy Medvedev o considera "um dos maiores criminosos da história humana"[8].

O intervalo histórico que separa a morte de Stalin e a assunção de Gorbatchov à secretaria-geral do PCUS foi marcado pelas inúmeras tentativas de reforma do sistema. Todas elas foram, porém, restritas ao âmbito da administração econômica e a alguma descentralização dela, e não afetaram a centralização do comando político pelo PCUS em sua interrelação com os órgãos estatais. Dado o papel desempenhado pela burocracia criada para a administração do sistema, crescente em função mesmo do desenvolvimento da sociedade soviética, o fato observado parece estar vinculado à burocratização do sistema e ao poder político dominante dos burocratas em defesa dos seus interesses, constituindo-os em estrato social dominante. Esta posição explica também as resistências à *perestroika*, na medida em que as diretrizes e os objetivos nela contemplados, tanto no plano da administração econômica, quanto no plano político, e no próprio âmbito partidário, afetavam-no diretamente.

A Perestroika *e o Fim do Sistema*

O insucesso da *perestroika* e o subsequente desmanche da URSS colocaram em pauta, com ênfase, a questão da possibilidade do sistema soviético reformar-se: "seria o sistema soviético reformável?" Os elementos elencados

---

o cerco da cidade, como alternativa à dizimação sofrida por ela, devido à fome e a doenças resultantes do referido cerco.
6. S. Cohen, *op. cit.*
7. Sigla em russo, da administração dos campos de trabalho forçado para condenados judiciais do sistema.
8. R. Medvedev, "New Pages from the Political Biograpfy of Stalin", em: R. C. Tucker (ed.), *Stalinism: Essays in Historical Interpretation*, New York/London, W.W. Norton & Cy, 1977.

na análise anterior (monopólio do poder político formal pelo PCUS; stalinismo como herança; cerco internacional, expresso no período pós-Segunda Guerra Mundial em guerra fria e corrida armamentista; administração econômica assentada na centralização decisória para definição e implementação de metas; burocratização e domínio político do estrato burocrático) seriam suficientes para uma resposta negativa à pergunta formulada? Cada um desses elementos deve ser entendido na complexidade de suas consequências e de suas interrelações, para se poder, de alguma forma, apreender por que a reconstrução do sistema pretendida com a *perestroika* não foi possível.

Muito se discutiu sobre isso, envolvendo: *i*. Elementos estruturais do sistema econômico; e *ii*. Análises sobre a própria estratégia adotada por Gorbatchov para o desencadeamento da *perestroika*. Entre elas destaca-se a de que esta estratégia, pretendendo realizar a reforma econômica e a reforma política concomitantemente, não teria sido adequada, uma vez que a reforma política teria criado condições para arregimentação da resistência às medidas de reforma econômica.

Em relação aos elementos estruturais do sistema, os argumentos envolvem a ineficiência das reformas recorrentemente introduzidas no sistema antes da *perestroika*, devido à manutenção da centralização formal das decisões. Estas acabaram, assim, por não serem implementadas, fazendo surgir a economia subterrânea para o seu funcionamento, ao lado dos mecanismos formais de operação.

A *perestroika*, descentralizando radicalmente a administração econômica com a concessão de autonomia às empresas, por um lado desmontou o sistema de planejamento centralizado existente e quebrou a sua capacidade de mobilização em moldes quase militares, sem ter criado os mecanismos de mercado que tornariam viável essa autonomia. É sabido que a criação destes mecanismos, ainda que se considere o funcionamento mercantil da economia subterrânea, constitui processo histórico de muito mais longo prazo. E, por outro lado, lançou as bases para a transformação de parte da burocracia estatal em nova classe, interessada em estender seus privilégios à posse e à exploração da propriedade estatal.

Na análise da estratégia adotada para implementação da *perestroika*, o argumento em defesa da decisão de promover concomitantemente a reforma econômica e a reforma política foi o da necessidade de mobilização de forças populares, capazes de assegurar apoio às reformas econômicas, frente à resistência a elas anteposta pelas forças conservadoras, vinculadas basicamente à direção do pcus. Para promover esta mobilização, foi criada a *glasnost,* a qual propiciou a consecução vitoriosa da reforma política. O problema, então, transferiu-se para a incapacidade de condução do processo político revelada por Gorbatchov, frente ao confronto surgido entre os diferentes grupos políticos e seus interesses.

A *perestroika* buscou implementar os objetivos de reconstrução econômica e política do sistema, em meio a um quadro de confrontação político-social e de dificuldades. Embora plenamente justificada, frente às análises da realidade soviética, foi, entretanto, concebida tardiamente. O momento mais adequado teria sido o da assunção de Khruschov, quando houve mudança descentralizadora do sistema político-administrativo, ainda que restrita e envolta pelas intrigas políticas vigentes na alta direção do pcus.

Além disso, foi subestimada a questão das nacionalidades e a concretização das aspirações nacionais de independência, resultantes do processo da reforma política. Como se subestimou também o impacto que as mudanças na política externa produziram, tanto na resistência da direção central do pcus, quanto nas aspirações democráticas da população mobilizada com a abertura proporcionada pela *glasnost.* Estas se expressaram na demanda por uma democratização radical nos moldes das democracias ocidentais e a liquidação do sistema soviético, mesmo aquele almejado por Gorbatchov, de um socialismo de face humana.

Teria havido outra alternativa de transformação do sistema no sentido do socialismo humanizado e democrático preconizado, com estratégia distinta da traçada na *perestroika,* na qual foram associados a democracia e o mercado? Em que medida a modernização trazida pelo crescimento econômico e o intercâmbio com o resto do mundo capitalista teria determinado a direção do processo de transformação sistêmica? A resposta a estas indagações está no próprio curso histórico seguido pela Rússia independente e para o qual foram decisivos não só o processo de evolução do sistema soviético, na complexidade dos elementos que o condicionaram, como também a última tentativa de reformá-lo, nos marcos do socialismo.

PARTE 2

A Transformação Sistêmica

Capítulo 1
A Construção da Nova Rússia Capitalista

O Referencial Político e Econômico Herdado com a Dissolução da URSS

Com a dissolução da URSS estava aberto o caminho para a construção de um novo sistema na Rússia independente. Alguns passos nesta direção já tinham sido tomados por Yeltsin, como presidente da República Federativa Socialista Soviética da Rússia. Mas a plenitude da transformação começou a fazer-se no início de 1992, quando o poder estatal deixou de ser dual (com Gorbatchov na presidência da URSS, Yeltsin como presidente eleito da República Federativa da Rússia, declarada independente) e passou a ser um só, o da Federação da Rússia, representado pelo presidente Yeltsin.

Algumas referências do passado soviético permaneceram como herança a ser considerada no processo inicial das mudanças. Estas referências envolvem: *i*. A continuidade do embate entre as diferentes forças políticas surgidas durante o processo de democratização propiciado pela *glasnost*, em torno da configuração do novo país capitalista e das dificuldades de ordem econômica, resultantes do não funcionamento dos mecanismos reguladores da economia, na sua transição para um sistema de mercado; *ii*. O enfrentamento dos compromissos internacionais assumidos pela URSS.

No primeiro caso, a questão consistiu em como institucionalizar o novo Estado capitalista, criar uma nova constituição e uma nova regulação das relações políticas, econômicas e sociais internas do país. E, ao mesmo tempo, promover a introdução dos elementos indispensáveis para o funcionamento de uma economia de mercado, ampliando e aprofundando as medidas que já vinham sendo contempladas na *perestroika*.

Cabe ainda ressaltar os problemas referentes ao relacionamento entre a Rússia e as diferentes ex-Repúblicas soviéticas, agora países independentes soberanos. Este relacionamento se expressava: *i.* Na interdependência econômica, estabelecida no sistema anterior, entre os seus sistemas produtivos e de troca. Os exemplos mais conspícuos são o do Uzbequistão, república na qual se concentrava a produção do algodão para a indústria têxtil da Rússia, e o da existência de uma moeda única, o rublo. A sua manutenção em todas as ex-Repúblicas, administrada pela Rússia, além de implicar limites à sua soberania, trazia enormes problemas para a condução da política monetária russa; *ii.* Na interdependência política e cultural, resultante da localização do poder central na Rússia e do papel que os russos desempenharam na formação do povo soviético, com perdas histórico-culturais próprias do povo russo[1], na criação de uma nova situação para os russos habitantes das ex-Repúblicas, antes cidadãos soviéticos e, no novo quadro, transformados em imigrantes em seu antigo país, e, como tais, em cidadãos de "segunda categoria", perdendo, em alguns casos, até alguns direitos civis (caso dos russos na Estônia)[2]; *iii.* Na formação multiétnica das forças armadas; e *iv.* Na localização de importantes bases de sua marinha na Ucrânia, agora nação independente.

Alguns destes problemas (moeda, forças armadas) foram paulatinamente sendo enfrentados, à medida que as demais ex-Repúblicas soviéticas se consolidaram e as relações entre elas e a Rússia passaram a ser estabelecidas no âmbito de regulares relações internacionais. Alguns problemas permaneceram, como os conflitos que envolvem sub-regiões na Armênia, Azerbaijão, Geórgia, Moldova e, mais recentemente, na Ucrânia, com implicações geopolíticas para o país. Outros não dependeram de ações estritas do governo russo, como o caso acima citado dos cidadãos russos na Estônia.

Não menos importante no plano interno, pelo papel que desempenha ainda hoje, restou como herança, incentivada pelo próprio Yeltsin em suas disputas com Gorbatchov durante a *perestroika,* a questão da independência

---

1. G. Starovoitova, *op. cit.*
2. Lenina Pomeranz, *Transformações Sistêmicas e Privatização na Rússia*, p. 56.

reivindicada pela Chechênia. As guerras recorrentes dos chechenos com o poder central marcaram e continuam a marcar a história da Rússia.

No plano internacional, a Rússia se anteviu com os compromissos internacionais de desarmamento assumidos entre a URSS e os Estados Unidos, com a posição da URSS no Conselho de Segurança da ONU – Organização das Nações Unidas e com as dívidas internacionais contraídas, envolvendo as ex-Repúblicas soviéticas. Todos esses compromissos foram assumidos pela Federação da Rússia.

A Institucionalização do Novo Estado Russo

A institucionalização do novo Estado russo, com a promulgação de uma nova constituição e poderes nela definidos, realizou-se num processo conflituoso que teve lugar ao longo de quase três anos após a dissolução da URSS e do exercício da presidência por Boris Yeltsin.

Esse processo teve como base a política conduzida por Yeltsin, centrada: *i*. Nas reformas econômicas, destinadas à construção de uma economia de mercado e de um sistema econômico assentado numa classe de proprietários; e *ii*. Em reformas nas instituições políticas, destinadas à garantia de um poder executivo forte, capaz não só de assegurar a implementação das reformas econômicas, mas também de impedir a restauração do sistema soviético.

Deixando as reformas econômicas para serem tratadas adiante, cabe aqui assinalar que o entendimento de que estas reformas só seriam de fato realizadas por um executivo forte decorreu da resistência do Congresso de Deputados do Povo às reformas iniciadas pelo primeiro-ministro Egor Gaidar, e levou ao gradativo desmanche das instituições democráticas surgidas durante a *perestroika* e à centralização do poder. Com esta afirmação não se está subestimando o conflito do governo Yeltsin com os diferentes grupos de oposição pela defesa dos seus interesses[3], nem os conflitos pelo poder, vigentes entre

---

3. P. Reddaway e D. Glinski identificam três desses grupos: *i*. Os movimentos e partidos que tentaram expressar os interesses dos elementos não pertencentes à elite da sociedade e que não eram apoiados por facções da *nomenklatura*; *ii*. As organizações de oposição criadas abertamente pela *nomenklatura* e seus grupos de ativistas e filiados; *iii*. Grupos que se declararam de oposição, entre os quais os autores citam como mais influentes o PCRF – Partido Comunista da Federação da Rússia, sob a direção de Ziuganov; o Iabloko, após 1993, de orientação social reformista; e algumas organizações comunistas radicais (P. Reddaway e D. Glinski, *The Tragedy of Russia's Reforms: Market Bolshevism Against Democracy*, Washington, United States Institute of Peace, 2001).

os grupos que formaram o novo núcleo dirigente russo[4]. Entretanto, como oposição organizada, a mais significativa se expressou nas referidas instituições democráticas e no Congresso de Deputados do Povo. Razão pela qual Yeltsin ocupou-se em desmontá-la.

Poch-de-Feliu[5] aponta três tentativas anticonstitucionais de Yeltsin para dissolução do Congresso de Deputados, realizadas entre dezembro de 1992 e outubro de 1993, quando ordenou o canhoneio da sede do parlamento. A primeira ocorreu em abril de 1992, meses antes que o conflito entre os dois poderes se tornasse declarado. Tratou-se de oposição ao projeto desenvolvido por uma Comissão Constitucional, presidida por Yeltsin, para elaborar um novo texto constitucional para a Rússia. Este projeto dava muitos poderes ao presidente, embora não fosse presidencialista. Ele substituía o Congresso de Deputados do Povo por um parlamento bicameral, com capacidade de derrubar o governo, mediante voto de censura. Em seu lugar, assessores de Yeltsin propuseram dissolver as câmaras, decretar um período de transição legitimado por um referendo e criar uma assembleia de deputados fiéis, encarregada de elaborar uma nova constituição. O seu projeto incluía a criação de um sistema paralelo de governadores regionais, subordinados ao presidente. Este foi o quadro de referência em que se instalou, em dezembro de 1992, um novo Congresso de Deputados, que cancelou os poderes extraordinários anteriormente concedidos a Yeltsin, e censurou a terapia de choque na economia, conduzindo à substituição do então primeiro-ministro Gaidar por Viktor Chernomirdin.

A segunda tentativa deu-se com a convocação de um referendo, anunciada por Yeltsin em 7 de março de 1993, com o objetivo de dissolver o Congresso e criar um sistema presidencialista. Para alcançá-lo, assinou um decreto, em 20 de março, com o qual criou um "regime especial", que colocou a sua autoridade acima de qualquer outro poder constitucional e convocou o referendo para 25 de abril; este deveria votar confiança no presidente ou no Congresso de Deputados. A condenação geral a esta atitude levou à convocação do IX Congresso de Deputados, para votar a destituição de Yeltsin. A destituição não ocorreu, por uma diferença de 72 votos (617 ante os 689 necessários) e

---

4. Constituíam este núcleo quatro grupos: o de Sverdlov, formado pelos velhos companheiros de Yeltsin, dos tempos de partido; o dos intelectuais do partido Rússia Democrática; o dos burocratas militares e membros do segundo e terceiro escalões da *nomenklatura*, que ascenderam com o fim da URSS; e o dos novos políticos e burocratas que ingressaram na atividade pública nas instituições russas (R. Poch-de-Feliu, *op. cit.*, p. 261).

5. *Idem*, p. 267.

a derrota fez com que o Congresso acabasse aceitando a convocação do referendo, conforme pretensão de Yeltsin. Os deputados, porém, incluíram uma pergunta de avaliação da política econômica conduzida por Gaidar, ficando assim formuladas as questões do referendo: *i.* Confia no presidente Yeltsin? *ii.* Aprova a política econômica conduzida pelo presidente e o governo em 1992? *iii.* Considera necessário realizar eleições presidenciais antecipadas? *iv.* Considera necessário realizar eleições parlamentares antecipadas?

A participação da população no referendo foi de 64% e os resultados obtidos foram respectivamente os seguintes: 58,7% dos respondentes confiavam no presidente, 53% deles aprovavam a política econômica conduzida pelo presidente e o governo, 31,7% deles consideravam necessário realizar eleições presidenciais antecipadas e 43,1% deles consideravam necessário realizar eleições parlamentares antecipadas[6]. Analisando estes resultados, Poch-de-Feliu[7] descreve as condições de realização da campanha pelo referendo, na qual a oposição parlamentar não só foi retratada como resíduo stalinista e ridicularizada, com ataques pessoais e demonização dos seus líderes, como foi praticamente expulsa da TV nas horas de maior audiência: ao vice-presidente Alexandr Rutskoi, único rival relativamente carismático de Yeltsin, foi negado acesso à TV. E foi inaugurada na Rússia, segundo o autor, a propaganda eleitoral de estilo ocidental, com extraordinária proliferação de promessas eleitorais, como a concessão de autonomia aos cossacos do Don, a triplicação dos soldos militares, o aumento em dobro do valor das bolsas aos estudantes e das pensões aos aposentados, o congelamento dos aluguéis e outras inúmeras vantagens. Mas, ao mesmo tempo, considera mais importante para a vitória de Yeltsin no referendo a tradição cultural russa, com base na qual a população se identifica com um líder carismático e se apega a um presidente forte para resolução dos problemas.

De toda maneira, a vitória foi pouco significativa, indicando, na opinião de líderes da oposição anti-Yeltsin, que as reformas não deveriam continuar no rumo definido e praticado pelo governo[8].

---

6. Estes números são de R. Poch-de-Feliu, *op. cit.*, p. 273. M. McFaul dá outros números relativos às respostas aos itens 3 e 4; segundo ele, "para a terceira e quarta questões, uma grande quantidade daqueles que votaram (49,5%) apoiavam eleições presidenciais antecipadas, enquanto uma sólida maioria (67,2%) pediam novas eleições parlamentares" (M. McFaul, *Russia's Unfinished Revolution: Political Change From Gorbachev to Putin*, Ithaca/London, Cornell Univ. Press, 2001).
7. R. Poch-de-Feliu, *op. cit.*, p. 273.
8. M. McFaul, *op. cit.*, p. 191.

Entretanto, aproveitando os resultados do referendo, Yeltsin criou a Conferência Constitucional, constituída por 762 representantes de todas as áreas da vida política russa (líderes de partidos políticos e de organizações sociais, de governos regionais, da economia e da cultura) para elaborar uma nova constituição para o país. O seu objetivo foi o de substituir a emendada Constituição em vigência, assim como o projeto elaborado no âmbito do Congresso de Deputados por Oleg Rumyantsev. Ambos garantiam a primazia e o controle do Congresso sobre o presidente e incorporavam, com emendas insignificantes, a estrutura e o sistema federalista incluído na Constituição da era soviética.

A primeira minuta da nova Constituição circulou na primavera de 1993 e tinha caráter nitidamente presidencialista, delimitando, claramente, as autoridades do presidente e do Congresso de Deputados. Foi com ela que se abriu a discussão quando instalada a referida Conferência Constitucional, em junho de 1993. A oposição participou inicialmente dos seus trabalhos, mas os considerou controlados pelo presidente e se retirou, eliminando com isso também a sua legitimidade. Ruslan Khasbulatov, presidente do congresso, tentou organizar delegados regionais descrentes da autoridade da conferência para elaborar uma nova Constituição, convocando um Congresso de Deputados dos conselhos locais para demonstrar resistência à tentativa de Yeltsin de dissolver o Congresso central. Com o decreto de número 1400, de 21 de setembro de 1993, Yeltsin declarou dissolvidos os poderes legislativo e judiciário. O Tribunal Constitucional, criado em outubro de 1991, declarou a ilegalidade do decreto, indicando dez violações à carta magna e apontando bases para a destituição de Yeltsin. Utilizando esta declaração, o vice-presidente Aleksandr Rutskoi assumiu a presidência do país, nomeou novos ministros da Defesa, da Segurança e do Interior, invalidou os decretos de Yeltsin e organizou uma guarda armada para impedir uma tomada do edifício do parlamento. Centenas e, posteriormente milhares de pessoas manifestaram-se em apoio ao parlamento, ao redor de cujo edifício, a partir de 24 de setembro, foi estabelecido um cordão policial de dez mil agentes e doze veículos blindados do Ministério do Interior, reforçado por atiradores de precisão colocados nos telhados dos edifícios das redondezas. Foram cortados os suprimentos de água quente, calefação e eletricidade, criando-se situação de grande pressão sobre os sediados. Esta pressão alcançou também o Tribunal Constitucional, que propôs um retorno à situação anterior ao decreto e a convocação simultânea de novas eleições presidenciais e legislativas, como saída para a crise. O decreto

1400, porém, previa eleições legislativas somente para uma das câmaras e eleições presidenciais para seis meses depois. O impasse se manteve a despeito das detenções de manifestantes, sendo rompido somente quando manifestantes partidários do parlamento, cerca de quinze mil pessoas, tentaram assaltar a sede da emissora de televisão, na tarde do dia 3 de outubro. Os manifestantes dirigiram-se inicialmente à Casa Branca, sede do parlamento, rompendo o seu cordão de isolamento. Rutskoi e Khasbulatov, livres desse cordão, conclamaram os manifestantes a tomar o edifício da prefeitura, o Kremlin e a sede da emissora de televisão. Yeltsin decretou estado de emergência em Moscou, após o qual se verificou a repressão armada contra a multidão, conduzida por unidade especial do Ministério do Interior. Foram mortos 42 manifestantes e curiosos, ficando feridos outros 114.

A sede do parlamento foi tomada no dia seguinte. O tiroteio começou pela manhã, quando os tanques estacionados em frente a ela dispararam. Segundo cifras oficiais, nessa manhã morreram 103 pessoas, 22 delas soldados e agentes do Ministério do Interior. Dentro do edifício, deputados e serviçais do edifício, além de jornalistas se concentraram na sala do Conselho das Nacionalidades, ao abrigo do canhoneio, à espera do final da operação. Este se deu com a evacuação do edifício, às quatro horas da tarde. Neste mesmo dia, foi decretada a suspensão de trinta periódicos e organizações políticas; e na semana seguinte dezenove mil pessoas foram detidas. Segundo cômputo oficial, morreram nos dias 3 e 4 um total de 147 pessoas, ficando feridas outras 372[9].

Com este desfecho encerrou-se uma primeira fase de institucionalização do novo Estado russo. Os acontecimentos violentos de outubro acabaram por influenciar a natureza das instituições políticas que foram formadas posteriormente, pois a vitória de Yeltsin sobre os seus oponentes fez com que ele e seus apoiadores entendessem que ela lhes concedia mandato político para impor as novas regras econômicas e políticas do país.

Assim, até mesmo antes, com a assinatura do decreto 1400 referido, foi determinada a realização de eleições para compor um novo parlamento, que deveria aprovar uma nova Constituição. E imediatamente após os acontecimentos de outubro, foi organizado um referendo para aprová-la. Ambos, eleições e referendo, foram marcados para o dia 12 de dezembro de 1993. As regras para sua realização foram estabelecidas de forma a assegurar a vitória do

---

9. R. Poch-de-Feliu, *op. cit.*, p. 284.

presidente. Para aprovação da Constituição no referendo era suficiente o voto afirmativo de um quarto dos votantes, da mesma forma que, para ser válida a eleição do parlamento, era suficiente a participação de 25% do eleitorado. As comissões eleitorais distritais, responsáveis pelo controle das candidaturas e pela contagem dos votos, foram formadas por representantes do poder executivo, que também controlou a Comissão Eleitoral Central. Esta, por sua vez, detinha a prerrogativa de interpretar a lei eleitoral[10] (antes pertencente ao parlamento) e controlar o financiamento das eleições e dos partidos. Foram proibidas críticas ao presidente e à Constituição nos programas gratuitos de TV[11]. Segundo dados oficiais, compareceram às urnas 54,4% do eleitorado, dos quais 31% votaram a favor da Constituição[12].

A aprovação da nova Constituição foi anunciada pelo porta-voz presidencial, em meio a polêmicas sobre o real comparecimento dos eleitores[13]. O resultado das eleições foi, entretanto, decepcionante para o poder central: este contava com a vitória do seu partido, Opção da Rússia, o qual, entretanto, ficou atrás do Partido Liberal Democrático da Rússia, liderado por Zhirinovski (um líder radical da direita nacionalista), que ficou em primeiro lugar, com 22,7% dos votos. Em algumas circunscrições eleitorais, os votos comunistas ficaram em segundo lugar, deixando Opção da Rússia para trás de ambos[14].

A nova Constituição preservou o cargo de presidente e aumentou os seus poderes, definindo o regime político como presidencialista, portanto, ainda que singular, posto dispor de um primeiro-ministro. Ela definiu as prerrogativas da presidência e alterou a estrutura do poder legislativo e suas competências.

10. Na verdade, decreto de número 1557, de 1º de outubro de 1993, estipulava que a Câmara de Deputados seria eleita de acordo com um sistema misto: metade das cadeiras (225) deveria ser determinada pelo sistema majoritário nos novos distritos eleitorais, ficando a outra metade para ser determinada de acordo com um sistema de representação proporcional. Os partidos precisavam alcançar o umbral de 5% dos votos para receber qualquer cadeira neste último sistema. Para o Conselho da Federação, Yeltsin promulgou o Decreto 1628, de 11 de outubro de 1993. Com base nele, cada região, República e província constituiu um distrito eleitoral, com dois mandatos. Candidatos a essas posições deviam obter assinaturas de 2% da população ou 25 mil assinaturas, o número que fosse maior (M. McFaul, *op. cit.*, p. 221).
11. R. Poch-de-Feliu, *op. cit.*, p. 287.
12. P. Reddaway e D. Glinski, *op. cit.*, p. 436.
13. O jornal *Izvestia* divulgou que o total de votantes da Constituição somou 29,3 milhões; quatro dias depois, *Rossiiskaia Gazeta* informou que os votantes somaram 32,9 milhões (R. Poch-de-Feliu, *op. cit.*, p. 290).
14. R. Poch-de-Feliu, *op. cit.*, pp. 288-289.

Em relação ao legislativo, a nova Constituição criou um Parlamento Nacional bicameral: um Conselho da Federação, criado por Yeltsin ainda no verão de 1993, e uma Câmara de Deputados, a Duma[15]. O primeiro foi constituído em base territorial, com dois representantes de cada uma das noventa regiões da Federação da Rússia. A Duma, como o órgão legislativo principal, foi composta por 450 deputados, tendo como responsabilidades a elaboração das leis, a aprovação do orçamento do país e a aprovação ou a rejeição do candidato a primeiro-ministro indicado pelo presidente. No caso de a Duma rejeitar esta indicação por três vezes, o presidente tem o direito de dissolvê-la e convocar novas eleições. Caso a Duma aprove um voto de não confiança no governo duas vezes, em três meses, o presidente tem o direito de demitir o gabinete ou dissolver a Duma. O primeiro-ministro, porém, nomeia os demais ministros, não necessitando para isso a aprovação da Duma. A prerrogativa de nomeação dos ministros da Defesa, do Interior e das Relações Exteriores e do Chefe do Serviço Federal de Segurança é do presidente, não havendo na nova Constituição o cargo de vice-presidente. Na ausência do presidente, o primeiro-ministro assume a presidência.

A nova Constituição reafirmou o princípio da independência do poder judiciário, dando a uma Corte Constitucional, a função de dirimir conflitos constitucionais. Segundo McFaul[16], ações empreendidas por Yeltsin, assim como algumas de suas inovações institucionais tiveram o efeito imediato de diminuir o poder dessa corte. Através de uma lei, aprovada em ambas as casas do parlamento em 1994, ele efetivamente diluiu o poder dos juízes de oposição, expandindo o número de seus membros. Nos termos desta lei, o presidente nomeia os juízes da Corte Constitucional e o Conselho da Federação aprova as nomeações.

A nova Constituição também propiciou as condições para a realização centralizada da política econômica, ao entregar à administração presidencial os principais instrumentos para implementá-la. Os ministros não se reportam ao parlamento, mas ao presidente, que dela recebe o poder de governar por decreto. A nova ordem constitucional e a nova correlação de forças que levou à sua aprovação, pareceram garantir aos reformadores econômicos russos o tipo de Estado que desejavam para implementar sua política de reformas[17].

---

15. Estes dispositivos foram regulamentados pelos decretos 1557, de 1º de outubro e 1628, de 11 de outubro, conforme referidos anteriormente. Ver nota 10, p. 170.
16. M. McFaul, *op. cit*. Com base na qual é feita toda a descrição sobre a nova Constituição.
17. M. McFaul, *op. cit.*, p. 223.

Além da Constituição, outras ações de natureza institucional tiveram lugar, no início do primeiro governo Yeltsin, cabendo mencionar duas, pelo seu significado do ponto de vista do controle do poder central. A mais importante delas refere-se à decisão de reforçar o poder executivo, mediante a criação de um imenso aparato administrativo em torno da presidência e nos demais níveis de governo; este aparato teve como objetivo declarado assegurar o cumprimento das decisões centrais, mediante seu monitoramento e supervisão. O resultado foi um grande crescimento do seu corpo de funcionários: de 3500 de que dispunha em dezembro de 1993, a administração presidencial passou a contar rapidamente com 5500, responsáveis por 21500 subordinados[18]. Em informe apresentado à Duma, em abril de 1998, o primeiro-ministro, Sergei Kirienko, informou que os aparatos governamentais em Moscou e regiões tiveram um aumento de 1,2 milhões de funcionários entre 1992 e 1997[19]. A segunda medida refere-se à criação de um corpo de segurança próprio da presidência (o Serviço de Segurança Presidencial, sua "mini KGB pessoal")[20], e à subordinação direta a ele, não ao parlamento, dos ministérios vinculados à defesa e do Ministério de Relações Exteriores.

Os princípios constitucionais não foram inicialmente aceitos pela oposição, sendo os anos das gestões Yeltsin marcados por conflitos políticos importantes. Destacam-se entre eles: a concessão da anistia aos golpistas de agosto de 1991 e aos ocupantes da Casa Branca em 1993, a política econômica, a deflagração e condução da guerra com a Chechênia e as próprias disputas eleitorais para a Duma e para a presidência.

Tendo em vista a necessidade de legitimar seu governo, Yeltsin dedicou-se à promoção de um documento de Entendimentos para um Acordo Cívico, com base no qual os seus signatários renunciariam a convocar eleições antecipadas e a apresentar emendas constitucionais, quando não baseadas em amplo consenso social. Este documento foi assinado no final de abril por líderes do governo central e de algumas regiões, partidos, sindicatos, religiosos e movimentos sociais, mas não obteve a adesão dos principais partidos da oposição, nem de forças políticas que, não o reconhecendo, passaram a exercer atividades hostis ao governo[21]. Estas não foram bem-sucedidas e, na fase do Acordo

---

18. P. Reddaway e D. Glinski, *op. cit.*, p. 442.
19. *Idem, ibidem.*
20. *Idem, ibidem..*
21. *Idem*, p. 445.

Cívico, houve atuação política mais amena da oposição. Esta, fortemente concentrada na Duma, não chegou a criar sérios problemas à vigência do sistema criado com a nova Constituição.

Estava, portanto, institucionalizado o novo Estado, pelo menos nesta primeira fase. Como se verá adiante, ele sofreu alterações significativas depois da assunção de Putin à presidência, em 2000.

Os Dois Eixos da Transformação Institucional na Economia: O Programa de Estabilização e a Privatização

A transformação institucional na economia realizou-se, na Rússia, através de um único programa de reformas, no qual foram incluídos, como objetivos interligados para a transformação, sem retrocessos[22], do sistema econômico soviético: a liberalização dos preços, a estabilização econômica, a abertura econômica externa e a privatização da propriedade pública.

Estes objetivos constam dos entendimentos e memorandos realizados com o Fundo Monetário Internacional e o Banco Mundial, contando, para sua definição e implementação, com assessoria e apoio financeiro internacionais[23].

A lógica de sua definição foi indicada por E. Gaidar e A. Chubais, considerados os principais articuladores do programa, em um livro recente, no qual descrevem os principais dilemas que tiveram que enfrentar para isso[24]. Segundo eles, o primeiro dilema consistiu em definir como enfrentar a crise de abastecimento, frente à situação falimentar russa, caracterizada pelo fato de as reservas cambiais do país estarem próximas de zero, e de seus recursos financeiros não serem suficientes nem mesmo para pagar os fretes dos grãos eventualmente importados com crédito estrangeiro. Os estoques de grãos disponíveis eram suficientes, de acordo com estimativas otimistas, somente até fevereiro-março de 1992. O dilema apresentou-se da seguinte forma: assegurar o abastecimento de alimentos às cidades à força (confiscar os grãos dos *kolkho-*

---

22. "Sua [dos novos líderes do país] prioridade 'econômica' era estritamente política: destruir o velho sistema mediante mudanças irreversíveis" (R. Poch-de-Feliu, *op. cit.*, p. 251).
23. The World Bank, *Russian Economic Reform: Crossing the Threshold of Structural Change*, Washington, The World Bank, 1992; The World Bank & Government of the Russian Federation, Agency for International Cooperation and Development (April 20, 1993).
24. E. Gaidar e A. Chubais, *Razvilki Noveishei Istorii Rossii* [*Dilemas da Nova História da Rússia*], Moskva, Ogi, 2011.

ses, mantendo fixos os preços) ou, ao contrário, liberalizar os preços, tornando vantajosa para os *kolkhosianos* a venda deles. A primeira alternativa tinha precedente histórico desastroso. A segunda, pela qual se decidiu a direção do país, apesar de implementação complexa e difícil, consistia em propor preços que os produtores agrícolas considerassem aceitáveis. A dificuldade estava no sistema monetário e de crédito ainda não reformado, o qual funcionava na base de filiais do Banco Estatal, que deveriam operar sob seu estrito controle. Nas condições da nova economia de mercado, porém, essas filiais ignoravam as ordens do Banco Estatal e executavam sua própria política creditícia, criando sério perigo para a unidade do sistema monetário.

Disto resultou o segundo dilema: liberalizar os preços, não dispondo de controle sobre a circulação monetária ou postergar a liberalização dos preços para quando fosse possível introduzir a nova moeda nacional russa. Este dilema foi discutido no outono de 1991, tendo-se pensado em uma liberalização parcial de preços no começo de 1992 e na introdução da nova moeda em julho seguinte. Mas a situação do abastecimento, conforme visto acima, convenceu o governo de que a implementação desta alternativa não seria possível: a crise alimentar era muito grave para se tentar resolvê-la antes da próxima colheita em julho. Decidiu-se, então, adotar a plena liberalização dos preços. Mas, para que ela funcionasse, era preciso também regularizar a situação do comércio no país, uma vez que, no sistema soviético, a atividade comercial como empreendimento era considerada ilegal, sujeita a sanções. Esta regularização se deu através do decreto assinado por Yeltsin em 29 de janeiro de 1992, "Sobre a Liberdade de Comércio".

O terceiro dilema apresentou-se nas seguintes alternativas: fazer antes a privatização e depois liberalizar preços ou o contrário, liberalizar preços e depois fazer a privatização. Era sabido que o pleno funcionamento do mercado pressupunha a existência de um amplo setor privado, como também era evidente que a propriedade privada não é eficiente na ausência de mercado. Este dilema foi resolvido a favor da prioridade à liberalização dos preços, à criação de mecanismos de integração à economia internacional, à convertibilidade do rublo e somente depois, uma ampla privatização. A decisão apoiou-se nas condições reais da economia, na necessidade de enfrentamento dos problemas de abastecimento alimentar no final de 1991, começos de 1992 e na complexidade técnica e política de promover a privatização, que retardaria a solução dos referidos problemas de abastecimento por alguns anos. Os demais dilemas referidos pelos dois autores referem-se às formas de conduzir a privatização e a eles se fará referência quando se tratar especificamente dela.

O que se pretende aqui discutir é a partir de que pressupostos e situações foram construídos os próprios dilemas, referentes ao programa de estabilização da economia russa no quadro da construção do novo sistema capitalista no país.

Em 28 de outubro de 1991, frente ao vazio institucional criado na URSS pelo golpe de agosto contra Mikhail Gorbatchov, Yeltsin proclamou, em mensagem dirigida ao quinto Congresso de Deputados da Rússia, a sua intenção de conduzir uma radical reforma econômica no país. Esta envolveria uma estabilização macroeconômica, especialmente financeira, liberalização imediata e drástica dos preços e privatização. Neste mesmo discurso, Yeltsin convidou oficialmente o FMI, o Banco Mundial e o Banco Europeu de Reconstrução e Desenvolvimento para participar da elaboração de um plano detalhado de reforma econômica, solicitando assistência técnica para a análise e preparo de recomendações sobre questões chave da economia, da ecologia e das regiões. A equipe de jovens economistas radicais criada por ele uma semana após o discurso para levar a cabo a reforma, anunciou, por sua vez, sua completa dedicação ao pacote de reformas econômicas do FMI e, em fevereiro de 1992, prometeu aceitar inteiramente as condições desta instituição[25].

Cabe aqui, porém, antes de passar à análise do pacote, indicar dois elementos que parecem relevantes para definir o curso dos acontecimentos relacionados a eles. O primeiro deles refere-se ao debate econômico ocorrido no interior da equipe de assessores de Yeltsin, ainda em setembro de 1991, entre um grupo de economistas ligados a Gaidar e outro grupo liderado por Oleg Lobov. O primeiro defendia uma reforma monetária radical e a independência da Rússia, enquanto o segundo defendia uma política industrial e a preservação da URSS. Segundo Hough[26], a posição de Yeltsin em relação ao debate era contraditória: por um lado desejava a independência, por outro lado, a política industrial lhe parecia mais conveniente para seus objetivos eleitorais à presidência em 1996, tendo em vista uma coalizão política com os industrialistas. A sua preferência, entretanto, em 1992, foi pela continuidade da política defendida por Gaidar, levando à suspeita de que tenha assim decidido, por

---

25. J. F. Hough, *The Logic of Economic Reform in Russia*, Washington, Brooking Institution Press, 2001, p. 1.
26. *Idem*, pp. 128-129.

acreditar que o Ocidente apoiaria o seu desejo de suprimir o Congresso e introduzir uma Constituição mais autoritária, se ele mantivesse a sua política econômica[27]. O que não o impediu de posteriormente, em final do verão de 1993, indicar Lobov[28] para primeiro-vice-ministro suplente[29] e estabelecer a referida coalizão política com a União Cívica, liderada por Arkadi Volski, presidente da União Russa de Industrialistas e Empreendedores.

A outra observação consiste em referenciar a integral aceitação por Gaidar, das condições impostas pelos assessores internacionais à elaboração do programa de reformas. Assinale-se que esta aceitação reflete a formação e o pensamento político-ideológico dos jovens economistas radicais que constituíram, sob a liderança de Gaidar, a comissão criada por Yeltsin para elaborar o programa da reforma. Paradoxalmente, todos eles procederam dos círculos vinculados à *nomenklatura* soviética, inclusive o próprio intermediário do acesso de Gaidar a Yeltsin, Guenadi Burbulis, um assessor dos mais próximos do presidente, ex-professor de marxismo, chefe do departamento de Comunismo Científico, do Instituto Politécnico dos Urais, em Sverdlovsk. No capítulo de seu livro em que tratam da economia política da terapia de choque, Reddaway e Glinski[30] descrevem a procedência e o pensamento do grupo de jovens economistas: a despeito de suas diferenças, o traço comum deles era o de terem nascido em Moscou ou São Petersburgo, cidades de significado federal na Rússia, de famílias bem-situadas e com posição na *nomenklatura* soviética. Todos os membros do grupo eram graduados em nível universitário e leais acólitos do partido[31], pelo qual eram periodicamente designados para viagens ao exterior. Isto lhes permitiu familiarizar-se com academias ocidentais, nas quais se apresentavam como liberais ocidentalizados, com domínio das teorias econômicas predominantes (*mainstream*). A assistência técnica demandada, apoiada nestas teorias, deveria auxiliá-los em sua aplicação, ou seja, na elaboração técnica das medidas nelas preconizadas.

27. *Idem*, p. 129.
28. Oleg Lobov foi um administrador da indústria de defesa que entrou para o aparelho partidário e nele serviu como segundo secretário regional no último ano da gestão de Yeltsin em Sverdlovsk.
29. Em dezembro de 1992, Yeltsin substituiu Gaidar, então primeiro-ministro, por Viktor Chernomirdin.
30. P. Reddaway e D. Glinski, *op. cit.*, cap. 5.
31. Gaidar foi diretor da revista teórica do PCUS, *Kommunist*. Na sua redação reuniu um grupo de economistas que discutia políticas para a reforma da economia soviética, alguns dos quais fizeram parte posteriormente da equipe encarregada da reforma russa.

O grande problema consistiu em como ajustar estas teorias às condições particulares do processo de transição da economia russa. Mas esta não era a preocupação central nem da equipe, nem dos próprios assessores do FMI e do Banco Mundial[32]. A experiência mais de perto discutida foi a do Programa Balcerowicz, segundo nome de seu condutor, adotado na Polônia e conhecido pela adoção da chamada "terapia de choque". E o pacote adotado na Rússia nele inspirou-se para aplicar a terapia de choque à sua reforma.

O Programa de Estabilização

O pacote consistiu num programa de reformas que compreendeu: *i.* Imediata liberação dos preços, seguida de restritiva política monetária destinada a aparar as suas consequências inflacionárias; *ii.* Ajustamento fiscal; *iii.* Liberação do comércio exterior e estímulo ao investimento direto estrangeiro; *iv.* Reformas estruturais, com foco centrado na privatização. As justificativas para a sua adoção pela equipe encarregada de conduzir a reforma já foram parcialmente expostas acima.

A liberação dos preços foi realizada de uma vez, em 2 de janeiro de 1992, compreendendo 80% dos preços de atacado e 90% dos preços de varejo. Não foram incluídos, nesta fase, alguns produtos de alimentação considerados essenciais para o consumo da população e alguns insumos, os quais não eram passíveis de ajustamento via mercado (energia e fretes). Estes, no entanto, tiveram seus preços aumentados entre três e cinco vezes. Em 7 de março os preços de praticamente todos os produtos de consumo remanescentes foram liberados e, em 18 de maio, o governo elevou os preços de atacado do petróleo bruto de 350 rublos por tonelada para 2 200 rublos por tonelada[33]. A liberação levou a um aumento de preços de quase cinco vezes no varejo no primeiro trimestre de 1992, em relação a dezembro de 1991, e de quase nove vezes no atacado, nos dois primeiros meses do ano. Para enfrentar este surto inflacionário, foi adotada uma política monetária apertada, que combinou restrição de crédito e um teto para emissão de moeda. Ainda que tenha sido aplicada no contexto de

---

32. Segundo P. Reddaway e D. Glinski, Larry Summers, quando economista chefe do Banco Mundial, em 1991, declarou que "as leis da economia são como as da engenharia. Um conjunto de leis são aplicáveis em toda parte" (P. Reddaway & D. Glinski, *op. cit.*, p. 237).
33. The World Bank, *Russian Economic Reform*. Fonte inclusive das demais informações abaixo, quando não indicada outra.

uma difícil situação econômica herdada da condução da *perestroika*[34], esta política obteve algum sucesso, reduzindo o nível de crescimento dos preços ao longo dos dois anos seguintes. Segundo dados apresentados por Illarionov (ex-assessor do governo russo e diretor do Instituto de Análise Econômica), em artigo publicado em 1995[35] sobre a natureza da inflação russa, o IPC – Índice de Preços ao Consumidor, depois de apresentar uma elevação de 2 705% em 1992 em relação a 1991, teve uma queda no ritmo do seu aumento para 806% em 1993, em relação a 1992, e uma nova queda nesse ritmo para 318% em 1994, em relação ao ano anterior de 1993, registrando-se ritmos análogos de queda nos seus componentes (produtos alimentícios, outros produtos e serviços). Da mesma forma, o Índice de Preços de Atacado teve seus ritmos de elevação reduzidos de 6 164% em 1992, em relação aos preços em 1991, para 1 124% em 1993, em relação aos preços de 1992, e para 335% em 1994, em relação aos preços de 1993.

Mas a restrição do crédito agravou a queda da produção (22% em 1992, 13% em 1993 e 17% em 1994 da Renda Nacional Produzida; 18% em 1992, 14% em 1993 e 21% em 1994 do Produto Industrial; 9% em 1992, 4% em 1993 e 9% em 1994 do Produto Agrícola)[36]. Assim como também a queda do emprego: estimativas divulgadas pelo Centro Panrusso de Estudos sobre o Nível de Vida da População da Federação da Rússia, indicaram um crescimento de mais de três vezes no nível de desemprego até 1994[37]. Além disso, provocou atraso no pagamento dos salários e dos débitos entre as empresas, conduzindo a instabilidades sociais e mobilização de alguns setores de trabalhadores.

O impacto da liberação dos preços foi, porém, muito maior na redução do padrão de vida da maioria da população, não obstante os resultados positivos assinalados no combate à inflação. Segundo R. Layard e J. Parker[38],

---

34. Esta situação expressou-se na queda de 11% da Renda Nacional Produzida, de 8% do Produto Industrial e de quase 40% no volume do comércio exterior em 1991 e no funcionamento da economia em condições de pseudomercado, entre outras dificuldades. Ver Lenina Pomeranz, *Transformações Sistêmicas e Privatização na Rússia*, pp. 59-60.
35. A. Illarionov, "Priroda Rossiiskoi Inflatsii" ["Natureza da Inflação Russa"], *Voprocy Ekonomiki*, n. 3, 1995, *apud* Lenina Pomeranz, *Transformações Sistêmicas e Privatização na Rússia*, pp. 64-65.
36. Instituto de Economia da Academia Russa de Ciências, "Sotsialno-Ekonomitcheskaia Situatsia v Rossii. Itogi Problemy, Stabilizatsii" ["Situação Socioeconômica na Rússia. Resultados, Problemas, Estabilização"], *Vopvocy Economiki*, n. 2, 1994, *apud* Lenina Pomeranz, *Transformações Sistêmicas e Privatização na Rússia*, pp. 70-71.
37. Lenina Pomeranz, *Tranformações Sistêmicas e Privatização na Rússia*, p. 70.
38. R. Layard e J. Parker, *The Coming Russian Boom*, New York, The Free Press, 1996, cap. 6, "How do People Live?".

esse padrão de vida, em termos de quantidade de bens consumidos, caiu, em 1992, cerca da metade do nível registrado em 1991, já tendo este caído cerca de 10% em relação ao nível de 1990. Estes dados refletem a redução, entre 1991 e 1992, do consumo mensal *per capita* menor dos alimentos mais nobres – carne e derivados (de 5,7 kg/mês para 5 kg/mês), leite e derivados (de 30,2 kg/mês para 27,5 kg/mês), ovos (de 24 unidades para vinte) – e a elevação do consumo mensal dos mais básicos (batatas, de 8,8 kg/mês para 9,4 kg/mês) e vegetais (de 7,3 kg/mês para 8 kg/mês). Uma das instituições cruciais para a sobrevivência das pessoas, segundo os mesmos autores, foi a existência de cinquenta milhões de lotes privados de terra, nos quais, embora limitados pelo tamanho (em média igual a um quarto de um campo de futebol) foram produzidos 83% de toda a produção de batatas e 40% da produção de carne do país em 1993.

A liberação do comércio exterior focou basicamente a criação de um sistema cambial apropriado à criação de uma economia de mercado, uma vez que a liberação das transações externas, ou o desmonte do denominado monopólio estatal delas, já tinha sido iniciado no processo anterior da *perestroika* na URSS[39]. A reforma compreendeu o estabelecimento de uma taxa de câmbio flutuante, determinada pelo mercado interbancário, embora com controle das taxas de câmbio para algumas transações[40]. E contemplou a liberação e incentivos ao ingresso de capital estrangeiro, tendo em vista o aumento dos investimentos. No memorando de intenções assinado entre o governo da Federação Russa e o Banco Mundial, foram definidas as áreas da assistência técnica internacional relativas a estas medidas. No caso do comércio, ela compreendeu suporte para definição de algumas mudanças de natureza institucional, como a criação de um conselho de alto nível, a redefinição do papel do Ministério das Relações Econômicas com o Exterior e o aperfeiçoamento do marco regulatório destinado a encorajar a colaboração doméstica/

---

39. E. A. Hewett e C. G. Gaddy, *op. cit.*, cap. 3 "Requiem for a Foreign Trade Monopoly". Este processo compreendeu medidas envolvendo estimulo à exportação de manufaturados, a legalização e promoção de *joint ventures* com capital estrangeiro e o interesse na criação de zonas econômicas especiais. Estas medidas foram acompanhadas por outras, de natureza institucional (liberalização geral do comércio externo para todas as unidades econômicas, criação de organismos destinados especificamente à direção e coordenação das relações econômicas externas) e pelas primeiras tentativas de introdução da conversibilidade do rublo e da criação de um mercado de divisas. Com a crise do balanço de pagamentos de 1990, causada pela deterioração dos termos de troca do país (resultante primeiramente da queda dos preços do petróleo), mas também pelo aumento das importações, o país acabou acumulando déficits da balança comercial em 1989 e 1990 e dívidas incorridas de forma descentralizada, dificilmente pagáveis.
40. The World Bank & Government of the Russian Federation, Agency for International Cooperation and Development (April 20, 1993), 1993, cap. 1.

internacional. Sugeriu-se, como iniciativas para ajudar a promoção de exportações não tradicionais: *i.* Suporte para o desenvolvimento de zonas de livre comércio; *ii.* Desenvolvimento da capacidade administrativa regional, *iii.* Desenvolvimento de serviços de informações; e *iv.* Desenvolvimento e suporte de um serviço de aduana. E indicou-se a possibilidade de criação de um sistema de financiamento de médio prazo, em rublos ou divisas, como forma de contornar as dificuldades de acesso a financiamento externo e seu alto custo.

No caso do investimento direto estrangeiro foram definidos como prioridades para a assistência técnica internacional: *i.* O aperfeiçoamento da política e o enquadramento da legislação concernente, incluindo neste trabalho o esclarecimento e a análise das funções das instituições encarregadas da política e da regulamentação do investimento direto estrangeiro; *ii.* O trabalho de construção institucional específico para o investimento direto estrangeiro, com assistência de consultores residentes nos estágios iniciais de sua operação[41].

O programa de ajustamento fiscal previu, para o primeiro semestre de 1992, um corte drástico do tamanho do governo em todos os seus níveis. Estimou-se a redução dos dispêndios governamentais em relação ao PIB, de 48% em 1991 para 27% em 1992. Como resultado, os investimentos empresariais centralmente financiados caíram de 5,5% em 1991 para 2,3% no primeiro trimestre de 1992, enquanto caíram os subsídios ao produtor e ao consumidor de 3,9% para 2,3% no mesmo período. O déficit no primeiro semestre, estimado em 19% do PIB, teve como causa a venda aos importadores do câmbio obtido pelo governo através de amplos fluxos de financiamento externo, a taxas altamente subsidiadas[42].

Todos os ajustamentos referidos até aqui, conforme foram recorrentemente explicitados nos textos do memorando assinado entre a Federação da Rússia e o Banco Mundial, dependiam do ajustamento estrutural maior, representado pela privatização da propriedade estatal. Da mesma forma o funcionamento das empresas privatizadas dependeu da realização dos ajustamentos macroeconômicos referidos.

Os Programas de Privatização

O processo formal de privatização na Federação da Rússia iniciou-se ainda durante a existência da URSS, com um primeiro programa elaborado em julho

---

41. *Idem*, cap. 3.
42. The World Bank, *Russian Economic Reform*, p. 22.

de 1991⁴³. Mas ele teve começo factual durante a *perestroika* na URSS, com as inúmeras leis relativas ao funcionamento das empresas, tendo em vista a introdução da economia de mercado: a lei sobre as cooperativas, que visou a criação de pequenas empresas urbanas privadas; a lei sobre a terra, que objetivou reduzir o gigantismo dos *kolkhozes* e *sovkhozes*, tendo por base os lotes explorados individual ou familiarmente no campo; a lei sobre o arrendamento, que deveria servir de base para a privatização acionária do setor estatal; a lei sobre a empresa estatal e a lei sobre as empresas, ambas envolvendo os movimentos que deram lugar à chamada "privatização da *nomenklatura*"[44]. O primeiro destes movimentos realizou-se, basicamente, através da conversão das empresas estatais em sociedades anônimas, sendo acionistas majoritários os diretores e os trabalhadores dos seus coletivos, em associação ou não com os membros das agências governamentais aos quais as empresas estavam subordinadas. O segundo movimento transformou os ministérios setoriais em associações estatais intersetoriais (*mejotraslevie gosudarstvenie obiedinenia*) e complexos empresariais (*concerns,* consórcios, associações de empresas correlatas). Este movimento foi muito intenso depois do golpe de agosto de 1991, quando a crise política e econômica dele resultante levou os remanescentes dos ministérios e agências federais a se reorganizarem rapidamente, a fim de adquirirem direitos sobre a propriedade estatal[45].

A "privatização da *nomenklatura*" envolveu ainda dois outros movimentos: *i.* A constituição, ainda em 1986, da chamada Economia do Komsomol, a partir dos Centros de Criatividade Científica e Tecnológica da Juventude, criados junto aos comitês distritais do PCUS. Estes centros tinham autorização para produzir bens de consumo e estabelecer relações com o exterior, estabelecer seus próprios preços para as manufaturas produzidas ou importadas, além de terem isenções de tarifas alfandegárias e poderem trabalhar com moeda fiduciária; *ii.* A criação, no âmbito das empresas, de unidades comerciais independentes, especializadas na prestação de serviços a estas mesmas empresas, como *marketing* e vendas. Estas unidades podiam vender sua produção a preços não controlados, superiores aos preços fixados pelo governo, assegurando

---

43. Este plano não foi implementado, por força dos acontecimentos no plano político que redundaram no fim da URSS.
44. Lenina Pomeranz, *Transformações Sistêmicas e Privatização na Rússia*, p. 92.
45. *Idem, ibidem.*

assim, através do lucro gerado, a sua existência como entidades privadas, de propriedade da gerência das empresas das quais se originaram.

As leis referidas acima e o quadro econômico e político criado com o empreendimento das reformas no plano macroeconômico criaram o quadro inicial da acirrada disputa empreendida pela obtenção da propriedade estatal, que continuou nos primeiros anos após o fim da URSS.

Cyntia Freeland[46] descrevendo o que analistas por ela citados consideraram "a liquidação do século" (*the sale of the century*), aponta para os diferentes caminhos adotados por contendores que se tornaram os detentores mais bem-sucedidos da propriedade estatal, desde a utilização das cooperativas como começo dos negócios até a materialização dos complexos industriais, passando pelo aproveitamento da criação e funcionamento incipiente do sistema financeiro. Entre eles, ela se refere aos detentores das grandes empresas do setor de gás e petróleo, aos criadores de novas empresas no Ártico a partir de empresas de exploração geológica, a investidores estrangeiros em setores ainda não explorados (cervejaria em Perm) e aos investidores na criação de instituições financeiras e criadores dos grandes grupos econômico-financeiros organizados em torno delas, alguns posteriormente identificados como os oligarcas do novo sistema.

A privatização programada da propriedade pública na Federação Russa foi promovida em duas etapas, depois de realizada a privatização das pequenas empresas do setor comercial e do setor de serviços, através de leilões competitivos e/ou licitações. A primeira, convencionalmente denominada de *privatização de massa*, por envolver a grande massa das empresas russas, foi contemplada nos Programas de Privatização do Governo da Federação da Rússia (Programa de Privatização) para 1992 e 1993, aprovados em junho e no final do ano de 1992, respectivamente. A segunda envolveu a *privatização das empresas maiores e estratégicas*, propositadamente deixada para ser tratada de forma diferenciada posteriormente, por sua importância econômica.

A Privatização de Massa

A Lei sobre a Privatização das Empresas Estatais e Municipais da Federação da Rússia, promulgada pelo *soviet* (conselho) da República, em julho

---

46. C. Freeland, *The Sale of the Century*, New York, Crown Business, 2000.

de 1991, formulou princípios gerais para a elaboração de um programa de privatização. Este programa, conhecido como Plano Saburov, não foi, porém, implementado, devido à dissolução da URSS e à instalação de um novo governo na Rússia, conduzido pelo primeiro-ministro, Egor Gaidar.

Foi então elaborado um novo programa de privatização do governo da Federação Russa, aprovado em junho de 1992, sem as amarras ideológicas previamente existentes. Antes de adentrar na sua descrição e análise, convém apresentar as especificidades da organização econômica soviética herdada pela Federação Russa, que condicionaram as formas que assumiu a privatização da propriedade estatal[47].

A primeira delas era a universalidade da propriedade estatal: 99,9% era o índice de socialização da propriedade indicado no Anuário Estatístico da URSS de 1965, considerando-se socializadas a propriedade estatal e a propriedade *kolkhoziana*. Em 1985, antes do início da *perestroika,* estes dois tipos de propriedade somavam 95,2%, quando considerados os ativos totais da economia, e 97,8%, quando considerados somente os ativos produtivos. Considerada somente a propriedade estatal *stricto sensu,* tem-se um índice em torno de 88% (tabela 8). Para se ter ideia do esforço necessário para a privatização, o número de empresas estatais na indústria, em começos de 1991, era de 45 900; na agricultura existiam 23 300 *sovkhozes* e 27 900 *kolkhozes*; na construção, 3 400 *trusts* e organizações subordinadas; e no comércio retalhista e serviços, 572 mil e 690 mil estabelecimentos, respectivamente. Segundo estimativas de Iacin[48], de onde foram extraídos os números apresentados, os ativos sujeitos à privatização eram da ordem de 1,2 a 1,4 trilhões de rublos, considerado o seu valor a preços de época (como ordem de grandeza para efeito de comparação, o valor da Renda Nacional Produzida em 1990 foi de 704, 6 bilhões de rublos).

Ademais de universal, a propriedade estatal era extremamente concentrada. Por força das inúmeras reformas realizadas na estrutura empresarial, especialmente através de fusões (*mergers*) durante a gestão Brejnev, para facilitar o monitoramento central das empresas, chegou-se a um grau de concentração econômica sem precedentes. Segundo Iacin, já citado, nas empresas industriais de mais de duzentos milhões de rublos de ativos fixos (correspondentes a 1,3%

---

47. A descrição destas características é extraída de Lenina Pomeranz, *Transformações Sistêmicas e Privatização na Rússia*.
48. E. Iacin, "Razgosudarstvlenie i Privatizatsia" ["Desestatização e Privatização"], *Kommunist*, n. 5, 1991, mart, em Lenina Pomeranz, *Transformações Sistêmicas e Privatização na Rússia*, pp. 78-79.

do número de empresas), concentravam-se 47,2% dos ativos produtivos, 25,7% da produção e 19,4% do pessoal ocupado na produção da indústria. Como se verifica na tabela 9, os produtos observados em quatro setores industriais eram produzidos por até três empresas, sendo particularmente concentrada a produção de bens da indústria de máquinas e equipamentos: 87% dos 5 885 produtos constantes da tabela eram produzidos em uma única empresa e mais 7,8% em duas ou três empresas. Um levantamento feito pelo Goskomstata[49], em 1988, contou 166 empresas do setor de máquinas e equipamentos que eram monopolistas absolutos; e outro levantamento do Gosnab indica que cerca de duzentas empresas eram as únicas produtoras de um tipo específico de produto[50]. Em final de 1990, a percentagem da força de trabalho ocupada em empresas maiores de mil empregados era de 63,4%, sendo 21,6% em empresas de mais de dez mil empregados[51].

TABELA 8. URSS. ATIVOS POR FORMA DE PROPRIEDADE. 1985

Discriminação	Total*		Só ativos produtivos
	Bilhões de rublos	Porcentagem sobre o total	Porcentagem sobre o total
Propriedade estatal	2.049	87,8	88,2
Propriedade cooperativa	37	1,6	1,2
Propriedade *kolkhoziana*	173	7,4	9,6
Propriedade individual	74	3,2	-
Total	2.333	100,0	100,0

Fonte: Goskomstata sssr [Comitê Estatal de Estatística], *Narodnoe Khoziaistvo sssr v 1990 g.* [*A Economia Nacional da urss em 1990*], em Lenina Pomeranz, *Transformações Sistêmicas e Privatização na Rússia*.
* Inclui ativos produtivos e não produtivos. Na propriedade individual incluem-se os ativos utilizados nos lotes pessoais dos *kolkhozianos*.

A segunda característica era a ausência de poupança privada, em termos de recursos para investimento, fora do âmbito do Estado. Por um lado, os recursos

49. Órgão Central de Estatística da urss. Heidi Kroll, "Monopoly and Transition to the Market", *Soviet Economy*, vol. 7, n. 2, Apr.-Jun. 1991, em Lenina Pomeranz, *Transformações Sistêmicas e Privatização na Rússia*.
50. Amurzhuyev & Tsapelik, "Kak Pobedit' Diktat Monopolista" ["Como Vencer o Ditame do Monopolista"], *Ekonomicheskana Gazeta*, n. 49, December 1989, *apud* Heidi Kroll em Lenina Pomeranz, *Transformações Sistêmicas e Privatização na Rússia*.
51. Kholodkov, *apud* Heidi Kroll em Lenina Pomeranz, *Transformações Sistêmicas e Privatização na Rússia*.

disponíveis da população, para eventual aplicação na compra de empresas, segundo estimativas feitas no início de 1991, não ultrapassariam cem a 150 bilhões de rublos, quando o estoque de ativos fixos de propriedade estatal, exclusive recursos naturais e terra, constituiriam mais de 2,5 trilhões de rublos[52]. Além disso, o sistema financeiro soviético não deixava margem para a acumulação de recursos "livres" nas mãos das empresas. Somente durante a *perestroika*, com a lei sobre a empresa estatal e as leis complementares sobre as cooperativas e o trabalho individual é que se iniciou um processo de obtenção de autonomia financeira pelas empresas e, consequentemente, de sua monetização. O corolário da ausência de poupança privada era a inexistência de um mercado de capitais e a maneira como este se formou, assim que foram criadas as condições para o seu surgimento: um grande número de instituições fracas, atuando de forma especulativa no mercado cambial e, posteriormente, no incipiente mercado de papéis de diferentes origens.

TABELA 9. URSS. CONCENTRAÇÃO DA PRODUÇÃO DE PRODUTOS SELECIONADOS

Ramo Industrial	Número de Produtos	Número de Produtores (%)				
		Um	Entre dois e três	Entre quatro e seis	Entre sete e dez	Mais de dez
Máquinas e Equipamentos	5885	87	7,8	2,7	1	1,5
Metalúrgica	208	27,9	28,4	20,7	9,6	13,4
Química e Madeira	1225	46,7	27,6	13,1	5,1	7,5
Construção	90	30	28,9	12,1	17,8	11,1
Esfera Social	256	44,9	20,7	12,9	9	12,5

Fonte: O. Amurzhuyev & V. Tsapelik, "Kak Pobedit' Diktat Monopolista" ["Como Vencer o Ditame do Monopolista"], *Ekonomicheskaya Gazeta*, n. 49, December 1989, p. 7; E. Yasin & V. Tsapelik, "Puti Preodoleniya Monopolizatsii v Obshchestvennom Proizvodstve" ["Caminhos para Vencer a Monopolização na Produção Social"], *Planovoye Khozyaystvo*, n. 1, Jan. 1990, pp. 35-41, *apud* Heidi Kroll, "Monopoly and Transition to the Market", *Soviet Economy*, vol. 7, n. 2, Apr.-Jun. 1991, em Lenina Pomeranz, *Transformações Sistêmicas e Privatização na Rússia*.

52. As estimativas de E. Iacin indicadas anteriormente são menores, mas os dados não contrariam a linha de argumentação que se está utilizando (E. Iacin, *op. cit.*; A. Akhmeduev, "Razgosudarstvlenie i Rasvitie Form Sobstvennosti" ["Desestatização e Desenvolvimento das Formas de Propriedade"], *Voprocy Ekonomiki*, n. 4, 1991, pp. 48-57, em Lenina Pomeranz, *Transformações Sistêmicas e Privatização na Rússia*, p. 81).

A terceira característica era a ausência de uma cultura empresarial, nos moldes das economias capitalistas ocidentais. A iniciativa gerencial na empresa soviética teve mais a ver com a busca de insumos para o cumprimento de suas metas de produção, frente à escassez deles (o que era feito através do estabelecimento de redes de relações com outros diretores/gerentes de empresa e de manutenção de estoques, inclusive de equipamento, muitas vezes não utilizados). E com o exercício de sólida liderança do coletivo de trabalhadores, que assegurou o seu apoio aos diretores das empresas posteriormente, no processo de privatização. Esta forma de atuação se explica, basicamente, pela organização da gestão econômica soviética, que restringia a autonomia empresarial e impunha mecanismos centralizados de atuação da administração da empresa. A evidência maior da ausência de cultura empresarial estava na dificuldade de realização de negócios por empresas ocidentais neles interessadas, seja no plano das transações comerciais, seja no plano das inversões.

A quarta característica era (ainda é, na população russa) o forte sentimento de justiça social da população soviética. Na formulação da estratégia da privatização era necessário levar este sentimento na devida conta, pois a propriedade pública era entendida como "propriedade de todo povo" e representava um sentido de direito a certas garantias de parte do Estado, titular e gerente dessa propriedade. Esta questão foi amplamente discutida pelos técnicos durante a definição das alternativas de privatização e foi aventada recorrentemente, para assegurar o apoio político necessário à execução de qualquer delas.

O programa de Privatização do Governo da Federação da Rússia (Programa de Privatização)[53], aprovado em julho de 1992, apoiou-se em instrumentos legais que estabeleceram preliminarmente o quadro referencial em que se realizaram as privatizações: *i.* A nomeação do Comitê Estatal de Administração da Propriedade Estatal (Goskomimushestvo) como a agência responsável pela condução do programa; *ii.* A classificação das empresas, segundo condições de privatização: as empresas cuja privatização era mandatória, aquelas não sujeitas à privatização, aquelas sujeitas à privatização apenas com autorização da autoridade competente e aquelas cuja privatização foi proibida; *iii.* A definição dos direitos de propriedade nos diferentes níveis de competência da

---

53. *Gosudarstvennaia Programma Privatizatsii Gosudarstvennikh i Munitsipalnikh Predpriatii v Rossiiskoi Federatsii na 1992 God* [*Programa de Privatização das Empresas Estatais e Municipais da Federação Russa para o ano de 1992*], 1992.

autoridade, federal, regional/local e municipal; *iv.* A criação, no nível dessas autoridades, dos Fundos da Propriedade Estatal, subordinados aos respectivos legislativos, como depositários dos direitos de propriedade a elas transferidos.

O Programa de Privatização estabeleceu as metas a serem alcançadas por nível territorial (Repúblicas, regiões, províncias, municípios), a utilização dos cheques de privatização (*vouchers*), condições para participação do capital estrangeiro no processo e as normas de distribuição dos recursos obtidos com a privatização. Foram ainda estabelecidas as formas de procedimento da privatização: venda de ações de sociedades anônimas abertas, em que tiveram que ser transformadas as empresas sujeitas à privatização, venda de empresas em leilão, venda de empresas em licitações (inclusive com restrição do número de participantes), venda de empresas por concorrências não comerciais de investimento (transação de investimentos), venda de patrimônio (ativos) em liquidação e de empresas liquidadas, compra de patrimônio arrendado.

Excetuadas as empresas deixadas para a segunda fase do processo de privatização, as demais empresas foram classificadas por tamanho, em empresas pequenas, médias e grandes, segundo o número de seus empregados e o valor de balanço do seu ativo fixo, em valores de janeiro de 1992[54].

As pequenas, normalmente de propriedade municipal, empregavam menos de duzentos empregados e dispunham de um valor de balanço do ativo fixo inferior a um milhão de rublos. Foram definidas como grandes as empresas com mais de mil empregados ou com valor de balanço de seu ativo fixo superior a cinquenta milhões de rublos. As empresas médias foram situadas entre estes limites.

As empresas com mais de dez mil empregados ou com ativo fixo de valor superior a 150 milhões de rublos foram definidas como estratégicas (situadas em setores estratégicos como transporte, comunicações, defesa e espaço) e deixadas para a etapa posterior do processo de privatização. A partir dessa classificação, foram definidas a amplitude (número de empresas) e as formas de privatização das empresas.

As empresas pequenas foram todas submetidas à privatização. Em sua maioria pertenciam aos setores de comércio e serviços e o seu número variou

---

54. Existe alguma dificuldade para estabelecer que preços são estes, sabendo-se que, com a liberação de praticamente todos os preços nesta data, houve um salto extraordinário dos mesmos. De todo modo, trata-se de um critério de referência.

segundo diferentes estimativas. O EBRD – Banco Europeu de Reconstrução e Desenvolvimento sugeriu, a partir de fontes diversas, que o seu número era da ordem de 150 mil unidades[55]; o Goskomstata informou serem 76 884 e A. S. Bym, D. C. Jones e T. Weisskopf[56], incluindo os setores da construção e transporte, estimaram o seu número em mais de duzentos mil[57]. Estas empresas deveriam ser privatizadas através de leilões competitivos ou de licitações comerciais, e as ofertas neles feitas deveriam satisfazer algumas condições relativas à manutenção do emprego ou ao investimento. Os coletivos de trabalhadores dessas empresas teriam 30% de desconto no valor dos ativos adquiridos e um prazo para seu pagamento de até três anos. Até outubro de 1992, todos os pagamentos deveriam ser feitos em dinheiro; depois desta data, parte deles poderia ser efetuada utilizando *vouchers*.

As empresas médias e grandes foram submetidas à privatização compulsoriamente; de acordo com A. S. Bym, D. C. Jones e T. Weisskopf, anteriormente referidos, o número delas envolvidas no programa foi de seis mil inicialmente, representando dois terços da capacidade de produção da Rússia, incluindo o setor industrial. Posteriormente, foram incorporadas mais dezoito mil empresas classificadas como médias. Estas, porém, não foram obrigadas a adotar as formas de privatização previstas para as empresas grandes, tendo liberdade de escolher o modelo de sua privatização, dentre os explicitados no programa, conforme descritos abaixo. Para serem privatizadas, as empresas médias (que assim optassem) e grandes deveriam inicialmente ser transformadas em sociedades anônimas, para somente depois terem as suas ações vendidas pelas agências de privatização. O valor das ações teria por base o valor contábil líquido do ativo fixo da empresa em julho de 1992. Até o final de 1992, as empresas deveriam submeter a cada uma dessas agências o seu próprio programa de privatização, no qual deveria estar explicitada a opção dos seus coletivos por um dos três modelos alternativos a eles apresentados como forma de privatização de sua empresa.

55. European Bank for Reconstruction and Development, *Privatizations in Russia. A Discussion Paper for the Consultative Group in Paris. 8-9 June 1993*, London, *mimeo*, em: Lenina Pomerans, *Transformações Sistêmicas e Privatização na Rússia*, p. 101.
56. A. S. Bym; D. C. Jones & T. Weisskopf, *Privatization in the Former Soviet Union and the New Russia*, 1993, *mimeo*, em Lenina Pomeranz, *Transformações Sistêmicas e Privatização na Rússia*, p. 101.
57. Estes números são discrepantes em relação aos indicados anteriormente por E. Iacin (ver p. 183). Não há como explicar esta discrepância, a não ser pela dificuldade estatística de agregar este tipo de estabelecimento.

Os modelos referidos foram os seguintes:

MODELO 1. Distribuição gratuita de ações preferenciais sem direito a voto, equivalentes a 25% do capital social para o coletivo (trabalhadores e administradores) da empresa; os trabalhadores tinham o direito de subscrever mais ações ordinárias com direito a voto, em valor equivalente a 10% do capital, ao preço de 70% do seu valor nominal em 1 de julho de 1992. Os administradores/diretores das empresas tinham a opção de comprar outros 5% do capital em ações ordinárias, mas ao seu valor nominal sem desconto. O pagamento das ações tinha prazo de até três anos. As ações restantes deveriam ser vendidas principalmente através de leilões públicos, dos quais poderiam participar compradores estrangeiros. Este modelo pretendeu limitar o controle acionário pelo coletivo da empresa (*insiders*), que traria consigo todos os vícios e a ineficiência de sua administração, dando preferência ao controle externo (*outsiders*), do qual não se excluía o governo.

MODELO 2. Venda de ações ordinárias com direito a voto para o coletivo das empresas, no montante equivalente a 51% do capital social, ao preço de 170% do seu valor nominal e sem direito a obtenção de crédito de qualquer instituição financeira estatal para proceder a essa subscrição. Não era previsto prazo para pagamento das ações compradas. As demais ações deveriam ser vendidas em leilões públicos. Neste modelo o controle acionário ficaria com o coletivo da empresa, os *insiders*. Este modelo foi formulado em apresentação e votação no Congresso, graças à força do *lobby* dos diretores de empresas.

MODELO 3. Era válido somente para as empresas médias, aquelas com número de empregados variando entre duzentos e mil ou capital variando entre um e cinquenta milhões de rublos. Neste modelo um grupo de trabalhadores e administradores poderia assumir a administração de uma empresa em vias de falência, a fim de evitá-la, desde que para isto tivesse a aprovação do coletivo. O contrato assinado com esse objetivo teria a duração de um ano, após o qual, caso fosse bem-sucedido, o coletivo teria direito de subscrever 20% do capital da empresa em ações ordinárias, pelo seu valor nominal. Em caso de insucesso, o coletivo perderia a prerrogativa a ele concedida e as ações passariam a ser vendidas segundo as condições estabelecidas em lei. Durante a realização do contrato, o coletivo teria direito ao voto correspondente a 20% das ações especificamente emitidas com este fim, pertencentes ao fundo de administração da propriedade ao qual a empresa era subordinada. A todos os trabalhadores do coletivo era outorgado o direito de adquirir ações correspondentes a 20% do capital da empresa, com 30% de desconto sobre o seu valor nominal e com prazo de pagamento parcelado em três anos. Trata-se de modelo em que o coletivo ficava com participação minoritária na melhor das hipóteses (40% das ações) e com o risco de recuperação da empresa.

A escolha entre as três alternativas tinha que ser aprovada em assembleia ou em listas de assinaturas, por pelo menos dois terços do número total de empregados da empresa.

Em adição aos três modelos referidos na tabela, aos coletivos eram oferecidos ainda dois outros mecanismos para sua participação no processo de privatização: *i.* 10% da renda proveniente da venda das ações da empresa, excluídas as vendidas ao próprio coletivo, seriam creditados na conta pessoal de privatização de cada empregado. *ii.* Este poderia receber financiamento adicional para subscrição de ações, proveniente do fundo de privatização da empresa; este era formado por 10% dos lucros obtidos no ano anterior, mais metade do seu fundo social.

Após ter exercido seu direito de opção, a empresa também podia escolher a forma pela qual deveria ser privatizada: através de leilões de ações, através de acordo com um investidor individual, em licitação de investimento ou ainda através de uma concorrência comercial para a venda de todo o lote de ações oferecidas. De todo modo, 80% das ações deveriam ser vendidas através de *vouchers.*

Os *vouchers* eram títulos de propriedade que foram emitidos para serem trocados por ações das empresas submetidas à privatização. Foi o instrumento encontrado pelos condutores dela, tendo em vista a universalidade da propriedade estatal e o objetivo explícito de "despolitizar" as empresas, delas eliminando a influência do comando centralizado da economia e substituindo os membros da velha *nomenklatura*, os *insiders,* por novos proprietários deles desvinculados, os *outsiders.* Isto, na sua visão permitiria aumentar a eficiência empresarial. Mas, ao mesmo tempo, atendeu à necessidade de obter apoio político à privatização, destinando parte da propriedade estatal à população.

O valor total de *vouchers* emitidos correspondeu à soma do valor contábil líquido dos ativos fixos das empresas em julho de 1992. O valor de cada *vou-*

cher foi obtido pela divisão deste valor total pelos 148 milhões de habitantes da Federação Russa, resultando num valor de face de cada um de dez mil rublos, sem provisão para sua indexação à inflação. Os *vouchers* eram transacionáveis e se pretendia que tivessem o seu valor estimado posteriormente pelo mercado.

A sua distribuição foi feita à população, através das agências do *Sberbank* (Banco Estatal de Poupança), mediante a taxa de 25 rublos (dez centavos de dólar, à taxa de câmbio vigente na ocasião) por cada um; foram, assim, distribuídos 144 milhões de *vouchers*, 98% do total emitido[58].

A possibilidade de transacionar os *vouchers* levou ao surgimento de centenas de fundos de investimento, que tinham por objetivo acumulá-los para aquisição das ações das empresas submetidas à privatização. Estes fundos eram, entretanto, limitados pela proibição de deter mais de 10% das ações ou de destinar mais de 5% de seus ativos para aquisição de ações de uma mesma empresa. Não obstante essas limitações, a intenção dos fundos era concentrar os *vouchers* disseminados entre a população em um número reduzido de portadores, a fim de assegurar o controle acionário das empresas, por parte deles próprios ou de terceiros.

Os fundos podiam acumular *vouchers* em troca de ações de sua própria emissão. Isto levou a movimentos de especulação financeira em torno delas, à criação de pirâmides que não tardaram a ruir e, consequentemente, a destruir o pequeno patrimônio de poupanças dos inexperientes e iludidos investidores russos. Mas os *vouchers* podiam também ser utilizados pelos trabalhadores para subscrição de ações da própria empresa em que estavam empregados, pelo seu valor de face; e poderiam ser utilizados nos leilões de venda de ações, individualmente ou por meio dos fundos de investimento.

Dada a incipiência do mercado financeiro e o volume de *vouchers* disponíveis para transação, o seu valor de face declinou rapidamente, sendo possível ver nas estações do sistema metroviário, logo após a sua distribuição, cartazes carregados por "homens-sanduíche" oferecendo-se para comprá-los com descontos acima de 60%.

Por outro lado, dado o tempo necessário para a criação da infraestrutura de realização dos leilões desses papéis, o seu baixo valor e a desconfiança da população, foram poucos os leilões realizados na fase inicial do programa. Isto

---

58. M. Boycko, A. Sleifer e R. Vishny, *Privatizing Russia*, Cambridge/London, The MIT Press, 1996, pp. 83-85.

levou o governo a fixar em 29% a proporção mínima de ações de cada empresa que deveriam ser vendidas através de *vouchers* nos leilões, no período de três meses após o seu registro como sociedade anônima; e a elevar gradativamente esta proporção até alcançar os 80% determinados no programa.

No Programa de Privatização aprovado em final de 1992, para viger em 1993, foram mantidas as linhas gerais descritas acima, introduzindo-se somente algumas precisões de ordem operacional e definindo-se a responsabilidade de cada uma das agências envolvidas no processo de privatização através dos *vouchers*. Nele foram incluídos procedimentos para a privatização das empresas estatais com capital superior a vinte bilhões de rublos em 1º de janeiro de 1994, listadas entre aquelas cuja privatização teria que ser autorizada por decreto do presidente ou por decisão do governo da Rússia e dos governos das Repúblicas. E foi incluída ainda uma provisão para transformá-las em sociedades anônimas, independentemente da decisão de privatizá-las ou não. Foram, entretanto, previstas limitações para a privatização dessas empresas: elas deveriam transferir o seu controle acionário para o Estado, o qual deveria emitir *Golden Shares*[59]. Previu-se ainda que, no processo de sua transformação, estas empresas deveriam transferir, vendendo ou doando, 49% das ações aos seus empregados. Para as empresas de alguns setores específicos, de natureza estratégica, o governo e o Goskomimushestvo ficaram com o direito de transferir para a propriedade federal, por um período de três anos, o controle (51% das ações) das empresas transformadas.

As linhas básicas seguidas no processo de privatização, em 1992 e 1993, são indicadas na tabela 10. Elas foram expressas nos programas de privatização de 1992 e 1993 e apoiadas em dispositivos legais promulgados para sua implementação obrigatória e marcaram a etapa da chamada "privatização de massa com utilização de *vouchers*" (*vouchernaia privatizatsia*). A privatização, a partir de julho de 1994, deveria ser feita exclusivamente a dinheiro.

---

59. Estas ações davam ao seu proprietário o direito de veto, por três anos, às seguintes decisões tomadas nas assembleias de acionistas: sobre emendas e adições aos Estatutos; sobre sua reorganização ou liquidação; sobre sua participação em outras empresas e associações de empresas; sobre a transferência de controle ou empréstimos, venda ou alienação em qualquer outra forma de propriedade, cuja composição fosse determinada pelo plano de privatização da empresa. Estas ações seriam propriedade do Estado e sua transferência como empréstimo ou em confiança não era permitida. Quando alienadas, elas seriam transformadas em ações ordinárias e perderiam os direitos especiais concedidos aos seus portadores.

A implementação do programa realizou-se em meio às disputas políticas em torno da promulgação da nova Constituição, do rumo das reformas econômicas contempladas na terapia de choque e em torno da própria guerra pela repartição da propriedade estatal.

Segundo Kholodkovskii[60], tanto o programa de privatização de 1992, como o seguinte, de 1993, foram resultado de acirrada luta em torno da repartição da propriedade estatal, entre a velha *nomenklatura* do aparelho administrativo estatal, não desejosa de perder os seus poderes de mando, a nova *nomenklatura,* interessada na rápida privatização, cuja posição era vinculada ao governo, e a *nomenklatura empresarial,* representada pelo corpo de diretores de empresa, pelos novos empresários e pelos proprietários de *vouchers.* No desenrolar dessa luta, por força da pressão exercida pela velha *nomenklatura,* parte considerável das empresas estatais ficou fora do programa de privatização, enquanto parte também considerável delas só poderia ser privatizada com autorização do conselho de ministros da Federação ou das Repúblicas. No setor energético, citado como exemplo por Kholodkovskii, mais de 30% das empresas foram excluídas do programa, 31% delas poderiam ser incluídas somente por decisão do governo e 30% delas somente com permissão do Goskomimushestvo.

Para análise dos resultados da privatização de massa precisa-se, portanto, levar na devida conta, além dos dados relativos à quantidade e relevância econômica das empresas privatizadas, também os resultados relacionados com a mudança da estrutura social da propriedade e dos seus efeitos no modo de operação da economia.

Os resultados quantitativos obtidos foram os seguintes.

No que se refere à privatização dos pequenos estabelecimentos, realizada na fase anterior à da elaboração e implementação dos programas formais de privatização de massa, as informações são precárias. Em abril de 1993, segundo Hough[61], tinham sido privatizadas 61 810 pequenas empresas, correspondendo a 25% de seu total[62].

---

60. K. H. Kholodkovskii, *Privatizatsia: Stolkovenie Tselei i Interessov* [*Privatização: Conflito de Objetivos e Interesses*], Moscou, 1994, *apud* Lenina Pomeranz, *Transformações Sistêmicas e Privatização na Rússia,* p. 104.
61. J. F. Hough, *The Logic of Economic Reform in Russia,* Washington, Brooking Institution Press, 2001, p. 75.
62. A percentagem apresentada deve ser recebida com cautela, pois, como se verá adiante, confirmando a precariedade das informações disponíveis, as estimativas do número destes estabelecimentos variam muito, dependendo de suas fontes.

TABELA 10. LINHAS GERAIS DO PROCESSO DE PRIVATIZAÇÃO ESTABELECIDAS
NOS PROGRAMAS DO GOVERNO RUSSO ATÉ 1994

• Pequena Privatização

– Venda das propriedades pequenas, nos setores comercial, de serviços e de apoio à propriedade agrícola, através de múltiplas formas, inclusive com o uso de *vouchers*, e mediante concessão de uma série de privilégios aos membros dos coletivos de trabalhadores.
– Criação de novas unidades.

• Grande Privatização

– Classificação das empresas, por possibilidade de privatização. Definição das empresas estratégicas, cuja proibição é vedada ou deve ser autorizada pelo governo.
– Transformação compulsória das empresas em S/A, com exceção das estratégicas.
– Emissão de *vouchers*.
– Submissão dos planos de privatização das empresas acionarizadas.
– Promoção da venda de ações das empresas acionarizadas, através dos *vouchers*, com alternativas de vendas especiais para o coletivo das empresas. Manutenção de parte das ações nas mãos do Estado, para posterior utilização/venda, com objetivo fiscal e de garantia do controle acionário da empresa, especialmente nas empresas que dependem de autorização para privatização (em setores estratégicos).
– Apoio aos Fundos de Investimento e criação do mercado acionário.

Prazos de execução: até final de 1993, finalizar a privatização pequena e concluir a privatização por *vouchers*. Esta última teve o seu prazo prorrogado inicialmente para 1º de julho e, posteriormente, para 1º de dezembro de 1994.

Por meio dos leilões com *vouchers*, entre dezembro de 1992 e junho de 1994, foram vendidas entre 14 mil e 15 779 empresas[63], com um total de 113,6 milhões de *vouchers* aceitos, 80% do total deles distribuído. A parcela do capital acionário destas empresas vendido nos leilões foi, em média, de 17,6% do total, avaliado em 1 151 450 milhões de rublos[64].

Em um relatório analítico da Chotnaia Palata Rossiiskoi Federatsii (Tribunal de Contas da Federação da Rússia)[65] sobre o processo de privatização

---

63. Os números referem-se aos leilões realizados para a venda das empresas. Algumas delas participaram em mais de um leilão, razão pela qual o número varia entre os limites apontados.
64. M. Boycko, A. Sleifer e R. Vishny, *op. cit.*, pp. 106-107, tabela 5.1.
65. Equivalente ao nosso Tribunal de Contas.

realizado no país entre 1993 e 2003⁶⁶, estão indicados os resultados totais da privatização de massa, nos três anos em que foi realizada, incluídas outras formas de privatização além da realizada nos leilões com *vouchers*.

Neste relatório não são apresentados os valores dos ativos privatizados, mas tão somente o número de empresas estatizadas, por forma de propriedade (federal, das Repúblicas e municipal) e por setores de atividade. E estes dados, ademais de discreparem daqueles indicados por outras fontes e referenciados acima, também não são consistentes entre si, pois o relatório inclui dados referidos pelo Goskomstata e pelo Goskomimushestvo. Eles são, contudo, utilizados nesta análise sobre os resultados do processo de privatização de massa, para dar uma ordem de grandeza desses resultados.

No começo de 1992, já considerada a realização da chamada "privatização espontânea", isto é, realizada anteriormente à elaboração do programa formal de privatização adotado pelo governo russo, a propriedade estatal era absolutamente predominante, somando 95,8% do total da propriedade industrial. De acordo com dados do Goskomstata, em meados de 1992 a estrutura da propriedade na Federação da Rússia, em termos de seus ativos, era a seguinte: 349 381 empresas estatais e municipais, com valor de balanço superior a 35,6 bilhões de rublos; e 80 809 uniões empresariais federais, organizações, empresas e autarquias, detentoras de capital superior a 24,1 bilhões de rublos⁶⁷. Em 1992 foram privatizadas 46,8 mil empresas, em 1993, 49,9 mil e, em 1994, 21,9 mil, perfazendo 118,6 mil empresas (33,9% do total de empresas federais e municipais existentes em meados de 1992).

Comparando-se estes dados com os apresentados anteriormente, sobre a privatização por *vouchers*, observa-se que as empresas privatizadas através destes títulos constituem menos de 5% do número das empresas estatais existentes em meados de 1992 e representam somente 13,2% do total de empresas privatizadas entre 1992 e 1994. O que permite concluir que o total da proprie-

---

66. Gosudarstvennyi Nautchno-Isledovatel'skii Institut Sistemnovo Analisa Chotnoi Palaty Rossiiskoi Federatsii [Instituto Estatal de Pesquisa Científica de Análise Sistêmica da Câmara de Prestação de Contas da Federação da Rússia], *Analis Protesov Privatizatsii Gosudarstvennoi Sobstvennost Rossiiskoi Federatsii na Period 1993-2003 Gody* [*Análise dos Processos de Privatização da Propriedade Estatal da Federação da Rússia no Período 1993-2003*], Moskva, 2004. Todos os dados apresentados, a menos de indicação específica, são deste relatório analítico.

67. Os dados de valor parecem inconsistentes frente ao valor total dos ativos fixos que constituíram a base da emissão dos *vouchers*. Por esta razão, e como foi dito anteriormente, vão se utilizar somente os dados relativos ao número de empresas, ainda que admitindo alguma imprecisão nestes também.

dade estatal oferecido em *vouchers* à população, como parcela da propriedade "pertencente a todo povo", é muito pequeno, encobrindo, de certa forma, a verdadeira expropriação desta propriedade em favor dos novos proprietários privados. Acrescente-se ainda que, com a livre circulação dos *vouchers*, grandes empresas os acumularam e se tornaram detentores estratégicos de propriedade.

Por sua vez, a nova importância que ganhou o mercado secundário de ações, quando foi eliminada a utilização de *vouchers* como meio de pagamento para subscrição de ações, propiciou condições para atuação bastante ativa dos diretores/administradores das empresas privatizadas para a aquisição do controle acionário delas. Com isso, foi restringida a participação dos trabalhadores e tornada inócua a intenção do segundo modelo referido, de assegurar a participação dos trabalhadores na propriedade das empresas. Neste particular, é interessante observar que, segundo os idealizadores do programa de privatização por *vouchers,* a possibilidade de realocação destes títulos dos trabalhadores para outros investidores foi pensada desde o início da elaboração do programa, para evitar o "sério perigo de conversão das empresas industriais em parcerias no estilo de fazendas coletivas"[68].

Ainda no plano da avaliação quantitativa do Programa de Privatização de Massas, cabe observar que sua realização no curto prazo de três anos foi bastante coerente com a natureza da terapia de choque aplicada no processo de transformação do sistema. Foram criadas mais de cem mil empresas privadas, as quais, no próprio processo de sua privatização, aproveitaram mecanismos do sistema financeiro surgidos com o ajustamento macroeconômico empreendido. Esta rapidez foi possível porque, para fazer frente à oposição política no parlamento, foram concedidos poderes excepcionais ao governo, como a utilização de decretos na condução das reformas econômicas.

Dentre os demais resultados da privatização de massa, o foco que deve merecer atenção é o que se refere à nova estrutura social da propriedade, decisiva para definir a natureza do sistema econômico-social e objeto primordial da transformação sistêmica buscada. Os primeiros trabalhos analíticos realizados em 1994 por especialistas do Instituto de Economia da Academia de Ciências da Rússia concluíram que as transformações das relações de propriedade seguiram em três direções: *i.* Estabelecimento de uma camada de proprietários privados, basicamente a partir da criação de pequenas empresas no setor da intermediação

---

68. M. Boycko, A. Sleifer e R. Vishny, *op. cit.*, p. 94.

comercial e de serviços; *ii*. Formalização jurídica da situação de proprietários para pessoas que detinham o direito de dispor da propriedade estatal; *iii*. Surgimento de um grande número de proprietários formais, apartados da disposição da propriedade e sem possibilidade real de exercer os seus direitos sobre ela. A transformação da propriedade estatal em sociedade anônima teria mero caráter formal no sistema de relações de propriedade[69]. O que se confirmaria pelas pesquisas de opinião a respeito: entrevistadas pelo Centro Panrusso de Pesquisas da Opinião Pública: em uma amostra de 3 959 pessoas sobre, entre outras questões, quem de fato deteria o poder na sua empresa após a privatização, 15,9% responderam que seria o coletivo da empresa, 30,3%, que seria a administração vigente, 22%, que seria o diretor e 4,5% , que seria um novo empreendedor.

Cerca de dois terços das empresas – 83,3% segundo pesquisa realizada por Bym[70] – optaram pelo segundo modelo de privatização, no qual o coletivo de trabalhadores devia ficar com 51% das ações das empresas submetidas à privatização. Entretanto, segundo dados dessa mesma pesquisa, os trabalhadores só detinham mais de 50% das ações em 16,7% das empresas e detinham entre 30% e 50% das ações em 66,7% delas. A direção das empresas, na qual está incluído o pessoal da burocracia administrativa, por sua vez, detinha posição relevante: de 3% a 5% das ações em 20,8% das empresas, de 5% a 10% das ações em outros 20,8% das empresas, de 10% a 20% das ações em 12,5% das empresas e de 20% a 30% das ações em 8,3% das empresas. Esta concentração de ações nas mãos da direção das empresas já expressa a atuação dos seus membros no mercado secundário de ações, tendo em vista a obtenção do seu controle.

Entre os portadores externos de ações – os *outsiders* – foram encontradas empresas privadas diversas, fundos de investimento especializados nas transações com *vouchers* e pessoas físicas. As empresas privadas detinham um pacote pequeno de ações e seu interesse maior seria o de obtenção de dividendos. Os fundos de investimento detinham de 10% a 20% das ações em 25% das empresas e entre 5% e 10% das ações em 20,8% delas, tendo como primeiro objetivo a busca de ganhos financeiros nas transações de ações e como objetivo secundário a obtenção de dividendos. As pessoas físicas adquiriam as ações exclusivamente tendo em vista a obtenção de dividendos.

---

69. Lenina Pomeranz, *Transformações Sistêmicas e Privatização na Rússia*, p. 122.
70. A. S. Bym, "Posleprivatizatsionye Problemy Rossiiskikh Predpriatii" ["Problemas das Empresas Russas Pós-Privatizadas"], *Voprosy Ekonomiki*, n. 3, 1994.

Boycko, Sleifer e Vishny[71], na análise dos resultados da privatização por *vouchers*, procedem a uma análise sobre os perfis das empresas russas, apoiados em pequenos levantamentos realizados por dois pesquisadores, Joseph Blasi e Katarina Pistor, em 1993. Estes levantamentos não se restringiram aos resultados dos leilões de privatização com *vouchers*, mas buscaram levantar a estrutura factual das empresas, surgida após o início das transações de ações. Na amostra de Blasi, de 143 empresas médias e grandes, os diretores/gerentes juntamente com os trabalhadores, através de subscrições fechadas e posterior aquisição de ações, obtiveram uma média de 65% das ações das empresas; destas, 8,6% pertenciam ao time da administração superior. As demais ações estavam divididas entre os acionistas externos e o governo russo, com médias de 21,5% e 13%, respectivamente. Das ações detidas pelos acionistas externos, cerca de 11% pertenciam a portadores de blocos de ações superiores a 5%; as demais ações pertenciam a pessoas físicas (4%) e fundos de investimento em *vouchers*, com blocos de ações inferiores a 5%. A incidência de blocos de ações foi maior nas grandes empresas, sugerindo a existência de um núcleo investidor (*core investor*) em praticamente cada uma das privatizações mais promissoras. Estes núcleos pareciam ser de três tipos: *i*. Fundos privados de investimento em *vouchers*, *ii*. Indivíduos ricos e firmas privadas, que fizeram suas fortunas no comércio e em outras atividades e *iii*. Estrangeiros, cuja participação tornou-se relevante nos dois últimos meses da privatização de massa, quando mais de dois bilhões de investimento estrangeiro de *portfólio* ingressaram na Rússia. Segundo os referidos analistas, o papel dos grandes portadores de ações tenderia a crescer, tendo em vista: *i*. A venda das ações dos trabalhadores a compradores profissionais (*brokers*) dos grandes investidores, face ao aumento do seu valor de mercado. Cabe ressaltar que este comportamento reflete também o completo desconhecimento, por parte dos trabalhadores, dos mecanismos do mercado financeiro em geral e do mercado financeiro russo em particular. O que os induziu a preferirem liquidez financeira à detenção de títulos de crédito; *ii*. A venda das ações do governo, em ofertas de investimento (*investment tenders*).

Em síntese, as conclusões a que se pode chegar sobre a mudança das relações de propriedade decorrentes do programa de privatização de massa são as seguintes: *i*. Parcela considerável da propriedade estatal nos diversos níveis de competência governamental foi transferida para proprietários privados, tanto

---

71. M. Boycko, A. Sleifer e R. Vishny, *op. cit.*, p. III.

através dos leilões com *vouchers,* quanto no mercado de ações, criado a partir das reformas macroeconômicas e da liberdade de transação destes títulos de propriedade; *ii.* Neste processo, a parcela de propriedade destinada aos trabalhadores foi gradativamente sendo reduzida a favor dos diretores das empresas, dos grandes investidores, detentores de núcleos de ações e dos investidores estrangeiros; *iii.* A transação dos *vouchers* propiciou o surgimento de alguns magnatas banqueiros, que participaram posteriormente do grupo de oligarcas que desempenhou papel fundamental na reeleição de Yeltsin, em 1996, e influenciou sobremaneira o processo econômico e político do período; *iv.* A transferência da propriedade estatal para proprietários privados se deu num quadro de guerra entre os representantes da velha *nomenklatura* e os novos atores econômicos por sua parcela de participação nos ativos a serem privatizados. E em um quadro de grande instabilidade política, relacionada com a oposição à terapia de choque e à própria privatização da propriedade estatal, sendo assim desvinculada de qualquer programa de reestruturação empresarial, no sentido da sua governança; *v.* Dos diretores de empresa, nos quais foi concentrado o controle da propriedade privatizada, 33,3%, segundo a pesquisa de Bym referida acima, não eram capacitados plenamente para a função executiva e a grande maioria deles considerava os seus interesses pessoais vinculados à realização vitoriosa das reformas macroeconômicas. Decorre desta característica o sucateamento de algumas empresas e o surgimento dos "novos ricos russos" que, com seu extravagante comportamento, ilustraram as páginas da grande imprensa internacional. Em contraposição, foram criados núcleos de acionistas nas grandes empresas, interessados na formação e desenvolvimento da economia de mercado na Rússia.

A Privatização por Empréstimo com Garantia de Ações

Como foi dito anteriormente, o programa oficial de privatização da Rússia, tal como aprovado e implementado nos primeiros anos da década de 1990, não incluiu as grandes empresas situadas em setores considerados estratégicos da economia russa. A privatização destas empresas não foi objeto de um programa específico de privatização, mas resultado de um chamado empréstimo por garantia de ações, uma "transação bruta de propriedade em troca de apoio político"[72].

---

72. C. Freeland, *op. cit.*, p. 169.

Os empréstimos com garantia de ações criaram um pacto político. Eles ajudaram a garantir que Ziuganov (o líder comunista, que chegou ao segundo lugar no primeiro turno da votação para a presidência nas eleições de 1996 por poucos pontos de percentagem de diferença e que, consequentemente, disputaria o posto presidencial com Yeltsin no segundo turno) não viesse para o Kremlin. Foi um pacto necessário[73].

Por que seria necessário? Por receio de que os resultados das eleições presidenciais pudessem pôr em risco o projeto de criação da nova Rússia capitalista. Este receio não parecia ser sem sentido, dado o descontentamento com as reformas envolvidas no programa de terapia de choque e suas consequências econômicas, sensivelmente manifestado nas votações para a Duma (Câmara de Deputados) nas eleições de dezembro de 1995. Nestas votações, os partidos a favor do governo perderam 45 das 119 cadeiras de que dispunham em outubro de 1995, passando a ser minoritários em relação aos demais partidos. Somando a votação nas listas dos partidos e agregando deputados que aderiram a eles depois das eleições, a distribuição das cadeiras na Duma, em janeiro de 1996, era a seguinte[74]: Partidos pró-governo: Escolha da Rússia (Gaidar), Partido da Unidade e do Acordo Russos (Shakhrai), Mulheres da Rússia (Lakhova) e Nosso Lar é a Rússia (Chernomirdin/Shokhin) somavam 79 (17,6% do total). Partidos com posições mutantes a favor e contra o governo: Liberal Democratas (Jirinosky), Agrários (Lapshin) e Independentes somavam 111 (24,7% do total). E partidos de oposição: Comunista (Ziuganov), Yabloko (Yavlinski) somavam 193 (42,9% do total), das quais 147 (32,7% do total) eram do Partido Comunista.

Mas o pacto político tornou-se possível porque este receio era compartilhado pelos grandes banqueiros e empresários, que viam na volta dos comunistas a perda dos ganhos obtidos com a mudança do sistema. E lhes permitia, ademais, obter o lote das maiores e mais lucrativas empresas, por preços de barganha.

A privatização por empréstimo com garantia de ações foi concebida por Vladimir Potanin, proprietário do Oneximbank, que tinha como objetivo a obtenção da Norilsk Niquel, uma das maiores empresas produtoras de níquel do mundo. Suas vendas anuais eram estimadas em mais de 2,5 bilhões de dóla-

---

73. E. Gaidar, *apud* C. Freeland, *op. cit.*, p. 171.
74. Inclui somente os partidos que obtiveram mais de 5% dos votos, umbral para obtenção de cadeiras, conforme nota constante na fonte dos dados. P. Reddaway e D. Glinski, *op. cit.*, pp. 448-449, tabela 1.

res[75]; e ela dispunha de outros recursos naturais, dos quais a Rússia era grande detentora. Para alcançar este objetivo, ao invés de comprá-la por um preço reduzido, o que poderia não ser aceitável, ele propôs, ainda no outono de 1994, administrá-la em troca de um empréstimo. A situação do Tesouro russo era lamentável e a oferta de recursos não inflacionários para compor a receita do governo compunha o referencial que tornava a sua proposta aceitável. Em outubro de 1994, Yeltsin assinou um decreto autorizando Interros, a holding de Potanin, a administrar as ações detidas pelo Estado na Norilsk Niquel.

O esquema proposto foi, entretanto, ampliado, para incluir outras empresas do mesmo porte ainda não privatizadas e os empresários nelas interessados, de maneira a criar maior poder de pressão para sua implementação. O grupo, constituído por banqueiros, conhecidos na imprensa como os "sete grandes oligarcas"[76], definiu as empresas, cujas ações serviram de garantia para o empréstimo que foi concedido ao governo Yeltsin, assim como quem dos membros do grupo ficaria com qual delas. Uma versão preliminar da proposta foi apresentada ao governo em março de 1995, provocando reações distintas, em função da divisão política existente entre as diferentes facções, lideradas por Chubais e Soskovetz.

A proposta definitiva foi apresentada posteriormente ao novo diretor da Goskomimushestvo, Alfredo Kokh, que lhe deu pronta aprovação, por ter, segundo Freeland[77], captado a sua lógica política essencial, no sentido do apoio dos bancos à eleição de Yeltsin; e por entender que ela permitiria contornar a reação dos comunistas à privatização, ao disfarçá-la em um programa de empréstimo.

Um decreto, assinado por Yeltsin em agosto de 1995, definiu os termos de implementação da proposta. O governo autorizava empreendedores privados, por meio de leilões, a gerir as ações detidas pelo Estado em um grupo de empresas, em troca de empréstimo. Os leilões seriam abertos à competição, mas restritivos à participação de capital estrangeiro em sete das empresas incluídas no programa, entre elas a Norilsk Niquel, e as três grandes petrolíferas, Sidanko, Yukos e Lukoil. Nos termos do decreto, o Estado pagaria aos emprestadores uma baixa taxa de juros nos primeiros três meses do programa. Os

---

75. C. Freeland, *op. cit.*, p. 172.
76. P. Reddaway & D. Glinski, *op. cit.*, p. 478. Assim denominados em razão do domínio exercido sobre o poder de Estado, conquistado através do apoio financeiro assegurado ao presidente.
77. C. Freeland, *op. cit.*, p. 179.

empréstimos deviam vencer em setembro de 1996; depois desta data, o governo teria duas opções: *i.* Pagar o empréstimo e receber as suas ações de volta; *ii.* Vender estas ações, usadas como colaterais. Neste caso, o Estado pagaria ao emprestador 30% da diferença existente entre o valor obtido com a privatização e a soma inicial emprestada a ele. E o emprestador atuaria como agente de vendas do governo, organizando a segunda rodada de leilões[78]. Esta concessão mostrou-se fundamental para que os oligarcas conduzissem o processo e se tornassem os proprietários das empresas envolvidas no trato acordado.

Tratou-se, assim, de um esquema de privatização em duas etapas, nas quais ficou evidente o interesse mútuo: dos empresários oligarcas, na obtenção das joias empresariais russas a preços de barganha, e do governo, em assegurar o apoio financeiro para a eleição de Yeltsin em junho de 1996 (a transferência final da propriedade estatal só seria feita após setembro de 1996, após as eleições, portanto).

A implementação do programa foi nitidamente manejada para a obtenção das empresas previamente decidida pelos banqueiros, e aos valores subavaliados desejados. Este manejo implicou a organização dos leilões pelos bancos proprietários de empresas deles participantes, fixando antecipadamente os valores do menor lance, absurdamente subavaliados e em afastar eventuais concorrentes, especialmente os representados pelos antigos diretores das empresas submetidas aos leilões, com base em forjadas quebras de regras dos leilões.

Os exemplos mais conspícuos são oferecidos pelos leilões da Norilsk Níquel, da Sydanko e da Yukos. Nos dois primeiros casos, os leilões foram organizados pelo Uneximbank, pertencente a Potanin, como se disse acima, interessado na obtenção da grande produtora de níquel. Depois de desqualificar um grupo concorrente, organizado por Rossisky Kredit, alegando que o capital deste grupo era inferior ao valor da caução exigida para inscrição no leilão da Norilski Niquel, o grupo participou do leilão com três lances: duas de suas empresas ofereceram o lance mais baixo estabelecido, de 170 milhões de dólares e a terceira ofereceu o lance de 170,1 milhões de dólares com o qual obteve a desejada propriedade da empresa. O mesmo Uneximbank organizou o leilão da companhia petrolífera Sydanko, no qual, depois de desqualificar um lance mais alto de Rossisky Kredit, sob a alegação de esta empresa ter chegado atrasada, adquiriu 51% das suas ações "por alguns tostões a mais que

---

78. *Idem*, p. 180.

o valor do lance mínimo de 130 milhões de dólares". Dois anos mais tarde, British Petroleum teria pago mais de quatro vezes este valor por apenas 10% das ações da empresa[79].

O leilão da Yukos foi organizado pelo banco Menatep, pertencente a Mikhail Khodorkovski, interessado na empresa. Um grupo de três bancos, o Rossiisky Kredit, o Inkobank e o Alfabank, resolveram criticar publicamente o programa de privatização, considerando-o malpreparado e duvidosamente organizado e apelar ao governo para suspendê-lo. Estando em vésperas das eleições, o governo reagiu contra as críticas, com retaliação dos bancos participantes, os quais acabaram sendo excluídos do leilão por "razões técnicas". Como resultado disso e da campanha desenvolvida para assegurar que a interpretação da lei sobre a restrição à participação do capital estrangeiro na Yukos não constituísse ameaça à sua vitória no leilão, Khodorkovski acabou conseguindo 49% das ações da empresa por 159 milhões de dólares, valor apenas nove milhões de dólares superior ao fixado para o menor lance. Simultaneamente, em um leilão de investimento, Khodorkovski adquiriu um lote adicional de 33% de ações da empresa, em troca de uma promessa de investir 150,12 milhões de dólares.

O andamento da implementação do projeto e seus resultados, na forma da transferência da propriedade das maiores e mais importantes empresas, despertou a ambição de Berezovski, um homem de negócios, conhecido por sua capacidade de estabelecer contatos úteis ao seu enriquecimento, com interesses no setor automobilístico. O seu objetivo no esquema de privatização por empréstimo com garantia de ações foi o setor do petróleo e, para alcançá-lo, associou-se a Roman Abramovitch, de um grupo comercial no setor, criando uma nova empresa (Sibneft) da associação da Refinaria Omsk com Noyaberneftegaz, uma produtora de petróleo da Sibéria[80]. O ingresso da Sibneft no esquema realizou-se através de um decreto presidencial a três dias do seu encerramento, a despeito da resistência do primeiro-ministro, Chernomirdin. O argumento utilizado para obtenção do decreto foi o de que a aquisição da empresa era importante para financiar a ORT, empresa de TV pertencente a Berezovski, fonte de apoio ao presidente nas eleições de final de 1996. O trio de bancos que competiu pela Yukos, entrou na competição para a compra da Sibneft, mas foi novamente desclassificado. O grupo liderado por Berezovski

---

79. C. Freeland, *op. cit.*, pp. 182-183. As demais indicações sobre estes leilões são da mesma fonte.
80. C. Freeland, *op. cit.* e fonte das informações restantes, pp. 186-188.

levou a empresa com um lance de 100,3 milhões de dólares, ligeiramente superior ao lance mínimo fixado para o seu leilão, de cem milhões de dólares.

Resultados da Privatização por Empréstimo com Garantia de Ações

O resultado mais importante desse processo foi ter propiciado o surgimento da oligarquia russa. O processo tornou muito ricos estes homens de negócio. E o risco de uma vitória comunista nas eleições para a presidência transformou-os em políticos ativos para eliminá-lo, através do apoio decisivo à vitória de Yeltsin. Estavam criados os caminhos para a influência dos maiores oligarcas na condução do Estado russo.

A atuação política foi costurada a partir do chamado Pacto de Davos, estabelecido durante a realização do fórum econômico internacional, em janeiro de 1996, quando previsões de alguns participantes ocidentais de vitória dos comunistas nas futuras eleições, levaram alguns dos banqueiros russos participantes do fórum ao reconhecimento do risco e da necessidade de ação. Como grupo, eles seriam capazes de ação coletiva efetiva no plano político.

Para coordenador da campanha eleitoral, contrataram Chubais em fevereiro de 1996, pela quantia de três milhões de dólares, metade da qual consistiria em salário a ser a ele pago[81]. Vencendo os conflitos internos no governo e ganhando aliados importantes, como Luzhkov, prefeito de Moscou, o grupo logrou convencer Yeltsin a aceitar a oferta dos oligarcas de formar um grupo analítico, sob a liderança de Chubais e financiado por eles. As contas da campanha foram divididas equitativamente, de tal sorte que "ninguém perdeu muito dinheiro com este assunto", conforme afirmou Friedman, um dos sete banqueiros, em entrevista a Freeland[82].

Com a campanha vitoriosa, o grupo garantiu seu acesso ao poder, assumindo alguns deles posições relevantes na estrutura do governo: Potanin foi nomeado Ministro das Finanças e Berezovski, Secretário do Conselho de Segurança.

Há ainda que considerar como resultado desta privatização, a formação dos grandes Grupos Industriais-Financeiros[83], liderados pelos bancos que dela parti-

---

81. C. Freeland, *op. cit.*, p. 197.
82. *Idem*, p. 212.
83. Os Grupos Industriais-Financeiros (GIF) foram uma forma encontrada pelo governo para estimular, através da concessão de diferentes vantagens – isenções de impostos, por exemplo –, a realização de in-

ciparam, com atuação nos setores mais relevantes da economia russa. Segundo Popova[84], o grupo liderado pelo Onexibank reunia empresas do setor do níquel, de motores para aviação, da indústria automobilística, da metalurgia, do petróleo e da construção; o grupo liderado por Menatep, além da Yukos, tinha controle acionário em empresas dos setores industriais de plásticos, metalurgia, têxteis, química e alimentação; o grupo Alfa, do banqueiro Friedman, além de 40% das ações da Tyumen Oil Cy, controlava indústrias de cimento, doces e química, além de empresas no setor comercial e da construção; o grupo Most, de Gusinski, tinha negócios no setor financeiro, da construção e era proprietário do canal de TV independente NTV e do jornal *Segodnia* (*Hoje*).

Cabe ressaltar que os grandes grupos industriais-financeiros não se restringiram a estes oligarcas, tendo se formado parcialmente com o apoio do governo[85] 75 grupos ditos oficiais, ou seja, registrados legalmente até janeiro de 1998. Não se dispõem de dados sobre a importância de todos os grupos (oficiais e não oficiais) na economia russa. Estudo disponível sobre eles, realizado pelo Banco Mundial[86], divulgado em 2004, indica ter-se encontrado, em pesquisa realizada em 2001-2002, 23 grandes grupos econômicos (neles incluídos proprietários de empresas com pelo menos 0,25% das vendas totais ou 0,5% do emprego total na amostra), responsáveis por 1 437 280 empregados e 1 722 trilhões de rublos, concentrados basicamente nos setores metalúrgico (aço e alumínio), petróleo, automobilístico e bancos.

Resultados Gerais da Privatização

A privatização da propriedade na Federação da Rússia continuou para além dos programas referidos. Até 2003, data da divulgação do relatório da *Chotnaia*

---

vestimentos na modernização e renovação das empresas privatizadas em massa. Para isto foi criada uma legislação específica em 1993, aperfeiçoada em 1995. De acordo com esta legislação, um GIF é : *i.* Um grupo de empresas e outras organizações que reúnem o seu capital; ou *ii.* Um complexo de entidades legais que funcionam como companhias principais ou subsidiárias, consolidam parte ou a totalidade dos seus ativos e visam uma integração tecnológica e econômica para a realização de investimentos. Para gozar das vantagens concedidas, os GIF eram obrigados a se registrarem. Dada a burocracia necessária para isso, a maioria dos que se formaram não o fizeram (T. Popova, "Financial-industrial Groups (FIGs) and Their Roles in the Russian Economy", Bank of Finland, *Review of Economies in Transition*, n. 5, 1998).

84. T. Popova, *op. cit.*, p. 16.
85. *Idem*, p. 14.
86. S. Guriev & A. Rachinsky, *Oligarchs: the Past or the Future of Russian Capitalism?*, Moscou, jul. 2004, mimeo.

Palata (Tribunal de Contas) da Federação da Rússia[87], foram privatizadas 147,3 mil empresas entre o biênio 1991-1992 e 2002, das quais mais de 80% nos anos 1992 a 1994, período em que foi realizada a privatização de massa.

Dados mais atualizados disponíveis sobre a distribuição das empresas e organizações por forma de propriedade (tabela 11), indicam o predomínio absoluto da propriedade privada, com cerca de 90% do total delas. Esta percentagem é provavelmente maior, se considerados os valores dos ativos das empresas, visto que as empresas estatais e as "outras" apresentadas na tabela incluem, em geral, empresas com ativos de valor considerável, entre as quais as que compõem os grupos industriais financeiros anteriormente referidos.

O Banco Mundial, assim como empresas de investimento, acompanha o desempenho específico das empresas, visando avaliar a sua eficiência administrativa, no âmbito da economia russa já consolidada em seu novo *status* capitalista. Não é este o objetivo perseguido neste texto, cuja preocupação central é indicar como se processou a alteração da estrutura da propriedade na Rússia, estratégica para a promoção da transformação sistêmica do país. E, em que medida a nova configuração da propriedade influencia a condução da política macroeconômica.

Neste sentido, algumas indicações já foram feitas na análise dos resultados da privatização de massa, assim como outras, em relação à privatização em dinheiro, das grandes e estratégicas empresas russas.

Num esforço de síntese, pode-se concluir. Em primeiro lugar, que o objetivo de criar rapidamente uma classe de proprietários interessada na defesa de sua propriedade foi alcançado. Ainda que o Estado continue detendo parcela dela, em empresas estratégicas para o desenvolvimento econômico, a propriedade privada tornou-se dominante. Para alguns analistas, a privatização, tendo resultado da expropriação da propriedade pública, é considerada uma acumulação primitiva de capital pelos novos proprietários dos meios de produção, inclusive pela posse legal dos ativos anteriormente administrados por parte deles. Em segundo lugar, que a descentralização da propriedade estatal em unidades empresariais e outras organizações promovida pela privatização, mas em andamento já no período final da existência da URSS, levou à substituição do planejamento central diretivo pela regulação econômica através dos mecanismos de mercado, ou seja, por diretrizes de política econômica baseadas

---

87. Ver notas 65, p. 194, e 66, p. 195.

TABELA 11. FEDERAÇÃO DA RÚSSIA – DISTRIBUIÇÃO DAS EMPRESAS E ORGANIZAÇÕES POR FORMA DE PROPRIEDADE

Formas de Propriedade	Anos									
	2000		2005		2010		2012		2013	
	1000	Porcentagem sobre total	1000	Porcentagem sobre o total	1000	Porcentagem sobre o total	1000	Porcentagem sobre o total	1000	Porcentagem sobre o total
Estatal	151	4,5	160	3,4	119	2,5	113	2,3	116	2,4
Municipal	217	6,5	252	5,3	246	5,1	231	4,7	225	4,7
Privada	2 510	75	3 838	80,5	4 104	85,1	4.195	85,9	4.160	85,9
Organizações sociais e religiosas	223	6,7	253	5,3	157	3,3	147	3	145	3
Outras*	246	7,4	265	5,6	197	4,1	201	4,1	198	4,1
Total	3 346	100	4 767	100	4 823	100	4.886	100	4.843	100

* Inclui empresas mistas russas, mistas estatais c/ capital estrangeiro, corporações estatais, capital estrangeiro.
Fonte: Gostat. Disponível em www.gks.ru/bgd/regl/b14_13/statistitcheskiiejegodnik2014 (Anuário Estatístico 2014).

em indicadores de mercado. Em terceiro lugar, que a privatização propiciou a formação de uma estrutura social bastante desigual, com o surgimento, nos seus extremos, de uma parcela da população situada abaixo da linha da pobreza e de um grupo de milionários, detentores de enormes fortunas no país e no exterior[88]. Finalmente, que a forma pela qual a privatização foi realizada ensejou uma diferenciação entre os novos proprietários capitalistas, dando lugar ao surgimento de uma oligarquia, com influência direta na condução da política econômica e na política geral do Estado russo, até à assunção de Putin à presidência do país, em começos de 2000, conforme se verá adiante.

A Nova Estratificação Social

A privatização da propriedade estatal continua a ser realizada na Rússia. Mas, depois de realizados os processos descritos acima, o seu impacto sobre a estrutura social do país alterou-se pouco[89], podendo-se avaliá-lo com base nas pesquisas que foram realizadas ainda nos anos 1990[90].

A mudança da estrutura social provocada pelo processo de transformação sistêmica foi sensível. Em termos oficiais, a URSS era constituída por uma sociedade sem classes e bastante igualitária, diferenciando-se a renda dos seus habitantes em função das posições por eles ocupada na distribuição das atividades econômicas e sociais do país.

Não havendo propriedade privada, não havia proprietários dos meios de produção e os estratos sociais se definiam como trabalhadores, camponeses cooperativados e empregados nas fazendas estatais, membros da *intelligentsia* e membros do aparelho estatal e partidário. Os dois últimos estratos gozavam de uma posição privilegiada na estrutura social soviética, por disporem de capital

---

88. Deve-se aqui ressaltar que a estratificação social referida resultou não somente da privatização, mas também como resultado das políticas de introdução da economia de mercado, relatadas anteriormente.
89. Alguma mudança ocorreu, mas no âmbito da propriedade de algumas grandes empresas, não afetando a estrutura social que será descrita.
90. N. Chmatko, *Les Entrepreneurs en Russie: Genèse d'un Nouveau Groupe Social*, Paris, Maison des Sciences de L'Homme, 1994, apud Lenina Pomeranz, "O Impacto Social das Transformações Sistêmicas na Rússia", São Paulo, *Instituto de Assuntos Avançados da USP*, Coleção Documentos, Série Assuntos Internacionais, n. 5, jun. 1998; T. Popova & N. Tekoniemi, "Social Consequences of Economic Reform in Russia", *Review of Economics in Transition*, Finland, n. 5, 1996; T. Zaslavaskaia, *Sotsietal'naia Transformatsia Rossiiskovo Obshestva* [Transformação Societal da Sociedade Russa], Moskva, Izdatelstvo Delo, 2002; T. Zaslavaskaia, "Estrutura Social da Rússia: Principais Direções da Mudança", *Sociedades em Transformação*, ano 5, n. 2, out./nov./dez. 1998.

cultural e burocrático, respectivamente, o que lhes propiciou as possibilidades de rapidamente se ajustarem às novas condições criadas pela introdução da economia de mercado[91].

Com a privatização e as reformas macroeconômicas, surgiu uma nova estrutura social, com estratos anteriormente não existentes, como o dos proprietários de capital e o das pessoas vivendo em condições de extrema pobreza. A nova estratificação social foi, e continua sendo, objeto de muita pesquisa sociológica, especialmente nos anos finais da década de 1990. Conforme definida por Tatiana Zaslavskaia, utilizando dados de pesquisas familiares realizadas pelo VTSIOM – Centro Panrusso de Pesquisas da Opinião Pública, no período compreendido entre 1993 e 1995[92], ela se compõe de quatro camadas sociais: superior, média, básica e inferior, numa proporção de 1%, 24%, 68% e 7%, respectivamente. Segundo ela, os números relativos à primeira e à última camada estão subestimados, na medida em que, na amostra do seu levantamento, não foram incluídos a elite governante, os funcionários de alto escalão e o generalato, na primeira; e os grupos lumpenizados, na última. Se o fossem, a camada inferior atingiria de 12% a 15% da população economicamente ativa. Em termos de sua renda, tomando-se 100 como nível médio da renda dos russos economicamente ativos, a renda da camada superior é de 516, a da camada média é de 144, a da camada básica é de 75 e a da camada inferior é de 54[93]. Na publicação do seu trabalho, feita em 2002, encontra-se uma descrição mais detalhada da composição de cada uma dessas camadas. Na superior, que constitui para ela a camada dirigente do país e sujeito principal das reformas, estão incluídos: os grupos de elite e subelite, que ocupam as posições mais importantes do sistema de administração governamental e das estruturas econômica e de segurança do país. Embora seus interesses não sejam idênticos, une-os o fato de estarem no poder e a possibilidade de exercerem influência direta sobre o processo de transformação. Na camada média, estão incluídos os grupos que constituem o berço da "classe média", no sentido ocidental

---

91. Lenina Pomeranz, "O Impacto Social das Transformações Sistêmicas na Rússia", *op. cit.*
92. Este período é anterior à privatização por empréstimo com garantia de ações, que criou a oligarquia, conforme se descreveu acima. Porém, pela descrição feita da camada superior por Zaslavskaia, os oligarcas podem encaixar-se nela, não modificando o seu papel na estrutura social definida pela autora.
93. T. Zaslavskaia, "Estrutura Social da Sociedade Russa Contemporânea", *Estudos Avançados*, vol. 10, n. 28, set.-dez., 1996 *apud* L. Pomeranz, "O Impacto Social das Transformações Sistêmicas na Rússia", pp. 19-20.

do termo. São pequenos empresários, semiempresários, administradores de empresas pequenas e médias, o núcleo sênior da burocracia, os oficiais superiores e os trabalhadores mais capacitados e especializados. Na época do levantamento[94], esta camada constituía a base social e a principal força condutora das reformas. A camada básica é a mais massiva, comportando mais de dois terços da sociedade. Compõe-se de trabalhadores semiqualificados (a parcela da *intelligentsia* formada pelos especialistas, os auxiliares dos especialistas, técnicos, empregados no comércio e serviços), além de parte do campesinato. Sua característica principal é a de adaptar-se às mudanças, buscando sobrevivência.

Quanto à camada inferior, não ficam muito claras, segundo Zaslavskaia, a sua estrutura e funções. O que diferencia os seus membros é o baixo potencial de atividade e a incapacidade de adaptar-se às duras condições socioeconômicas do período de transição. Ela é constituída basicamente por idosos, por pessoas de baixo nível de educação e más condições de saúde, sem aposentadoria; ou por pessoas que não têm profissão nem emprego permanente, desempregados, refugiados e imigrantes compelidos pelos conflitos entre nacionalidades. A sua identificação se fez por algumas indicações, como a de disporem de uma renda pessoal e familiar muito baixa, pouca educação, ocupação em trabalho não qualificado ou ausência de trabalho permanente.

Às quatro camadas referidas, Zaslavskia acrescenta o surgimento de um grupo que chama de vazio social, caracterizado pelo seu isolamento das instituições sociais e por sua inclusão em instituições criminalizadas e semicriminalizadas. Seus membros são ladrões, bandidos, traficantes de drogas, assassinos de aluguel, além de alcoólatras, drogados, criminosos e vagabundos, entre outros. E se enxergam como subclasse.

A criação deste grupo de vazio social é considerada pela autora resultado direto das reformas de mercado. Estas, realizadas às custas da população, conduziram inicialmente ao seu empobrecimento, à criação dos "pobres honestos", e, posteriormente, ao rápido crescimento do criminalizado vazio social, assimilador rápido da parte lumpenizada dos pobres, especialmente dos jovens. Uma visão das características que constituem as diferentes camadas referidas pode ser vista na tabela 12.

---

94. Posteriormente também, especialmente nos anos 2000, durante os governos Putin.

TABELA 12. RÚSSIA. INDICADORES DA POSIÇÃO SOCIAL OCUPADA PELAS DIVERSAS CAMADAS SOCIAIS (PORCENTAGEM SOBRE OS PARTICIPANTES DE CADA CAMADA)

Indicadores da Posição Social	Camadas Sociais			
	superior	média	básica	inferior
POSSE DE CAPITAL E TIPO DE OCUPAÇÃO				
Proprietários de empresa ou firma	100	18	0	0
Proprietários de outro tipo de capital	0	14	0	0
Empregados assalariados	0	71	100	100
SETOR ECONÔMICO DA OCUPAÇÃO (FORMA DE PROPRIEDADE)				
Estatal	0	41	67	72
Acionária	0	31	28	25
Privada	100	29	5	3
POSIÇÃO OCUPACIONAL (AUTOAVALIAÇÃO)				
Dirigentes	84	33	4	0
Especialistas	9	29	38	1
Outras posições	7	37	58	99
NÍVEL DE BEM-ESTAR				
Adequado, suficiente	70	30	5	3
Relativamente suficiente, passando necessidades	30	56	49	32
Pobre, miserável	0	14	46	65
Crescimento da renda acompanha a elevação dos preços	66	27	11	8

Fonte: T. Zaslavskaia, "Stratifikatsia i Sotcialno-Gruppovaia Struktura Obshestva" ["Estratificação e Estrutura Sociogrupal da Sociedade"], em *Sotsietal'naia Transformatsia Rossiiskovo Obshestva* [*Transformação Societal da Sociedade Russa*], Moskva, Izdatelstvo Delo, 2002.

Uma outra perspectiva da conformação da estrutura social, feita por Rimashevskaia[95], reúne a população em três grupos, de acordo com suas habilidades de adaptação às mudanças. Um primeiro é constituído pelos *adaptados*, aqueles que imediatamente aceitaram as regras da nova sociedade. Constituem cerca de 15% da população. O segundo é constituído pelos *outsiders* (não adaptados), que não se adaptaram às novas regras e não têm intenções de fazê-lo. Este grupo representa cerca de um quarto da população e é correlacionado com pessoas que vivem abaixo do nível mínimo de subsistência. O terceiro grupo é constituído pelos *indecisos* (adaptados relutantes) e soma 60% da população. É o grupo que luta para se adaptar, mas que até então não havia conseguido fazê-lo. Estas dificuldades de adaptação da maioria da população são compreensíveis, quando se considera o impacto provocado pelas mudanças no seu padrão de vida[96]: em 1995, uma média de 25% da população vivia abaixo do nível mínimo de subsistência (65 dólares); com a inflação elevada, os salários e as pensões, no começo de 1995, perderam valor e, mesmo tendo sido retomados em certa medida no final do ano, os seus níveis caíram para o valor que tinham em 1992. Seus padrões de consumo foram substancialmente modificados, como resultado da perda de poder aquisitivo da população: dados de 1995 indicam uma queda considerável em relação a 1990, do consumo de peixes (40%), de leite (35%), de carnes (25%) e de ovos (15%) e sua substituição pelo aumento do consumo de pão e batatas. Para as famílias de renda baixa e média, a redução do consumo foi estimada em 16%.

Parte desta situação foi compensada no primeiro período do governo Putin, por políticas sociais adotadas com a estabilidade alcançada na evolução da economia, contemplando melhorias reais nos salários e pensões. De acordo com dados do Gostat[97], os salários reais aumentaram 3,8 vezes entre 2000 e 2005 e 3,5 vezes entre 2005 e 2013; as pensões, nos mesmos períodos, aumentaram 3,4 e 4,2 vezes. A renda monetária mensal *per capita* aumentou 3,5 vezes entre 2000 e 2005 e 3,2 vezes entre 2005 e 2013.

A distribuição da renda continuou, entretanto, muito desigual, não obstante as melhorias que podem ser observadas nos últimos anos do período

---

95. N. Rimashevskaia, "Favority i Autsaydery Peremen" ["Favoritos e *Outsiders* das Mudanças"], apud T. Popova e N. Tekoniemi, "Social Consequences of Economic Reform in Russia", *Review of Economics in Transition*, Finland, n. 5, 1996.
96. T. Popova e N. Tekoniemi, *op. cit.*
97. Gostat. *Statisticheskii Ejegodnik* [Anuário Estatístico], 2004 e 2014.

considerado. Em artigo publicado em finais de 2014[98], Irina Gerassimova e Helena Gerassimova indicam que diminuiu o número das pessoas com classe de renda *per capita* inferior a dez mil rublos, entre 2005 e 2012, com participações relativas de 74,5% e 25% do total da população nos respectivos anos; aumentou o número de pessoas no nível de renda entre 10 001 e 15 mil rublos, de 25,5% em 2005 para 44,1% em 2012; e surgiu novo agrupamento de população com renda superior a 15 001 rublos em 2010, que passou a deter 30,9% da renda em 2012[99].

Segundo as mesmas autoras, distribuindo-se a população por quintís, observa-se: *i.* Uma quebra do padrão distributivo anterior à introdução das reformas, da qual resultou a redução de um terço da renda do primeiro quintil (da população de nível de renda mais baixo) e uma participação entre 40% e 45% da renda no quinto quintil (da população de nível de renda mais alto); *ii.* A manutenção deste padrão distributivo até o ano de 2000; *iii.* A partir desta data, uma queda monotônica da renda do primeiro quintil e um aumento gradativo da renda do quinto quintil até o ano de 2007; *iv.* A partir deste ano, a relação entre a renda detida pela população do quinto quintil e a detida pelo primeiro quintil, estabilizou-se em torno de nove vezes até 2012, data do seu levantamento[100].

---

98. Irina Gerassimova & Helena Gerassimova, "Neravenstvo Denezhnykh Dokhodov Rossiian" ["Desigualdade das Rendas Monetárias dos Russos"], *Demoscope Weekly*, n. 607-608, set. 2014.
99. As taxas de câmbio eram de um dólar para 28,78 rublos, em 2005, de um dólar para 30,50 rublos, em 2012, e de um dólar para 30,48 rublos, em 2010 (Bofit – Bank of Finland Russia Statistics).
100. O indicador desta relação se apresenta em níveis muito distintos em diferentes trabalhos consultados sobre a estratificação da sociedade russa; foi preferido o número utilizado neste texto, por indicar a fonte dos dados de pesquisa que lhe serviram de base e por ser o mais atualizado disponível.

Capítulo 2
A Consolidação da Nova Rússia Capitalista

A consolidação da nova Rússia capitalista realizou-se pelo complexo ajustamento dos elementos anteriormente descritos: *i.* A institucionalização de um novo regime político, inicialmente pela promulgação de uma nova Constituição e por sua evolução posterior, a partir do segundo mandato de Yeltsin e da eleição de Vladimir Putin em 2000; *ii.* A privatização nas suas diversas etapas, que deu origem ao surgimento de uma nova estrutura social. Formaram-se grupos oligárquicos, com forte influência sobre a vida política do país, mesmo com conflitos entre eles pelo acesso aos recursos estatais. A renda dos empresários dependia diretamente de sua participação nos grupos industrial-financeiros e dos seus laços com o poder, dando início, em 1997, à formação de um capitalismo de Estado como a base econômica do sistema[1]; *iii.* A estes elementos é preciso adicionar o poder conferido aos governadores regionais através de suas eleições no outono de 1996 e começo de 1997. Este poder propiciou a possibilidade de formação dos grupos locais, conduzindo a um sistema misto de poder, com fortes elementos oligárquicos no plano federal e elementos oligárquicos, autoritários e até feudais nas regiões[2]; *iv.* Por conta desses últimos elementos, a estrutura presidencial autoritária da presidência

---

1. L. Shevtsova, *Yeltsin's Russia: Challenges and Constraints*, Moscow, Carnegie Moscow Center/Carnegie Endowment for International Peace, 1997, p. 15.
2. *Idem*, p. 16.

foi se afastando de sua definição constitucional, dando lugar, em 1997, a um regime político marcado pelo que Shevtsova[3] designou por "pluralismo burocrático", propagado por antigos remanescentes dos grupos de interesse. Ela enumera, entre os mais poderosos, por ordem de seu peso econômico e político, os capitais financeiros e comerciais, o *lobby* do petróleo e do gás, os ministérios ligados à segurança, os remanescentes do complexo industrial-militar, o *lobby* agrário, os vários grupos regionais (inclusive o de Yuri Luzhkov, prefeito de Moscou) e os vários grupos sociais, entre os quais ela inclui os intelectuais.

O Segundo Mandato Presidencial de Yeltsin

Duas linhas de acontecimentos interligadas caracterizam o período do segundo mandato do presidente Yeltsin: *i*. Uma delas foi a difícil situação econômico-financeira resultante do próprio processo de transformação da economia, agravada pela adoção do programa de estabilização como política macroeconômica. A queda enorme do nível de atividade levou à drástica redução da arrecadação fiscal, que aprofundou o endividamento do governo e conduziu a manifestações sociais. Estas incluíram greves, podendo-se mencionar como a mais marcante, a dos mineiros (antes defensores de Yeltsin), ocorrida em 1998, quando acamparam em frente à Casa Branca, demandando a sua renúncia. Frente a esta situação, o governo, sob comando do premier Chernomirdin, resolveu financiar o endividamento estatal pela emissão de bônus, os quais, altamente remunerados, deram lugar a uma grande especulação. Com o contágio da crise asiática de 1997, e a consequente incapacidade de resgatá-los, o novo ministro, Sergei Kirienko, resolveu decretar a moratória do vencimento dos títulos da dívida, com o que deslanchou a conhecida crise financeira russa; *ii*. A outra foi a instabilidade política gerada pela preocupação de Yeltsin com a busca de um herdeiro para a presidência que, na sua visão, fosse continuador da transformação sistêmica por ele conduzida no primeiro mandato e ao mesmo tempo não competisse com ele pela liderança do país. Esta instabilidade traduziu-se não somente na disputa entre as diferentes forças políticas e econômicas pela conquista do poder, como também na contínua demissão e substituição de primeiros-ministros, eventualmente futuros presidentes[4]. Essa

---

3. *Idem*, p. 13.
4. Além de figuras proeminentes do Estado, segundo Shevtsova, nos oito anos de sua presidência, Yeltsin trocou sete vezes de primeiros-ministros, seis vezes de Chefes do Serviço de Inteligência (FSB) e três vezes

instabilidade, somada à deterioração gradativa da sua saúde (recorrentes problemas cardíacos e bebida) no período até o final dos anos 1990, levaram-no a confiar o poder à sua filha Tatiana Dyachenko e amigos, que constituíram a chamada "família", no sentido mafioso do termo. Dela participaram também o chefe da administração Alexander Voloshin, e alguns oligarcas, Roman Abramovitch e Boris Berezosvki, entre os mais conhecidos. Nos últimos anos do segundo mandato de Yeltsin, Tatiana tornou-se condutora virtual do país, controlando a agenda presidencial mais importante e constituindo o novo time que preparou a sua sucessão. Os amigos de Tatiana se tornaram chefes de instituições governamentais e receberam fatias enormes da propriedade estatal. Sem controle institucional e sem outro objetivo senão o proveito próprio do aparelho estatal, constituíram uma cooperativa corrupta de amigos e camaradas de negócios. Tatiana também controlava a aparição pública do seu pai, que "tornou-se um boneco dela"[5].

Este quadro e o agravamento dos conflitos regionais, especialmente o da Chechênia, constituem os elementos adicionais para a formação do quadro econômico, social e político às vésperas das eleições parlamentares de 1999 e presidencial de 2000, esta fundamental para a transferência do poder central a Vladimir Putin. Enquanto em 1994-1996 a intervenção militar russa na Chechênia provocou imensa reação contrária dos vários setores sociais, a ação empreendida em 1999 pelo então primeiro-ministro Putin granjeou-lhe apoio e prestígio na opinião pública, por tratar-se de reação à anterior explosão de prédios de apartamentos em Moscou e Volgodonsk, atribuída a terroristas chechenos e na qual pereceram duas centenas de moradores[6]. E, além disso, por constituir reação enérgica contra a invasão do Daguestão por milícias chechenas secessionistas da Federação, assegurando a unidade territorial e a solidez do país[7]. A assunção da responsabilidade pessoal pela ação militar e a fir-

---

de Ministros do Exterior. Cabe lembrar que, de acordo com a Constituição russa, não existe o cargo de vice-presidente, cabendo ao primeiro-ministro substituir o presidente em sua ausência (L. Shevtsova, *Putin's Russia*, Washington D.C., Carnegie Endowment For International Peace, 2003, p. 18).

5. L. Shevtsova, *Putin's Russia*, pp. 26-27. Esta descrição da família é importante também para se entender a preferência de Yeltsin por Putin, entre os demais contendores à presidência, como se verá adiante.
6. A atribuição desta responsabilidade aos terroristas chechenos foi objeto de ampla discussão, especialmente entre os círculos políticos contrários a Putin, que a atribuíam à KGB, para catapultar a candidatura dele à presidência do país.
7. R. Medvedev, *Vladimir Putin; Chetire Goda v Kremle* [*Vladimir Putin: Quatro Anos no Kremlin*], Moskva, Vremia, 2004, p. 67 e cap. 4.

meza na sua condução acabaram por alterar a própria correlação de forças políticas frente às eleições parlamentares de dezembro e presidenciais em março, pois a guerra da Chechênia tornou-se o foco da atenção e debates da sociedade russa, deixando para segundo plano todas as demais questões. As discussões envolveram o papel dos candidatos eventuais à presidência Chernomirdin, Lebed e Stepashin na guerra anterior de 1994-1996, considerado prejudicial aos interesses russos frente aos terroristas chechenos. E abalaram, até o outono, a preferência demonstrada pelos eleitores nas votações parlamentares de dezembro pela união partidária Pátria-Toda Rússia, à cuja testa encontravam-se E. Primakov – ex-primeiro-ministro em gestão bastante exitosa e Y. Luzhkov, prefeito de Moscou. Em outubro-novembro de 1999, cresceu surpreendentemente a simpatia por nova entidade partidária recém-criada, denominada Unidade, que apoiou Putin e sua política na Chechênia e deste recebeu, consequentemente, a garantia do seu apoio[8]. Cabe, porém, ressalvar que a surpreendente ascensão política de Putin, expressa nas eleições, não se deve exclusivamente à questão chechena. Ela resultou, também, dos fatores anteriormente indicados, como o descontentamento da população em relação à situação econômico-financeira e aos desmandos da "família" e o seu desejo de "alguém de mão forte para pôr ordem" no país[9].

A Indicação de Vladimir Putin Como Herdeiro de Yeltsin

Até sua indicação como primeiro-ministro do governo Yeltsin, Vladimir Putin era personagem praticamente desconhecido do grande público, razão pela qual a grande questão do momento era saber "Quem é Putin?" Na opinião de alguns jornalistas[10] Putin parecia ser o homem certo, na hora certa, para implementar o que seria uma estratégia destinada a assegurar os objetivos do grupo no poder: relativamente jovem (48 anos) e enérgico, praticante de judô, ex-funcionário da KGB, bem formado e com experiência internacional (serviu como funcionário dessa instituição na Alemanha Oriental), ex-vice-

---

8. R. Medvedev, *Vladimir Putin; Chetire Goda v Kremle*, p. 68.
9. Lenina Pomeranz, "Eleições na Rússia: O Fenômeno Putin", *Sociedades em Transformação*, ano VI, n. 4, abr./maio/ jun. 2000.
10. *Idem.*

-prefeito de São Petersburgo[11], de onde foi trazido para Moscou, por recomendação de Anatoli Chubais, responsável pelo programa de privatização de Yeltsin. Foi, além disso, assistente e, posteriormente, adjunto de Pavel Borodin (responsável pelo Patrimônio na Administração Presidencial), comandante do FSB (Serviço Federal de Segurança, sucessor da KGB) e, finalmente, em 1997, secretário do Conselho de Segurança, em adição às suas funções no FSB. Seria, portanto, a figura desejada pela população para atender às suas aspirações de "ordem" e ação, e ao mesmo tempo comprometida com as reformas.

Mas o que levou Yeltsin a preferi-lo como seu herdeiro e nomeá-lo primeiro-ministro foram: *i.* A discrição e a não demonstração de excessiva ambição de Putin no eficiente desempenho de seu trabalho em Moscou, a sua cautela, precisão e disciplina, e a disposição de exercer as funções para as quais fosse indicado pelo presidente. *ii.* A lealdade, demonstrada nas suas relações com Anatoli Sobchack, ex-prefeito de São Petersburgo, inicialmente ao demitir-se de seu cargo quando Sobchack não foi reeleito, mesmo convidado a permanecer nele pelo novo prefeito, Vladimir Yakovlev. Em seguida, em novembro de 1997 quando, já exercendo o cargo de chefe da Gerência de Controle da Administração Presidencial, utilizou sua posição e suas relações com ex-colegas dos serviços de inteligência para organizar a fuga de Sobchack a Paris (sob detenção pela procuradoria-geral por acusações de corrupção e apropriação de recursos públicos durante a campanha eleitoral), onde foi internado para tratamento cardíaco no hospital americano dessa cidade[12].

Esta lealdade às amizades revelou-se em outras ocasiões, como na defesa de Yeltsin em 1999, durante seu conflito com o procurador-geral e no comparecimento a uma festa de aniversário da mulher de Berezovski, quando este estava ameaçado de prisão pelo então primeiro-ministro, Primakov[13]. E era fundamental também para a garantia de segurança da "família", envolvida em notórios casos de corrupção[14]; como ficou evidente, com o primeiro decreto

---

11. Putin desempenhou várias funções na Prefeitura de São Petersburgo, inclusive antes da criação dela, e, no desempenho delas, tornou-se grande e leal amigo do prefeito, Anatoli Sobchack.
12. A descrição detalhada da operação consta de R. Medvedev, *Vladimir Putin; Chetire Goda v Kremle*, pp. 53-56.
13. L. Shevtsova, *Putin's Russia*, pp. 32-33.
14. Dois casos chamaram particularmente a atenção: *i.* Documentos da Justiça Suíça comprovando depósito no valor de um milhão de dólares na conta bancária do presidente Yeltsin, pagamentos a funcionários do Kremlin e cobertura das despesas feitas em cartões de crédito pelas duas filhas do presidente, tudo pago pela empresa Mabetex, encarregada da reforma do Kremlin. Em dezembro de 2000, a Procura-

assinado por Putin, por ocasião de sua posse na presidência interina, em 2000: este decreto concedeu anistia irrestrita a Yeltsin e a todos os membros de sua equipe de governo pelos atos cometidos durante sua gestão.

Antes de tornar-se presidente, Putin exerceu o cargo de primeiro-ministro do governo Yeltsin, entre agosto de 1999 e 1º de janeiro de 2000, quando se tornou presidente interino do país, com a renúncia do presidente Yeltsin.

Como primeiro-ministro, ocupou-se principalmente da guerra na Chechênia e do comando das eleições parlamentares de dezembro de 1999. Sobre o seu papel no deslanche e condução da guerra na Chechênia, já foi feita referência. Quanto ao seu comando das eleições parlamentares, a sua atuação, através da formação de um novo movimento representativo do poder (o Unidade), foi fundamental para assegurar a maioria do governo na Duma e a realização antecipada de junho para março de 2000, da eleição para a presidência do país. Na realidade, o resultado das eleições parlamentares de dezembro de 1999 indicou mudanças dramáticas no quadro político do país, quando comparado com o das eleições parlamentares de 1995: *i*. Formaram-se diversas agremiações políticas novas para a disputa em torno do Unidade; com isto foi criado um forte bloco governamental, praticamente inexistente anteriormente; *ii*. O bloco Nosso Lar é a Rússia, que concorreu às eleições de 1995, foi predecessor do bloco formado por Unidade e pelo partido Pátria – Toda a Rússia, claramente divididos no pleito de 1999, o primeiro apoiando V. Putin e o último tendo como candidato presidencial Evgeny Primakov; *iii*. O partido Escolha Democrática da Rússia deu lugar à União das Forças da Direita, que no pleito de 1999 apoiou o Unidade; *iv*. Partidos menores, de 1995, foram substituídos por candidatos independentes e em número significativamente menor. As cadeiras obtidas pelas diversas agremiações em ambas as eleições são indicada na tabela 13.

O resultado mais significativo, porém, em relação às futuras eleições para a presidência, foi ter indicado a fraqueza de Primakov para a disputa, levando-o a desistir de sua candidatura e a apoiar Putin, discretamente. Concorreram com Putin dez outros candidatos, entre os quais os mais importantes foram

---

doria da Rússia decidiu encerrar o caso, por "insuficientes evidências" (L. Shevtsova, *Putin's Russia*, p. 147); *ii*. Denúncia no USA *Today* de que dezenas de bilhões de dólares teriam sido lavados em dois bancos americanos, havendo a suspeita de que parte deste dinheiro seria resultante dos créditos concedidos à Rússia pelo FMI e por outros fundos de auxílio ocidental ao país (*Rússia. Conjuntura Política Atual. Panorama da Conjuntura Internacional.* ano 1, n. 3, out./nov. 1999).

TABELA 13. RÚSSIA. CADEIRAS OBTIDAS PELAS DIVERSAS AGREMIAÇÕES POLÍTICAS NAS ELEIÇÕES PARLAMENTARES DE 1999 E 1995

Partidos/blocos partidários	Cadeiras 1999	Cadeiras 1995
Partido Comunista	85	157
Bloco Agrário-Industrial	43	20
Unidade #	83	-
Nosso Lar é a Rússia *	-	55
Grupo Deputados do Povo #	56	-
União das Forças da Direita #	32	-
Escolha Democrática da Rússia **	-	9
Pátria-Toda Rússia	49	-
Partido das Regiões Russas #	47	-
Partido Liberal-Democrático	12	51
Yabloko	17	45
Deputados Independentes	21	-
Partidos menores	-	108

Fonte: L. Shevtsova, *Yeltsin's Russia: Challenges and Constraints*, p. 47. *Predecessor de Unidade – Pátria--Toda Rússia ** Predecessor de União das Forças da Direita # Partidos pró-governo.

Gennady Ziuganov, líder do Partido Comunista; Gregori Yavlinsky, líder do Yabloko, apoiado grandemente pela intelectualidade russa; e Vladimir Zhirinovski, líder do Partido Liberal Democrático, de direita. Putin era o franco favorito: no último levantamento da opinião pública, realizado antes das eleições, 53% dos entrevistados indicavam intenção de votar em Putin, enquanto Ziuganov recebia a opção de 21% dos respondentes e Yavlinski, de 6% deles[15].

Antes das eleições, em 30 de dezembro de 1999, ainda como primeiro--ministro de Yeltsin, Putin publica na *Nezavíssimaia Gazeta*, um longo artigo programático, no qual esboça diretrizes para uma estratégia de desenvolvimento de longo prazo da Rússia, com base em uma análise sobre as novas realidades socioeconômicas do país e do mundo[16]. Nele, as premissas de futuro

---

15. L. Shevtsova, *Putin's Russia*, p. 73.
16. Lenina Pomeranz, "Eleições na Rússia: O Fenômeno Putin", *op. cit.*

para a Rússia envolvem a "unidade dos princípios universais da economia de mercado e da democracia à realidade da Rússia", "a necessidade de um Estado forte, mas não totalitário, de direito, federativo", uma política de rendas, para enfrentar "o mais agudo problema social do país, a pobreza" e ser capaz de elevar de forma sustentada a renda real dos cidadãos e medidas de apoio à educação, à saúde e à cultura. Em que medida este artigo contribuiu para a vitória de Putin é uma incógnita, ainda que tenha permitido responder, de alguma forma, às inquietantes indagações sobre "Quem é Putin?"

Putin venceu as eleições no primeiro turno, com 53% dos votos; Ziuganov obteve 29,2% e Yavlinsky, 5,8%. O restante dos votos distribuiu-se entre os demais candidatos, inclusive Zhirinovski, que obteve 2,7% deles[17].

A Formação do Primeiro Governo Putin

A composição do primeiro governo Putin (2000-2004) foi realizada ainda sem quebra de vínculos com remanescentes da presidência Yeltsin e em meio a críticas relativas às suas escolhas e a ataques à sua pessoa, especialmente de parte da imprensa oposicionista[18].

Vários círculos se formaram em torno de Putin[19]. O primeiro grupo foi formado por ex-membros do grupo político de Yeltsin; o segundo foi formado pelos tecnocratas liberais trazidos de São Petersburgo, entre os quais, German Gref e Alexei Kudrin, ainda hoje assessores econômicos do presidente; o terceiro grupo foi formado pelos seus ex-companheiros dos setores de segurança de São Petersburgo, conhecidos na Rússia como os *siloviki;* finalmente, um grupo menor de pessoas que trabalharam com Putin no governo Sobchack em São Petersburgo, entre os quais Dmitri Medvedev, eleito presidente da Rússia para o turno 2009-2012 e em exercício no cargo de primeiro-ministro do atual governo Putin.

Na formação do seu governo, Putin indicou à Duma, como candidato a primeiro-ministro, Mikhail Kasianov, ex-primeiro-vice-primeiro-ministro e, anteriormente, Ministro das Finanças de Yeltsin. Apesar de ser conhecido como "Misha 2%", referindo-se à sua taxa pela cobrança de favores, Kasianov tornou-se conhecido também como negociador experiente com as instituições

---

17. L. Shevtsova, *Putin's Russia*, p. 74.
18. R. Medvedev, *Vladimir Putin; Chetire Goda v Kremle*, cap. 5.
19. L. Shevtsova, *Putin's Russia*, pp. 85-86.

financeiras internacionais e revelou-se bom administrador em sua gestão[20]. Para os outros componentes do ministério, Putin criou um gabinete de conciliação entre os vários grupos de influência anteriormente referidos e não substituiu os membros do antigo bloco de segurança de Yeltsin, conforme acordo feito com ele de não o fazer por um ano. Dado este contexto, a assessoria presidencial e o Conselho de Segurança passaram a ser os principais responsáveis pelas decisões de política interna e internacional, respectivamente.

As Mudanças Institucionais Realizadas por Putin

A par de atribuir a German Gref a tarefa de elaborar um programa de longo prazo para o desenvolvimento da economia, Putin promoveu uma reforma fiscal. Através dela, criou uma alíquota única de 13% para o imposto de renda; manteve praticamente inalterado o imposto sobre o valor adicionado (ampliando a relação dos produtos que podiam gozar de uma alíquota de imposto reduzida de 10%; introduziu um aumento deste imposto sobre a exportação de alguns produtos, além do petróleo e gás para os países da CEI – Comunidade de Estados Independentes), e estabeleceu um imposto social único de 35,6% sobre a folha de pagamentos dos salários, com o qual foram eliminados os antigos fundos sociais e de pensão, reduzidos os encargos sociais sobre os salários e fixadas contribuições de caráter regressivo sobre o pagamento dos salários pelas empresas[21].

No plano político, Putin tratou de centralizar o poder, como forma de institucionalizar o seu comando sobre o sistema político do país. Esta centralização expressou-se inicialmente na reforma da estrutura governamental, com a eliminação do cargo de primeiro-vice-primeiro-ministro e as reduções de vice-primeiros-ministros de sete para cinco, além da redução de ministérios de trinta para 24 e do número de órgãos federais, de 39 para 33, com consequente redistribuição das atribuições dos órgãos eliminados para os remanescentes[22].

Expressou-se, em seguida, na redução da autonomia concedida por Yeltsin aos governadores, através da criação de sete superdistritos regionais, cujas

---

20. *Idem*, pp. 87-88.
21. "Rússia. Notas & Informações", *Sociedades em Transformação*, ano VII, n. 1, jul./ago./set. 2000.
22. Lenina Pomeranz, "Putin: A Constituição do Governo e a Centralização do Poder", *Panorama da Conjuntura Internacional*, ano 2, n. 6, jul./set. 2000.

fronteiras coincidiram com a delimitação das regiões militares, entre os quais deveriam ser divididas as 89 Repúblicas e demais entidades políticas da Federação Russa. Para dirigir estes superdistritos foram nomeados representantes do presidente, aos quais os governadores deviam reportar-se diretamente e cuja missão era a de garantir a efetivação dos poderes constitucionais do chefe de Estado, nos limites de cada um dos referidos superdistritos.

Com o mesmo objetivo de restringir a autonomia dos governadores, Putin encaminhou à Duma um projeto de lei destinado a mudar a composição do Conselho da Federação (Câmara Alta do Parlamento). Segundo este projeto, os governadores e chefes dos legislativos locais que o compunham deviam ser substituídos por representantes regionais, seria criado um sistema que permitia exonerar governadores que atuassem contrariamente à lei federal e os governadores tinham a possibilidade de fazer o mesmo com as autoridades a eles subordinadas[23]. A lei previa ainda a possibilidade de dissolução dos órgãos locais. Como compensação aos governadores pela perda dos seus poderes locais foi criado, em setembro de 2000, um Conselho de Estado, para o qual foram indicados sete governadores. Decreto de Putin regulamentando suas funções, atribuiu-lhe a condição de órgão de natureza consultiva.

No decorrer do seu mandato, Putin ainda fez mudanças na legislação eleitoral e partidária: fixou regras para a participação nas eleições parlamentares nos âmbitos federal e regional e reduziu drasticamente o número de partidos políticos que se formaram no bojo do processo de democratização do país. No primeiro caso, a Duma aprovou uma emenda que deu a 26 governadores e presidentes de Repúblicas o direito a um terceiro mandato; no segundo caso, a Comissão Central Eleitoral preparou uma lei segundo a qual um partido deveria ter ao menos dez mil membros, com organizações de não menos que cem membros em cada uma das 45 regiões, para obter o seu registro, renovável a cada dois anos. A expectativa era a de reduzir o número de partidos dos 188 existentes para menos de vinte[24].

---

23. Para entender o sentido desta lei, convém lembrar-se da chamada "guerra das leis", que ocorria quando entravam em conflito dispositivos das Constituições federal e das regiões, e estas adotavam os dispositivos das Constituições locais, contrariando a lei federal.
24. L. Shevtsova, *Putin's Russia*, pp. 125 e 129.

Restava enfrentar um grande problema: a influência poderosa dos chamados oligarcas, representantes dos grandes grupos econômico-financeiros, alguns deles detentores de grande domínio da mídia, sobre a atuação governamental. Era justamente esta conjunção do poderio econômico-financeiro com a imiscuição no poder de Estado que caracterizava a oligarquia. Houve, desde a campanha eleitoral no começo de 2000, ampla discussão sobre o papel que teriam os oligarcas no governo[25], por conta da sua importância na estrutura e desempenho da economia, discussão esta que se prolonga até hoje, inclusive pela relação que o presidente russo mantém com alguns magnatas.

Os oligarcas, como se viu anteriormente, surgiram como decorrência lógica do processo de privatização, particularmente em sua segunda fase, da privatização com empréstimos com garantia de ações, quando alguns banqueiros assumiram, da forma a mais fraudulenta, o controle das maiores empresas russas, nos setores mais relevantes da economia do país. E quando, diante do risco representado pelo candidato comunista Ziuganov nas eleições presidenciais de 1996, apoiaram financeira e politicamente a candidatura Yeltsin. Após a vitória deste, conseguiram alguns postos importantes no governo, a exemplo de V. Potanin, o organizador dos leilões de privatização, nomeado para Ministro das Finanças.

Eles constituíram, assim, uma herança para Putin, o qual, em meio à discussão sobre o assunto no começo de 2000, aparentemente ainda não tinha clareza sobre sua futura política em relação a eles[26]. Na avaliação da atividade do governo Putin nos primeiros meses após a sua posse, o quadro era pelo menos confuso, no que dizia respeito à sua relação com os oligarcas[27].

Indiscutivelmente, na opinião de Medvedev[28], a privatização da propriedade pública na Rússia, dada a insuficiência de recursos privados para aquisição das grandes empresas soviéticas, fez com que grande parte das empresas e bancos submetidos à privatização acabasse em mãos de pessoas próximas do poder ou mantenedoras de vínculos com grupos econômico-financeiros

---

25. Medvedev, analisando esta discussão, considera estranho o fato de serem idênticas no conteúdo e mesmo na forma, as reflexões sobre o predomínio da influência dos oligarcas sobre o poder, de personalidades tão díspares em posições ideológicas como Ziuganov, líder do Partido Comunista, Lee Voloski, politólogo americano, Boris Nemtsov, ativista político e George Soros, que ele identifica como especulador cambial e filantropo (R. Medvedev, *Vladimir Putin; Chetire Goda v Kremle*, p. 157).
26. R. Medvedev, *Vladimir Putin; Chetire Goda v Kremle*, p. 158.
27. "Rússia. Notas & Informações", *Sociedades em Transformação, op. cit.*
28. R. Medvedev, *Vladimir Putin; Chetire Goda v Kremle*, pp. 168-169.

estrangeiros, ou fossem adquiridas através dos *vouchers* emitidos pelo Estado ou de qualquer outro esquema de obtenção dos bens públicos, até mesmo vinculação com grupos criminosos diversos. Muitas destas empresas, nas incertas condições do processo de transformação da economia, não tinham possibilidade de atuação sem o apoio do Estado, o que as tornou inevitavelmente vinculadas a ele, mesmo mais adiante, com a troca de governo.

Os acontecimentos que se seguiram à posse do presidente indicam, contudo: *i.* Sua disposição de não tolerar novos avanços sobre a propriedade estatal na forma como se realizaram anteriormente, ou seja, fora dos limites legais estabelecidos. Esta disposição foi manifestada em reunião realizada no Kremlin em final de julho de 2000, para a qual foram convidados grandes magnatas econômicos e membros destacados de seu gabinete. Além de solicitar-lhes pensar em como poderiam contribuir com o desenvolvimento da economia russa, declarou que não haveria qualquer revisão das privatizações feitas, mas que também não haveria anistia para a acumulação ilegal de capital após a privatização[29]; *ii.* Uma definição muito clara de sua posição a favor da separação entre os negócios privados (a quem o Estado deveria apoiar) e os negócios de Estado, exclusividade do poder estatal. Esta posição foi por ele reiterada durante sua primeira viagem ao exterior, em Londres, na qual afirmou que não pretendia realizar qualquer reestruturação da propriedade no país, mas que quem o administraria seria o presidente, não os oligarcas; *iii.* Sua não tolerância com os ataques contra ele desfechados através da mídia controlada por dois desses oligarcas, Vladimir Gusinski e Boris Berezovski[30].

A sua ofensiva contra Gusinski iniciou-se logo após a sua vitória eleitoral, seja, conforme opinião de alguns analistas, por ter apoiado seus oponentes eleitorais (inicialmente Luzhkov – Primakov e, posteriormente, Yavlinski), seja por conta da ampla campanha por ele desfechada contra Putin nos veículos de sua *holding* Media-Most, o canal NTV, que abrigou um popular programa satírico contra Putin, *Kukla* (*Fantoches*), a estação de rádio *Ekho Moskvy* (*Ecos de Moscou*), o jornal *Segodnya* (*Hoje*) e a revista *Itoguy* (*Resultados*). Nos primeiros dias de maio, após passagem da polícia na sede da *holding*, o governo tomou o Most Bank, que já estava em dificuldades há algum tempo[31].

---

29. *Idem*, p. 175.
30. *Idem*, p. 159.
31. L. Shevtsova, *Putin's Russia*, p. 94.

Gusinski mobilizou a opinião pública em defesa de sua empresa, mas, em 13 de junho, foi preso. As acusações contra ele não se referiram, entretanto, às diretrizes seguidas por suas empresas de mídia; elas apontavam o não pagamento dos empréstimos obtidos para financiamento dos seus negócios junto à estatal Gasprom, através de seu braço de mídia, bem como junto a bancos estatais e credores internacionais, garantidos por esta estatal. Oficialmente, as acusações que lhe foram feitas em 16 de junho, com base no código penal do país, envolveram "fraude em volume especialmente elevado" e "confisco ilegal e gratuito do complexo econômico estatal do 11º canal de televisão, avaliado em dez milhões de dólares"[32]. No mesmo dia, à noite, Gusinski foi liberado; porque, segundo Shevtsova[33], fez um acordo com representantes do Estado, mediante o qual concordava em vender Media Most, desde que todas as acusações contra ele fossem retiradas e ele fosse libertado da prisão.

Liberado, Gusinski denunciou o acordo e deu início a uma vasta mobilização da opinião pública, usando como mote a liberdade de imprensa. Nesta mobilização foi apoiado por grupos e analistas políticos anti-Putin, entre os quais se pode incluir a própria Shevtsova. A sua atividade foi interrompida em começos de julho, quando foi intimado a prestar novos depoimentos à procuradoria. Entretanto, no final do mesmo mês o seu processo foi suspenso e o seu direito de deixar o país (anteriormente proibido no processo) restabelecido. O que lhe permitiu deixá-lo, juntamente com sua família, e estabelecer-se na Espanha. A base para esta resolução das autoridades judiciárias foi um acordo entre elas e Gusinski, mediante o qual ele se comprometeu a abster-se de controlar meios de comunicação de massa e transferir as suas ações à Gasprom, como pagamento de suas dívidas. Novo processo foi aberto, por conta de "novas circunstâncias" e, recusando-se a comparecer em Moscou, para novos depoimentos, foi objeto de procura pela Interpol e prisão na Espanha, da qual conseguiu livrar-se pagando alta fiança e em condição de prisão domiciliar[34]. Atualmente, ao que se sabe, vive em Israel.

A ação contra Berezovski foi distinta, embora em outubro de 2000, ele tenha sido forçado a vender suas ações no Canal 1 de televisão, com o que deixou de ter controle sobre o capital deste. Não se sabe o que teria forçado o

---

32. R. Medvedev, *Vladimir Putin; Chetire Goda v Kremle*, p. 160.
33. L. Shevtsova, *Putin's Russia*, p. 108.
34. R. Medvedev, *Vladimir Putin; Chetire Goda v Kremle*, pp. 176-177.

oligarca a fazer isso[35]. Uma pista surge com a informação sobre a abertura de um processo contra ele, com base em um grande volume de documentos enviados da Suíça a Moscou, entre final de junho e começo de julho[36]. Estes documentos se refeririam a operações financeiras duvidosas realizadas pelas filiais estrangeiras da Aeroflot, de propriedade do magnata, e nas quais ele estaria envolvido, segundo autoridades suíças e russas. Além das maquinações financeiras, Berezovski esteve envolvido também em campanha política dirigida contra o governo e contra Putin pessoalmente, utilizando, para tanto, os seus recursos de mídia. Resignando de sua posição como deputado federal, tentou criar uma "oposição construtiva" a Putin. Falhou, entretanto, porque, graças a suas maquinações anteriores, "ninguém na Rússia o consideraria sincero defensor da democracia. Todos lembravam do seu papel na evolução do regime durante o período Yeltsin e assumiam que ele estava tentando mesmo era salvar o seu império e a si próprio"[37]. Com isso, ele se viu forçado a emigrar, quando a procuradoria-geral do Estado iniciou investigações sobre os seus negócios.

Medidas estavam sendo tomadas também contra outros oligarcas: Vladimir Potanin precisou repor o valor dos prejuízos sofridos pelo Estado com a privatização da Norils Nickel, estimados em 140 milhões de dólares, Mikhail Friedman do Grupo Alpha, sob cujo controle se encontrava a TNK – Companhia Petrolífera de Tiumen, e investigações estavam sendo realizadas, com apreensão de documentos de grandes empresas como Gazprom, Lukoil e Autovaz.

Estas ações fizeram surgir discussões entre analistas políticos, sobre as reais intenções do governo em relação aos oligarcas. Nessas discussões, Medvedev[38] refutou a ideia de que Putin teria um plano de luta contra os grandes grupos de negócios. Examinando o surgimento deles e a sua imiscuição na administração estatal durante o período Yeltsin, afirma que esse fato deu lugar a um sistema de completa irresponsabilidade e a uma divisão do poder e de influência na Federação Russa entre diferentes grupos de políticos, oligarcas e altos funcionários, levando, consequentemente, a um vicioso sistema de ausência e fragmentação do poder e ao risco de quebra do próprio Estado. As proposições e as ações do presidente Putin no verão de 2000 seriam então ditadas pela preocupação de restabelecer a administração estatal, nos planos horizontal e vertical.

35. L. Shevtsova, *Putin's Russia*, p. 93.
36. R. Medvedev, *Vladimir Putin; Chetire Goda v Kremle*, p. 167.
37. L. Shevtsova, *Putin's Russia*, p. 113.
38. R. Medvedev, *Vladimir Putin; Chetire Goda v Kremle*, p. 174.

No polo oposto das análises sobre a atuação de Putin em relação a Gusinski, Shevtsova[39] também aponta para o fato de que todos os oligarcas tinham dívidas com o Estado, acrescentando que as autoridades continuavam a vê-las benignamente, permitindo-lhes ocasionais malfeitos. A diferença no tratamento de Gusinski não estaria na "ditadura da lei" e sim, no fato de que ele pretendeu tornar-se um ator político autônomo. A prisão do oligarca serviria para demonstrar a todos os críticos potenciais que o presidente não brincaria quando se tratasse da manutenção da estabilidade política, tal como ele a via. Ela demonstrou que as autoridades passariam a usar a Procuradoria para fins políticos, no caso, a construção de um superpoder presidencial, para perseguir ambos, uma mídia independente e os oligarcas.

Houve, por consequência, uma mudança na percepção do processo político no país, com o surgimento de uma nova liderança. As ações encetadas contra os oligarcas, figuras desprezadas pela população, asseguraram grande popularidade ao presidente, conforme observado nas recorrentes pesquisas de opinião. Em julho de 2000, de acordo com VTSIOM (Instituto Panrusso de Pesquisas da Opinião Pública, na sigla russa), 73% dos russos aprovavam Putin, ao mesmo tempo em que 60% apoiavam a concentração de todo o poder nas mãos de um só homem, como meio de solução dos problemas enfrentados pela Rússia[40].

Para completar a representação da nova Rússia, Putin encaminhou ao parlamento, em dezembro de 2000, a proposta de criação dos três símbolos nacionais: o brasão do país, representado pela águia de duas cabeças, símbolo do Império; a bandeira tricolor, símbolo do período czarista; e o hino nacional russo, representado pelo hino soviético sem letra, símbolo do período soviético. A bandeira vermelha desse período passou a ser a bandeira das forças armadas. Os símbolos foram adotados por larga maioria dos votos e a lei foi sancionada pelo presidente. Na passagem do ano foi divulgada pelo jornal *Izvestia* a nova letra do hino, recomendada ao presidente por grupo especial de trabalho[41].

A instituição destes símbolos e as mudanças institucionais implantadas por Putin refletiram-se no plano ideológico. A perspectiva de estabilidade po-

---

39. L. Shevtsova, *Putin's Russia*, p. 107.
40. *Idem*, p. 112.
41. Conforme "Rússia. Notas & Informações", *Sociedades em Transformação*, ano VII, n. 3, jan./fev./mar. 2001. L. Shevtsova dá outra interpretação: a águia de duas cabeças simbolizaria a sucessão do Império czarista; o hino soviético simbolizaria o período comunista e a bandeira tricolor – o período não comunista, pós-soviético (L. Shevtsova, *Putin's Russia*, p. 144).

lítica, com a ordenação legal das atividades dos diversos institutos governamentais e a regulação do processo eletivo, por um lado; e o restabelecimento do poder estatal, com a restrição do poder oligárquico, por outro lado, restabeleceram entre a população o sentimento de nação, de pertencimento nacional. Este se reforçou com o estabelecimento de uma política externa independente, tornado o nacionalismo a força ideológica motriz do país, independentemente das considerações sobre a natureza da democracia nele vigente feitas pela oposição a Putin.

Nova Política Externa e Reforma Militar

A política externa durante o governo Yeltsin assumiu, inicialmente, uma inclinação pró-ocidental, o que não deixou de ser providencial em relação à assistência técnica para constituição dos institutos econômicos e políticos do novo país capitalista. E em relação à própria assistência financeira obtida, ainda que só precariamente, na forma dos múltiplos financiamentos das entidades financeiras internacionais ocidentais. Nos primeiros anos da década de 1990 foram também assinados dois tratados internacionais para a redução de armamentos estratégicos, os chamados START I, assinado em julho de 1991, no período soviético ainda, e START II, assinado em 1993, reduzindo mais o número de armas nucleares estratégicas implantadas pela Rússia e pelos EUA. Este último tratado foi ratificado pelo Congresso dos EUA em 1996, mas só em 2000 foi ratificado pelo Parlamento russo[42].

A postura de "integração virtuosa"[43] no sistema internacional liderado pelos EUA, acabou sendo modificada, paulatinamente, com a nomeação de Evgeny Primakov, para o cargo de Ministro das Relações Exteriores, que tentou, timidamente, estabelecer princípios de uma política externa de defesa dos interesses nacionais russos. A sua gestão da política externa foi, de certa forma, contraditória, na medida em que, se, por um lado, opôs-se, sem resultado, à política de integração de países da Europa oriental à OTAN[44], por outro lado as-

---

42. N. Mazat e F. Serrano, "A Geopolítica da Federação Russa em Relação aos Estados Unidos e à Europa: Vulnerabilidade, Cooperação e Conflito", em A. G. Pineli Alves (org.), *O Renascimento de uma Potência: A Rússia no Século XXI*, Brasília, Ipea, 2012.
43. *Idem*.
44. Começou com a integração destes países a estratégia de cerco da Rússia, que veio a ser recorrentemente denunciada pelo presidente Putin posteriormente. A trajetória de ingresso desses países começou em 1994, com o ingresso de todos os países da CEI – Comunidade de Estados Independentes, ex-Repúblicas

sinou o acordo de colaboração com esta organização, em maio de 1997. Mas foi neste ano também que a Rússia conseguiu preservar o uso da base naval de Sebastopol, na Crimeia, mediante um acordo a duras penas assinado com a Ucrânia, em cujo território está situada esta estratégica base naval. Cabe assinalar que este território voltou a agregar-se à Rússia recentemente e é objeto de disputas dela com o Ocidente e das sanções econômicas aplicadas contra a Rússia[45].

Para completar o quadro das relações externas do período Yeltsin, cabe acrescentar os protestos russos contra a intervenção da OTAN no conflito de Kosovo, assim como contra o bombardeio da Sérvia por ela efetuado sem consulta ao Conselho de Segurança da ONU. Dado que estes protestos não foram levados em consideração, a política internacional da Rússia careceu de maior significado e representatividade, até a posse de Vladimir Putin como presidente do país, em maio de 2000.

A par da elaboração de uma nova concepção da política externa russa, Putin, já nos primeiros meses de sua gestão, além de encontros com os chefes de Estado dos EUA e dos países da CEI, promoveu intenso périplo internacional[46] a países da Europa Ocidental e da Ásia, inclusive ao Japão. Neste país participou da reunião do G-7 e manteve encontros paralelos com o presidente americano Bill Clinton sobre o projeto nacional americano de criação de um escudo antimísseis balísticos, que implicaria a modificação do Tratado Antimísseis Balísticos assinado em 1972 pelos dois países.

A viagem à Europa ocidental realizou-se inicialmente à Itália e, em seguida, à Espanha e à Alemanha e envolveu discussões sobre a criação de um programa semelhante ao americano, contra mísseis balísticos na Europa. A viagem à Ásia teve como primeira etapa um encontro com o chamado Quinteto de Shangai, formado pela Rússia e pela China, pelo Cazaquistão, pela

---

da URSS e continuou em 1999, com o ingresso da Hungria, Polônia e República Tcheca e, em 2004, com o ingresso de Bulgária, Eslovênia, Eslováquia, Estônia, Letônia, Lituânia e Romênia (www.nato.int/history/nato-history.html; Lenina Pomeranz, "Economic Sanctions as Political Instrument in International Relations: The Case of the Russian Federation", texto apresentado no *Arnoldshain Seminar 20 Years of Challenges and Integration, Globalization and Development*, Frankfurt, Arnoldshain/Taunus, 14-18 de setembro, 2015).

45. Ver os termos do acordo referido, análise sobre as sanções econômicas aplicadas e reações da Rússia a elas em Lenina Pomeranz, "Economic Sanctions as Political Instrument in International Relations: The Case of the Russian Federation", *op. cit.*

46. Todas as informações sobre este périplo de viagens, sumariamente descritas adiante, são de R. Medvedev, *Vladimir Putin; Chetire Goda v Kremle*, cap. 7.

Quirguízia e pelo Tajiquistão. Participou desta reunião também o presidente do Uzbequistão, por conta dos ataques terroristas conduzidos pelo Taleban ao país e da perigosa situação por eles provocada na região, diante da ausência de meios efetivos de combate ao terrorismo em qualquer dos países dela componentes.

Na reunião, Putin afirmou que a Rússia, além de manter e elevar a sua presença militar no Tajiquistão, ofereceria cooperação técnico-militar aos demais países. Os líderes do Quinteto expressaram desejo de constituir uma nova forma de segurança regional e decidiram transformá-lo no Fórum de Shangai, no qual se integrou o Uzbequistão.

A viagem à China envolveu conversações sobre as relações entre os dois países, expressas na Declaração de Pequim, e particularmente a sua preocupação com o programa americano contra mísseis balísticos. Além da parceria estratégica resultante, os dois países estabeleceram acordos na área da economia e do comércio. O périplo asiático terminou com a visita à Coreia do Norte, durante a qual a Rússia se propôs a auxiliar o país na construção de *sputniks* para fins de comunicação e pesquisa espacial.

Em começos de setembro de 2000, Putin viajou em visita oficial ao Japão e de lá voou para Nova York, para participar da 55ª Assembleia Geral da ONU. Nela discursou, além de manter durante sua realização, desde o primeiro dia, encontros importantes com os presidentes dos EUA, da China, do México, da Indonésia, do Irã, de Chipre e da Turquia, além do realizado com o primeiro-ministro da Alemanha.

Com a descrita "volta ao mundo em dez dias"[47], encerrou-se o périplo de viagens internacionais do presidente russo, realizado com objetivos muito bem definidos. Tratou-se não só de responder à indagação generalizada nos círculos internacionais, especialmente ocidentais, sobre "quem é Putin", mas de restabelecer a imagem de certa forma degradada do país, seja pela infeliz atuação pessoal de Yeltsin no âmbito internacional, seja pela ausência de resultados de sua diplomacia. Tratou-se, também, de firmar presença no cenário internacional, como parte da múltipla configuração de nações, ou seja, como parte integrante do mundo multipolar que constituiu a base da sua nova concepção de política externa.

No documento em que esta concepção é exposta, afirma-se que a nova concepção se insere em um sistema mundial multipolar de relações interna-

---

47. *Idem*, p. 221.

cionais e expressa, realmente, a natureza multifacetada do mundo contemporâneo e a diversidade de seus interesses. A Rússia no mundo é definida, nessa concepção, não só como um dos Estados europeus, mas como grande potência euro-asiática, que assume responsabilidade pela manutenção da segurança no mundo, tanto no plano global, quanto no plano regional. Putin, além de dirigir pessoalmente a elaboração da nova alternativa conceitual de política externa, sublinhou a necessidade de implementá-la tanto defensiva quando ofensivamente e de desenvolver trabalho intenso na defesa dos interesses nacionais da Rússia[48]. E esta é a linha que segue a sua atuação internacional, desde a solidariedade aos EUA em relação aos ataques terroristas em 11 de setembro de 2001, até à arriscada anexação da Crimeia à Rússia em 2014 e à presente participação militar no conflito interior da Síria, combinando ação em campo com ação diplomática intensa.

A reforma militar surgiu como uma necessidade, tanto frente à degradação das Forças Armadas russas, quanto à incapacidade financeira da Rússia, em seu processo de transformação, de arcar com os gastos de um contingente de três milhões de pessoas a seu serviço. A degradação das Forças Armadas envolveu as suas cadeias de comando, com a divisão delas em dois campos opostos, quando o chefe das Forças Armadas desrespeitou a hierarquia de subordinação vigente no corpo militar, ao entregar diretamente às autoridades, sobrepondo-se ao seu superior, o Ministro da Defesa, um programa de reforma militar[49]. A superação deste problema deu-se com a nomeação de novo Ministro da Defesa, Sergei Ivanov, ex-companheiro de Putin no serviço de informações[50].

Quanto ao problema orçamentário, ele veio de encontro ao problema da recapacitação das Forças Armadas, nitidamente revelado pela sua atuação na Chechênia: somente duas ou três das doze divisões existentes estavam preparadas para combate[51]. A perspectiva da reforma foi, então, a de reduzir as conscrições obrigatórias e criar um exército profissional, criação esta apoiada pelo presidente no final de 2001. O plano inicial de reforma anunciado por Putin no verão de 2000, compreendia a redução de 365 mil militares e 120 mil

---

48. *Idem*, p. 209.
49. L. Shevtsova, *Putin's Russia*, pp. 130-131.
50. Lenina Pomeranz, "Putin. Balanço de um Ano no Poder", *Panorama da Conjuntura Internacional*, ano 3, n. 9-10, 2001.
51. L. Shevtsova, *Putin's Russia*, pp. 130-131.

servidores civis, antes de 2003. O núcleo da reforma foi a criação de poderosas tropas prontas para combate, baseadas em locais estratégicos (na Ásia central e oriental). Em 2002, as forças armadas dispunham de somente 132 mil soldados contratados, do total de 260 mil disponíveis em anos anteriores, indicando a falta de atratividade desse serviço e a falta de preparo da liderança militar para uma transição deste gênero[52].

---

52. *Idem*, pp. 132-133.

Capítulo 3
Síntese do Processo de Transformação Sistêmica

    Putin continua, em 2016, à testa do Estado russo, mantendo as diretrizes políticas descritas acima, nos âmbitos interno e internacional, com os ajustamentos ditados pela conjuntura política em ambos os casos. Não é intenção deste livro avançar para análise das gestões de Putin, intercaladas com uma na qual foi substituído na presidência pelo atual primeiro-ministro, Dmitri Medvedev. De alguma forma isto foi feito, em artigos escritos ao longo dos anos, em diversas publicações, especialmente nos periódicos *Sociedades em Transformação,* editado pelo então Centro de Estudos dos Países Socialistas em Transformação, da usp; e *Panorama da Conjuntura Internacional,* sob a coordenação de Gilberto Dupas.

    A Rússia continua a exercer um papel relevante no cenário internacional, tanto no plano econômico, como país emergente líder, quanto no plano geoestratégico e merece continuar sendo objeto de acompanhamento e pesquisa. O que se pretendeu, porém, neste livro foi somente mostrar como se deu o processo de transformação da urss socialista na Rússia capitalista. O seu objetivo foi propiciar os elementos que, como resultado desse processo, permitem entender as vias do seu atual desenvolvimento. Em outros termos, pretendeu-se mostrar como se estruturaram as bases do novo sistema capitalista russo, na mescla entre os seus elementos herdados do passado e a configuração que assumiu por conta das condições de sua inserção no concerto das nações.

Em síntese, pode-se concluir que o processo de transformação sistêmica da Rússia passou por três fases bem marcadas, que deram ao país a configuração que apresenta. A primeira delas foi a compreendida pela *perestroika*, a qual, na realidade, não pretendia a sua transformação para além dos marcos do socialismo democrático. O objetivo dela, declarado pelo seu líder, Gorbatchov, era construir uma sociedade socialista de face humana, capaz de assegurar a necessária flexibilidade propiciada pela introdução de mecanismos de mercado no processo produtivo e a liberdade política, na construção de um sistema democrático de governo, mantidas as garantias e direitos sociais criados no regime soviético. Foi durante a *perestroika*, porém, que se fez o desmantelamento do sistema de gestão centralizada da economia, no bojo político conflituoso ensejado pela *glasnost* e pela reforma política. Foram inevitáveis as desordens no funcionamento da economia, na medida em que a construção do mercado, como substituto do sistema de planejamento diretivo, não podia se fazer instantaneamente. Como foi também inevitável a intensidade dos conflitos políticos, uma vez aberta a comporta para a liberdade absoluta de discussão e participação política nas mais diversas formas. O resultado desse processo foi a dissolução da URSS, que foi objeto de ampla discussão acadêmica, e a constituição de países independentes nas ex-Repúblicas soviéticas, entre as quais a Rússia. Esta já havia declarado independência em 1991, valendo-se da possibilidade de elaboração de Constituições nas Repúblicas, propiciada pela reforma política compreendida pela *perestroika*.

A segunda fase envolve o período das duas gestões de Yeltsin na Federação da Rússia, entre 1991 e 1999, com a declaração explícita deste pela escolha do capitalismo como sistema para o país. Foi nesse período que se processaram as medidas que resultaram nas transformações radicais nesse sentido: a elaboração de uma nova Constituição, como instrumento regulador das relações sociais e políticas do país, a privatização, como instrumento de transformação das relações de propriedade e a institucionalização da estrutura de comando administrativo de uma economia de mercado. Todas estas medidas realizaram-se sobre a base econômica, política e social herdada do sistema anterior, o que influiu inevitavelmente sobre a forma que assumiram: *i*. A estrutura da propriedade, o surgimento dos grandes grupos econômico-financeiros privados, alguns herdeiros da própria estrutura ministerial soviética; e *ii*. O mecanismo de funcionamento das instituições políticas, no qual estes grupos se imiscuíram significativamente, dando lugar ao surgimento da oligarquia russa, inicialmente no plano federal e posteriormente nas regiões, propiciado pela política promovida pelo governo central. Como corolário, surgiu uma nova estrutura social, com o empobrecimento da grande maioria da população destituída de capital e um sistema político dominado pelos interesses dos grupos econômicos oligárquicos. A inserção da Rússia no concerto mundial das nações capitalistas foi realizada sem levar na devida conta os interesses nacionais russos, não obstante a participação do país no Conselho de Segurança da ONU, no lugar anteriormente ocupado pela URSS, e no Grupo dos Sete, como oitavo membro.

As dificuldades ocasionadas por todo o processo e os problemas de saúde do presidente Yeltsin levaram a certa anomia governamental, marcada, ainda, por grande corrupção dos membros de sua equipe. E, finalmente, à renúncia do presidente em favor do herdeiro por ele buscado em boa parte do seu segundo mandato.

Tem início, assim, a terceira fase da transformação sistêmica da Rússia, com a ascensão de Putin, inicialmente como primeiro-ministro e presidente interino e, posteriormente, como presidente do país. Nessa fase foram processadas as transformações que consolidaram o sistema nos moldes em que funciona atualmente: *i.* A centralização do poder, através de alterações na estrutura e modo de funcionamento do sistema político representativo, assim como na regulamentação das atividades da sociedade civil e dos meios de comunicação, configurando a chamada "democracia administrada"; *ii.* As delimitações do poder oligárquico dos grandes grupos econômicos e a institucionalização de reformas na estrutura e funcionamento do sistema econômico; *iii.* A institucionalização do nacionalismo como base ideológica do sistema, resultante da adoção de uma política externa na qual o foco recai sobre a defesa dos interesses nacionais russos no concerto internacional. E representado pela adoção de três símbolos nacionais, que expressam a trajetória da nação, pelos diversos sistemas que adotou ao longo de sua história.

Bibliografia

AARÃO REIS FILHO, D. *As Revoluções Russas e o Socialismo Soviético*. São Paulo, Editora da Unesp, 2003.

_____. *Uma Revolução Perdida. A História do Socialismo Soviético*. São Paulo, Editora da Fundação Perseu Abramo, 1997.

ABALKIN, L. I. *Perestroika: Puti i Problemy* [*Perestroika: Caminhos e Problemas*]. Moskva, Ekonomika, 1988.

_____. & BUNICH, P. G. (coord.). *Etot trudny, trudny put. Ekonomicheskaia reforma* [*Este Difícil, Difícil Caminho: Reforma Econômica*]. Moskva, Mycl., 1989.

AFANASSIEV, Y. N. (ed.). *Inovo ne Dano. Perestroika: Glasnost, Democratia, Socialism* [*Não Pode Ser Diferente: Transparência, Democracia, Socialismo*]. Moskva, Progress, 1988.

AGANBEGIAN, A. *Inside Perestroika. The Future of the Soviet Economy*. New York, Harper & Row, 1989.

_____. *Sovietskaia Ekonomika: Vzgliad v Budushe* [*Economia Soviética. Um Olhar para o Futuro*]. Moskva, Ekonomika, 1988.

_____. *Revolução na Economia Soviética: a Perestroika*. Portugal, Europa-America, 1988.

AKHMEDUEV, A. "Razgosudarstvlenie i Razvitie Form Sobstvennosti" ["Desestatização e Desenvolvimento das Formas da Propriedade"]. *Voprosy Ekonomiki*, n. 4, pp. 48-57, 1991.

AMURZHUYEV, O. & TSAPELIK, V. "Kak Pobedit' Diktat Monopolista" ["Como Vencer o Ditame Monopolista"]. *Ekonomicheskaya Gazeta*, n. 49, December 1989.

AMYOT, G. et al. *Nodi Storici e Strutturali del "Socialismo Reale": Quaderni di "Problemi del Socialismo"*. Milano, Franco Angeli Editore, 1980.

ANDREFF, W. *La Crise des Economies Socialistes: La Rupture d'un Système*. Grenoble, Presses Universitaires de Grenoble, 1993.

ANISIMOV, E. V. *The Reforms of Peter the Great: Progress through Coercion in Russia*. New York/London, M. S. Sharpe, 1993.

BARRY, F. & LESAGE, M. (dir.). URSS: *la Dislocation du Pouvoir*. Paris, La Documentation Française, 1991.

BETTANIN, F. *A Coletivização da Terra na URSS*. Rio de Janeiro, Civilização Brasileira, 1981.

BLACKBURN, R. (org.). *Depois da Queda. O Fracasso do Comunismo e o Futuro do Socialismo*. São Paulo, Paz e Terra, 1992.

BOROZDIN, I. V. "Reforma Radical do Sistema de Preços na URSS. Problemas e Soluções". In: POMERANZ, Lenina (ed.). Perestroika. *Desafios da Transformação Social na URSS*. São Paulo, Edusp, 1990.

BOYCKO, M.; SLEIFER, A. & VISHNY, R. *Privatizing Russia*. Cambridge/London, The MIT Press, 1996.

BROWN, A. *Seven Years that Changed the World*. Perestroika *in Perspective*. Oxford, Oxford University Press, 2007.

BRUS, W. & LASKI, K. *From Marx to the Market: Socialism in Search of an Economic System*. Oxford, Claredom, 1989.

BYM, A. S. "Posleprivatizatsionye Problemy Rossiiskikh Predpriatii" ["Problemas das Empresas Russas Pós-Privatizadas"]. *Voprosy Ekonomiki*, n. 3, 1994.

_____. *Reforma Khoziaistvennovo Upravlenia. Zadachi, Opyt, Problemy* [*Reforma da Administração da Economia: Tarefas, Experiência, Problemas*]. Moskva, Nauka, 1989.

_____.; JONES, D. C. & WEISSKOPF, T. "Privatization in the Former Soviet Union and the New Russia". 1993. *Mimeo*.

CARR, E. H. *La Rivoluzione Russa da Lenin a Stalin (1917-1929)*. Torino, Giulio Einaudi, 1980.

CARRÈRRE D'ENCAUSSE, H. *La Gloire des Nations. Ou la Fin de l'Empire Soviétique*. Paris, Fayard, 1991.

CHMATKO, N. *Les Entrepreneurs en Russie. Genèse d'un Nouveau Groupe Social*. Paris, Maison des Sciences de l'Homme, 1994. *Mimeo*.

COHEN, S. *Soviet Fates and Lost Alternatives. From Stalinism to the New Cold War*. New York, Columbia University Press, 2009.

_____. "Pochemu Raspalcia Sovietskii Soius?" ["Por que a URSS se Desfez?"]. *Svobodnaya Mysl* [*Pensamento Livre*], n. 9-10, 2006.

_____. "Was the Soviet System Reformable?". *Slavic Review*, vol. 63, n. 3, pp. 459--488, Fall 2004.

_____. *Failed Crusade: America and the Tragedy of Post-Communist Russia*. New York/London, W.W. Norton & Cy, 2000.

_____. *Bukharin. Uma Biografia Política*. Rio de Janeiro, Paz e Terra, 1990.

_____. *Soviéticus. American Perceptions and Soviet Realities*. New York/London, W.W. Norton, 1986.

_____. *Rethinking the Soviet Experience. Politics & History Since 1917*. New York/Oxford, Oxford University Press, 1986.

COLIN, R. *O Ressurgimento da Grande Potência*. Florianópolis, Letras Brasileiras, 2008.

DOBB, M. *El Desarrollo de la Economia Soviética desde 1917*. Madrid, Tecnos, 1972.

DUCHÈNE, G. *L'Économie de l'URSS*. Paris, La Decouverte, 1987.

HEG PRÉPACOURS. *L'URSS de Mikhail Gorbatchov*, vol. 1: *Les Aspects Politiques*. s/l, s/n, 1992.

Ekonomicheskaia Gazeta [*Gazeta Econômica*], n. 6, fev. de 1992.

EUROPEAN BANK FOR RECONSTRUCTION AND DEVELOPMENT. *Privatizations in Russia. A discussion Paper for the Consultative Group in Paris, 8-9 June 1993*. Londres. Mimeo.

ERLICH, A. "Stalinism and Marxian Growth Models". *In*: TUCKER, R. C. (ed.). *Stalinism: Essays in Historical Interpretation*. New York/London, W.W. Norton & Cy, 1977.

ERLICH, A. *The Soviet Industrialization Debate. 1924-1928*. Cambridge (Mass.), Harvard University Press, 1967.

FERREIRA, O. S. *Perestroika. Da Esperança à "Nova Pobreza"*. São Paulo, Inconfidentes, 1990.

FERRO, M. *A Revolução Russa de 1917*. São Paulo, Perspectiva, 1988.

FREELAND, C. *The Sale of the Century*. New York, Crown Business, 2000.

GAIDAR, E. & CHUBAIS, A. *Razvilki Noveishei Istorii Rossii* [*Dilemas da Nova História da Rússia*]. Moskva, Ogi, 2011.

GERSCHENKRON, A. "Agrarian Policies and Industrialization. Russia. 1861-1917". *The Cambridge Economic History of Europe*. Volume 7. Parte 2. Cambridge, Cambridge University Press, 1965.

GILL, G. *Stalinism*. London, Macmillan, 1990.

GOLDMAN, M. I. *What Went Wrong with* Perestroika. [USA], W.W. Norton & Cy, 1992.

GORBACHEV, M. *O Golpe de Agosto. A Verdade e as Lições*. São Paulo, Best Seller, 1991.

_____. *Perestroika: Novas Ideias para o Meu País e o Mundo*. São Paulo, Best Seller, 1987.

_____. *Informe Político ao Comitê Central do PCUS ao XXVII Congresso do Partido*. Moskva, Agencia Novosti, 1986.

GORENDER, J. Perestroika. *Origens, Projetos, Impasses*. São Paulo, Atual, 1991.

GOSKOMSTATA SSSR [Comitê Estatal de Estatística]. *Narodnoe Khoziaistvo SSSR v 1990 g* [*Economia Nacional da URSS em 1990*]. Moskva, Financi i Statistiki, 1991.

GOSTATA. *Statisticheskii Ejegodnik* [*Anuário Estatístico*]. 2004 e 2014.

GOSUDARSTVENNAIA PROGRAMMA *Privatizatsii Gosudarstvennikh, Munitsipal'nikh Predpriatii v Rossiiskoi Federatsii na 1992 God* [*Programa de Privatização das Empresas Estatais e Municipais da Federação Russa para o Ano de 1992*], 1992.

GOSUDARSTVENNYI NAUTCHNO-Issledovatel'skii Institut Sistemnovo Analisa Tchotnoi Palaty Rossiiskoi Federatsii [Instituto Estatal de Pesquisa Científica de Análise Sistêmica da Câmara de Prestação de Contas da Federação da Rússia]. *Analis Protsessov Privatizatsii Gosudarstvennoi Sobstvennost Rossiiskoi Federatsii na Period 1993-2003 Gody* [*Análise dos Processos de Privatização da Propriedade Estatal da Federação da Rússia no Período 1993-2003*]. Moskva, 2004.

GREGORY. P. R. & STUART, R. C. *Soviet Economic Structure and Performance.* 3. ed. New York, Harper, 1986.

GURIEV, S. & RACHINSKY, A. *Oligarchs. The Past or the Future of Russian Capitalism?* Moskva, julho de 2004. Mimeo.

HANSON, P. *The Rise and Fall of the Soviet Economy.* Great Britain, Pearson Education, 2003.

HEWETT, E. A. & GADDY, C. G. *Open for Business.* Washington, The Brookings Institute Press, 1992.

HEWETT, E. A. & WINSTON, V. H. (Ed.). *Milestones in* Glasnost *and* Perestroika. *The Economy.* Washington. D.C., Brookings Institution, 1991.

HEWETT, E. A. "Is Soviet Socialism Reformable?". *Sais Review*, Summer-Fall 1990.

_____. *Reforming the Soviet Economy: Equality Versus Efficienty.* Washington D.C., The Brookings Institution, 1988.

HOBSBAWM, E. *Era dos Extremos. O Breve Século XX. 1914-1991.* São Paulo, Companhia das Letras, 1994.

_____. *A Era das Revoluções: 1789-1848.* Rio de Janeiro, Paz e Terra, 1977.

_____. *A Era dos Impérios. 1875-1914.* São Paulo, Paz e Terra, 2006.

HOUGH, J. F. *The Logic of Economic Reform in Russia.* Washington, Brooking Institution Press, 2001.

IACIN, E. "Razgosudarstvlenie i Privatizatsia" ["Desestatização e Privatização"]. *Kommunist*, n. 5, mart.

IMF; THE WORLD BANK; OECD; EBRD. *A Study of the Soviet Economy.* Paris, 1991. 3 vols.

INSTITUTE FOR EASTWEST STUDIES & INSTITUTE OF ECONOMIC STUDIES. *The Uncertain State of the Russian Economy.* Moskva, Institute For East West Studies, 1992.

"ISTORICHESKIE Sudby, Uroki e Perspektivy Radikalnoi Ekonomicheskoi Reformi". ["Destinos Históricos, Lições e Perspectivas da Reforma Econômica Radical"]. *Voprosy Ekonomiki*, n. 3, 1995.

Jasny, N. "The Socialized Agriculture of the USSR". In: Bettanin, F. *A Coletivização da Terra na URSS*. Rio de Janeiro, Civilização Brasileira, 1981.

Kagarlitsky, B. *A Desintegração do Monolito*. São Paulo, Editora da Unesp, 1993.

Katzenellembaum, Z. S. *Den'gui i Bankovskoe delo v Rossii 1914-1924*. Moskva/London, 1925. Reeditado pela Izdatelstvo Dom Lada, Moskva, 1995.

Khanin, G. *Analis Tendentsii Ekonomicheskovo Razvitia USSR. 1928-1985* [Análise das Tendências do Desenvolvimento Econômico da URSS. 1928-1985]. *Ekonomicheskaia Sotsiologia i Perestroika* [Sociologia Econômica e Perestroika], 1989.

Kholodkovskii, K. H. *Privatizatsia: Stolkovenie Tselei i Interessov* [Privatização: Conflitos de Objetivos e Interesses]. Moskva, 1994.

Khruchtchev, N. *Memórias. As Fitas da* Glasnost. São Paulo, Siciliano, 1990.

Kochan, Lionel. *Storia Della Russia Moderna: Dal 1500 a Oggi*. Torino, Giulio Einaudi, 1968.

Kornai, J. "Transformatsiony Spad" ["Queda da Transformação"]. *Voprosy Ekonomiki,* n. 3, 1994.

_____. *Socialisme et Economie de la Pénurie*. Paris, Economica, 1984.

_____. "Resource-Constrained Versus Demand-Constrained Systems". *Econometrica,* July 1st, 1979.

Kroll, H. "Monopoly and Transition to the Market", *Soviet Economy*, vol. 7, n. 2, Apr.-Jun., 1991.

Lane, D. *Soviet Society Under* Perestroika. Boston, Unwin Hyman, 1990.

Lange, O. *Introduction to Econometrics*. Oxford/Warszawa, Pergamon/PWN – Polish Scientific Publishers, 1962.

Layard, R & Parker, J. *The Coming Russian Boom*. New York, The Free Press, 1996.

Levada, Yuri. *Ot Mnenii k Ponimaniu. Sotsiologuicheskie Ocherki. 1993-2000* [Das Opiniões à Compreensão. Ensaios Sociológicos]. Moskva, Moskovskaia Shkola Politicheskikh Isledovanii [Escola Moscovita de Pesquisas Políticas], 2000.

_____. *L'Homme Soviétique Ordinaire. Entre le Passé et l'Avenir. Enquête*. Paris, Presses de la Fondation Nationale des Sciences Politiques, 1993.

Lewin, Moshe. *Le Siècle Soviétique*. Paris, Le Monde Diplomatique Fayard, 2003.

_____. *O Fenômeno Gorbachev. Uma Interpretação Histórica*. São Paulo, Paz e Terra, 1988.

_____. *Russian Peasants and Soviet Power: A Study of Colectivization*. New York/London, W. W. Norton & Cy, 1975.

Mazat, N. & Serrano, F. "A Geopolítica da Federação Russa em Relação aos Estados Unidos e à Europa. Vulnerabilidade, Cooperação e Conflito". In: Pineli Alves, A. G. (org.). *O Renascimento de uma Potência. A Rússia no Século XXI*. Brasília, Ipea, 2012.

Marx, K. & Engels, F. *Manifesto do Partido Comunista*. Porto Alegre, L&PM Editores, 2001.

McFaul, M. *Russia's Unfinished Revolution. Political Change from Gorbachev to Putin.* Ithaca/London, Cornell University Press, 2001.

Medvedev, R. *Vladimir Putin; Chetire Goda v Kremle* [*Vladimir Putin. Quatro Anos no Kremlin*]. Moskva, Vremia, 2004.

_____. *Let History Judge. The Origins and Consequences of Stalinism.* New York, Columbia University Press, 1989.

Merridale, Catherine & Ward, Chris (ed.). Perestroika. *The Historical Perspective.* [Great Britain], Edward Arnold, 1991.

Mlynar, Zdenek et al. *O Projeto Gorbachev.* São Paulo, Mandacaru, 1987.

Motamed-Nejad, R. (dir.). urss *et Russie*: *Rupture Historique et Continuité Economique.* Paris, Presses Universitaires de France, 1997.

Nove, Alec. *An Economic History of the* ussr. London, Penguin Books, 1989.

_____. Glasnost *in Action. Cultural Renaissance in Russia.* Boston, Unwin Hyman, 1989.

_____. *Stalinism and After. The Road to Gorbachev.* London, Unwin Hyman, 1989.

_____. *Stalinismo e Antistalinismo nell'Economia Sovietica.* Torino, Giulio Einaudi, 1986.

Orlov, B. P. & Sokolov, F. G. "Sotsial'noe Ekonomicheskoe Razvitie Sovetskoi Ekonomiki. Tsely, Etapy i Resul'taty" ["Desenvolvimento Econômico-Social da Economia Soviética. Objetivos, Etapas e Resultados"]. *In*: Zaslavska, T. & Ryvkina, R. V. (ed.). *Ekonomicheskaia Sotsiologia i Perestroika* [*Sociologia Econômica e* Perestroika]. Moskva, Progresso, 1989.

Paulino, Robério. *Socialismo no Século* xx. *O Que Deu Errado?* São Paulo, Letras do Brasil, 2010.

Pcus – Partido Comunista da União Soviética. *O Korennoi Ekonomicheskoi Perestroike Ypravlenia Ekonomiki. Sbornik Dokumentov* [*Sobre a Transformação Radical da Economia. Coleção de Documentos*]. Moskva, Politizdat, 1988.

Pcus – Partido Comunista da União Soviética. *Tesicy Tsentral'novo Komiteta kpss k xix Vsesoiuznoi Partiinoi Konferentsii* [*Teses do cc do pcus à xix Conferência do Partido*]. Moskva, Izdatel'stvo Politicheskoi Literatury, 1988.

Pcus – Partido Comunista da União Soviética. *Materialy Plenuma Tsentral'novo Komiteta kpss 25-26/6* [*Materiais do Pleno do Comitê Central do pcus*]. Moskva, Politizdat, 1987.

Pcus – Partido Comunista da União Soviética. *Osnovnye Napravlenia Ekonomicheskovo i Sotsial'novo Razvitia sssr na 1986-1990 Gody i na Period do 2000 Goda.* [*Diretrizes Básicas do Desenvolvimento Econômico da urss para os Anos 1986--1990 e para o Período até o Ano 2000*]. Moskva, Politizdat, 1986.

Petrakov, N. I. *Demokratizatsia Khoziaistvennovo Mekhanizma* [*Democratização do Mecanismo Econômico*]. Moskva, Ekonomika, 1988.

Poch-de-Feliu, R. *La Gran Transición. Rusia 1985-2002.* Barcelona, Crítica, 2003.

Pomeranz, Lenina. "Economic Sanctions as Political Instrument in International Relations. The Case of the Russian Federation". Texto apresentado ao *Arnoldshain Seminar 20 Years of Challenges and Integration, Globalization and Development*. Frankfurt, Arnoldshain/Taunus, 14-18 de setembro, 2015.

_____. "Os Resultados da Transformação Sistêmica na Rússia e Suas Interpretações". *Estudos Avançados,* São Paulo, vol. 17, n. 49, 2003.

_____. "A Vez da Rússia". *Panorama da Conjuntura Internacional,* ano 3, n. 12, dez. 2001/abr. 2002.

_____. "Putin. Balanço de um Ano no Poder". *Panorama da Conjuntura Internacional,* Ano 3, n. 9-10, jul./ago. 2001.

_____. "Rússia. Depois da Tempestade..." *Panorama da Conjuntura Internacional,* ano 2, n. 8, 2001.

_____. "Eleições na Rússia. O Fenômeno Putin". *Sociedades em Transformação,* ano VI, n. 4, abr./maio, jun. 2000a.

_____. "Putin. A Constituição do Governo e a Centralização do Poder". *Panorama da Conjuntura Internacional,* ano 2, n. 6, jul./set. 2000b.

_____. "O Impacto Social das Transformações Sistêmicas na Rússia". São Paulo, Instituto de Assuntos Avançados da USP. *Coleção Documentos. Série Assuntos Internacionais,* n. 5, junho 1998.

_____. *Transformações Sistêmicas e Privatização na Rússia*. São Paulo, Faculdade de Economia e Administração, Universidade de São Paulo, 1995 (Tese de Livre-Docência).

_____. (ed.). Perestroika: *Desafios da Transformação Social na URSS*. São Paulo, Edusp, 1990.

Popov, G. "Perestroika Upravlenia Ekonomikoi" ("*Perestroika da Gestão da Economia*"). *In*: Afanassiev, Y. N. (ed.). *Inovo ne dano. Perestroika: Glasnost, Democratia, Socialism* [*Não Pode Ser Diferente. Transparência, Democracia, Socialismo*]. Moskva, Progress, 1988.

Popova, T. "Financial-Industrial Groups (FIGS) and Their Roles in the Russian Economy". Bank of Finland. *Review of Economies in Transition,* n. 5, 1998.

Popova, T. & Tekoniemi. N. "Social Consequences of Economic Reform in Russia". *Review of Economics in Transition*, Finland, n. 5, 1996.

Portal, Roger. "The Industrialization of Russia". *The Cambridge Economic History of Europe.* vol. 7, Part 2. Cambridge, Cambridge University Press, 1965.

Reddaway, P. & Glinski, D. *The Tragedy of Russia's Reforms. Market Bolshevism Against Democracy*. Washington, United States Institute of Peace, 2001.

Rimashevskaia, N. *Favority i Autsaydery Peremen* [*Favoritos e* Outsiders *das Mudanças*]. *In*: Popova, T. & Tekoniemi. N. "Social Consequences of Economic Reform in Russia". *Review of Economics in Transition*, Finland, n. 5, 1996.

Rogger, Hans. *Russia in the Age of Modernisation and Revolution. 1881-1917*. London/New York, Longman, 1983.

Rússia. *Conjuntura Política Atual. Panorama da Conjuntura Internacional*, ano I, n. 3, out./nov. 1999.

"Rússia. Notas & Informações", *Sociedades em Transformação*, ano VII, n. 1, 2000.

"Rússia. Notas & Informações", *Sociedades em Transformação*, ano VII, n. 3, jan.-fev.--mar., 2001.

Sapir, J. *Le Chaos Russe*. Paris, La Découverte, 1996.

Schroeder, G. "The Complexities of Transition". Round Table on the 19º Conference of the CPSU, Brookings Institution, Aug. 1988. *In*: Hewett, E. A. & Winston, V. H. (ed.). *Milestones in* Glasnost *and* Perestroika. *The Economy*. Washington D.C., Brookings Institution, 1991.

Seliunin, V. & Khanin. G. "Lukavaia Tsifra" ["Dados Artificiosos"], Moskva, *Novy Mir*, n. 2, 1987.

Serge, V. *O Ano I da Revolução Russa*. São Paulo, Boitempo, 2007.

Shevtsova, L. *Putin's Russia*. Washington D.C., Carnegie Endowment For International Peace, 2003.

_____. *Yeltsin's Russia. Challenges and Constraints*. Moscow, Carnegie Moscow Center/Carnegie Endowment for International Peace, 1997.

Shkaratan, O. I. & Kollektiv, I. *Sotsia'lno-Ekonomicheskoe Neravenstvo i Evo Vosproisvodsctvo v Sovremennoy Roccii* [*Desigualdade Econômico-Social e Sua Reprodução na Rússia Contemporânea*]. Moskva, Olma Mídia Print, 2009.

Shmeliov, N. & Popov, V. *Na perelome: Ekonomicheskaia Perestroika v SSSR* [*Em Queda*. Perestroika *Econômica na* URSS). Moskva, Agenstva Pechati Novosti, 1989.

Siegelman, L. H. & Suny, R. G. (ed.). *Making Workers Soviet. Power, Class and Identity*. Ithaca/London, Cornell University Press, 1994.

Sobtchak, A. *Chronique d'une Chute Annoncée*. Paris, Flammarion, 1991.

Soyus Mojno Bilo Coxranit. Belaia Kniga [*A União Poderia Ser Mantida. Livro Branco*], Moskva, Acta, 2007.

Spulber, N. *Russia's Economic Transition*. Cambridge, Cambridge University Press, 2003.

Starovoitova, G. "Paradoxo Étnico e Estereótipo do Pensamento". *In*: Pomeranz, Lenina (ed.). Perestroika. *Desafios da Transformação Social na* URSS. São Paulo, Edusp, 1990.

Stiglitz, J. E. *A Globalização e Seus Malefícios*. São Paulo, Futura, 2002.

Suny, R. G. *The Soviet Experiment*. Oxford, Oxford University Press, 1998.

Szamuely, Tibor. *The Russian Tradition*. London, Fontana, 1974.

The World Bank & Government of the Russian Federation. Agency for International Cooperation and Development (April 20, 1993).

THE WORLD BANK. *Russian Economic Reform. Crossing the Threshold of Structural Change*. Washington, The World Bank, 1992.
THE WORLD BANK & GOVERNMENT OF THE RUSSIAN FEDERATION. *Structural Reform in The Russian Federation. Progress, Prospects and Priorities for External Support*. Washington; Moscow, April 1993.
TRAGTENBERG, M. *A Revolução Russa*. São Paulo, Editora Unesp, 2007.
TUCKER, R. C. (ed.). *Stalinism*. Essays in Historical Interpretation. New York/London, W.W. Norton & Cy, 1977.
"URSS EN CHIFFRES 1986". Moskva, *Financy I Statistika*, 1987.
VOCLENSKY, M. *Nomenklatura. Fragmenty knigi* [*Nomenklatura*. Fragmentos do Livro]. *Novyi Mir*, Moskva, n. 6, junho 1990.
WHITE, S. "Democratization in the URSS". *Soviet Studies*, Glasglow, vol. 42, n. 1, 1991.
WHITE, S.; PRAVDA, A & GITELMAN, Z. (ed.). *Developments in Soviet Politics*. London, Macmillan, 1990.
YASIN, E. & TSAPELIK, V., "Puti Preodoleniya Monopolizatsii v Obshchestvennom Proizvodstve" ["Caminhos para a Superação da Monopolização na Produção Social"]. *Planovoye Khozyaystvo*, n. 1, pp. 35-41, jan. 1990.
YEVSTIGNEYEV, R. N. & VOINOV, A. M. *Economic Reform and its Interpretation in Russia*. Helsinki, UNU – United Nations University Wider Institute for Development Economic Research, 1994.
ZASLAVSKAIA, T. "Rússia. O Que Vivenciou e o Que Tem pela Frente?" *Revista de Estudos Avançados*, São Paulo, vol. 17, n. 49, 2003.
_____. *Sotsietal'naia Transformatsia Rossiiskovo Obshestva* [*Transformação Societal da Sociedade Russa*]. Moskva, Izdatelstvo Delo, 2002.
_____. "Estrutura Social da Rússia: Principais Direções da Mudança". *Sociedades em Transformação,* ano 5, n. 2, out.-nov.-dez. 1998.
_____. "Perestroika e Socialismo". *In*: POMERANZ, Lenina (ed.). Perestroika: *Desafios da Transformação Social na URSS*. São Paulo, Edusp, 1990.

Índice Remissivo

Abalkin, Leonid 137-139
Abramovitch, Roman 203, 217
Aganbegian, Abel 14, 127, 137, 139
Alexandre I 30-31
Alexandre II 31-33, 40-41
Alexandre III 32
Andreeva, Nina 144-145
Andreff, W. 114
Andropov, Iuri 87-88, 120, 126, 141
Anisimov, E. V. 25
Anna (imperatriz) 30

Bazarov, V. A. 78
Belinsky, Vissarion Grigorievich 39
Berezovski, Boris 203-204, 217, 219, 226--228
Bergson, Abram 122
Beria, Lavrenti Pavlovitch 86, 123
Blasi, Joseph 198
Borodin, Pavel 219
Boycko, M. 191, 194, 196, 198
Brejnev, Leonid Ilitch 86-88, 107, 112, 183

Bukharin, Nikolai 63, 77, 84-85
Burbulis, Guenadi 176
Bym, Aleksander S. 15, 188, 197, 199

Carr, E. H. 59, 66
Carrère d'Encausse, H. 107
Catarina I 30
Catarina II, a Grande 26, 30, 33
Cherbitski, Vladimir Vasiliovich 107
Chernenko, Konstantin 88
Chernichevsky, Nikolay Gavrilovich 40
Chernomirdin, Viktor 166, 176, 200, 203, 216, 218
Chernov, Viktor Mikhailovich 51
Chubais, Anatoli 173, 201, 204, 219
Clinton, Bill 231
Cohen, S. 149, 156-157

Dobb, Maurice 66, 68
Dupas, Gilberto 14, 235
Dyachenko, Tatiana 217

Elizabeth (imperatriz) 30

Feldman, P. A. 78
Ferdinand, Franz (Carl Ludwig Joseph Maria von Österreich-Este) 46
Fourier, François Marie Charles 39
Freeland, Cyntia 182, 201, 204
Friedman, Mikhail 204-205, 228

Gaidar, Egor 165-167, 173, 175-176, 183, 200
Gerassimova, Helena 213
Gerassimova, Irina 213
Gerschenkron, A. 33-36
Gill, G. 84
Glinski, D. 165, 170, 172, 176-177, 200-201
Goldman, M. I. 129, 142, 144
Gorbatchov, Mikhail 11, 14, 88, 91, 97, 107, 112-113, 120-121, 124-130, 135, 137-150, 155, 157-159, 163-164, 175, 236
Gref, German 222-223
Gregory, Paul Craig 27, 29, 32, 34, 63, 66, 73
Groman, V. G. 78
Gromiko, Andrei 141
Guchkov, Aleksandr 49-50
Gusinski, Vladimir 205, 226-227, 229

Herzen, Aleksandr Ivanovitch 39-40
Hewett, E. A. 109, 112-113, 117-119, 122, 125, 148-149, 179
Hitler, Adolf 145
Hobsbawm, Eric John Ernest 44-45
Hough, J. F. 175, 193

Iacin, E. 183, 185, 188
Illarionov, Audrey Nikolaevich 178
Ivan I 21-22
Ivan III, o Grande (grão-duque) 23
Ivan IV, o Terrível 23-24, 156

Ivan VI 30
Ivanov, Sergei 233

Jasny, N. 81
Jirinosky 200
Jones, D. C. 188

Kamenev, Lev Borisovich 53, 84
Kaser, Michael 112
Kasianov, Mikhail 222
Kerenski, Aleksander F. 49-50, 52-54
Khasbulatov, Ruslan 168-169
Khodorkovski, Mikhail 203
Kholodkovskii, K. H. 193
Khruschov, Nikita Sergueievitch 86, 112--115, 123, 157, 159
Kiev, (grão-duque de) 20, 22
Kirienko, Sergei 172, 216
Kirov, Sergei Mironovich 145
Klushin, Vladimir 144
Knyazhin 30
Kokh, Alfredo 201
Kondratieff, N. D. 78
Konovalov, Aleksandr 49
Kornai, J. 127
Kornilov, Lavr Gueorguievich 52-53
Kossigin, Alexei Nikolaievich 86, 112-113, 115
Kudrin, Alexei 222
Kuibyshev, V. V. 78

Lakhova, Ekaterina Fillipovua 200
Lane, D. 92-94, 96, 101-102, 105
Lapshin, Mikhail Ivanovich 200
Layard, R. 178
Lebed, Aleksandr Ivanovich 218
Lenin, Wladimir Ilitch Ulianov 42-43, 49, 52-54, 57-58, 61-62, 65-66, 75, 84, 101, 155

Levada, Yuri 97-100
Lewin, Moshe 75, 83, 91-93
Liberman, Evsei 116
Ligachev, Egor Kuzmich 145
Lobov, Oleg 175-176
Luzhkov, Yuri 204, 216, 218, 226
Lvov, (príncipe) 49, 52

Malenkov, Georgi Maksimilianovitch 86, 123
Maltby, Michael 112
Martov, I. 42
Marx, Karl Heinrich 59, 76
McFaul, M. 167, 170-171
Medvedev, Dmitri 222, 235
Medvedev, Roy 157, 225, 228
Miliukov, Pavel Nikolaevich 49-50

Nekrasov, Nikolai Alekseievich 40
Nemtsov, Boris 225
Nicolau I 31, 33, 39
Nicolau II 32, 48
Nove, Alec 28, 61, 64, 66, 69, 72, 79, 82-83, 115, 122-124
Novikov 30

Parker, J. 178
Paulo I 30, 33
Pavlov, Valetin 140
Pedro II 30
Pedro III 30
Pedro, o Grande 23, 25-26, 29-30, 33
Petrakov, Nikolai 138
Petrashevsky, Mikhail 39
Pistor, Katarina 198
Pobedonotsev, Konstantin Petrovich 32
Poch-de-Feliu, R. 148, 166-167, 169-170, 173
Pomeranz, Lenina 106, 113-114, 130-132, 136, 164, 178, 181, 183-185, 188, 197, 208-209, 218, 221, 223, 231, 233

Popova, T. 205, 208, 212
Potanin, Vladimir 200-202, 204-225, 228
Preobrazhenski, Ievgueni Alexeivitch 76, 78
Primakov, Evgeny 218-220, 226, 230
Putin, Vladimir Vladimirovitch 13, 173, 208, 210, 212, 215, 217-235, 237
Pyatakov, G. L. 78

Radishev, Alexander 30
Reddaway, P. 165, 170, 172, 176-177, 200-201
Reis Filho, Daniel Aarão 44-46, 50, 54
Rikov, Aleksei 84-85
Rimashevskaia, Natalia Mikhailovna 212
Rizhkov, Nicolai Ivanovich 138-140
Rogger, Hans 27, 32
Romanov, (dinastia) 48-49
Romodanovsky, (príncipe) 30
Rumyantsev, Oleg 168
Rurik, (dinastia) 21
Rutskoi, Alexander 167-169

Saburov, Maksim Zakharovich 183
Schroeder, G. 117
Shakhrai, Sergei Mikhailovich 200
Shanin, Lev 77
Shatalin, Stanislav 139-140
Shevardnadze, Eduard Ambrosiyevich 107
Shevtsova, L. 215-217, 219-222, 224, 226--229, 233
Shokhin, Aleksandr Nikolaevich 200
Sleifer, A. 191, 194, 196, 198
Sliunkov, Nikolai 107
Sobchack, Anatoli 150, 219, 222
Solomentsev, Mikhail 141
Soros, George 225
Soskovetz, Oleg 201
Speransky, Mikhail Mikhailovich 30

Stalin, Joseph   72, 75, 79-81, 84-88, 91, 93, 99, 101, 105, 114, 117, 122-124, 145, 155-157
Starovoitova, Galina   106, 148, 164
Stepashin, Sergei Valinovich   218
Stolypin, Petr   28, 35-36, 41, 45
Strumilin, S.   78
Stuart, R. C.   27, 29, 32, 34, 63, 66, 73
Summers, Larry   177
Suny, R. G.   35, 37, 41, 46, 49, 54, 58--59, 61, 84, 86-87, 101, 154
Sverdlov, Iakov Mikhailovich   166
Szamuely, Tibor   19, 24-26, 29-30, 32-33, 36, 38, 41

Tomski, Mikhail   84-85
Trotski, Leon (Liev Davidovich Bronstein)   44-45, 52-53, 59, 63, 84, 145
Tseretelli, Irakli Georgrevich   50
Turguenev, Ivan Sergeievitch   37, 40
Tver, (príncipe de)   21, 23

Vishny, R.   191, 194, 196, 198

Vladimir, (grão-duque de)   20-21
Voloshin, Alexander   217
Voloski, Lee   225
Volski, Arkadi   176

Weisskopf, T.   188
Winston, V. H.   117
Witte, Sergei Yulyevich (conde)   27, 32, 41

Yakovlev, Vladimir   145, 219
Yarin, Veniamin   145
Yavlinski, Gregori   138, 200, 221-222, 226
Yeltsin, Boris   138-139, 148, 150, 163-174, 176, 199-202, 204, 215-223, 225, 228, 230-232, 236-237

Zaslavskaia, Tatiana   127, 130, 209-211
Zhirinovski, Vladimir   170, 221-222
Zinoviev, Grigori   52-53, 84
Ziuganov, Gennady   165, 200, 221-222, 225

Título	Do Socialismo Soviético ao Capitalismo Russo –
	A Transformação Sistêmica da Rússia
Autora	Lenina Pomeranz
Editor	Plinio Martins Filho
Produção editorial	Carlos Gustavo Araújo do Carmo
Capa	Gustavo Piqueira / Casa Rex
Editoração eletrônica	Camyle Cosentino
Revisão e índice	Felipe Castilho de Lacerda
Formato	15,5 x 23 cm
Tipologia	Adobe Garamond Pro
Papel da capa	Cartão Supremo 250 g/m^2
Papel do miolo	Chambril Avena 80 g/m^2
Número de páginas	256
Impressão e acabamento	Lis Gráfica